Estudos Aplicados de Direito Empresarial

Estudos Aplicados de Direito Empresarial

MERCADOS FINANCEIRO E DE CAPITAIS

2023

Coordenação
Pamela Romeu Roque

ALMEDINA

ESTUDOS APLICADOS DE DIREITO EMPRESARIAL
MERCADOS FINANCEIRO E DE CAPITAIS
© Almedina, 2023
COORDENAÇÃO: Pamela Romeu Roque

DIRETOR ALMEDINA BRASIL: Rodrigo Mentz
EDITORA JURÍDICA: Manuella Santos de Castro
EDITOR DE DESENVOLVIMENTO: Aurélio Cesar Nogueira
ASSISTENTES EDITORIAIS: Larissa Nogueira e Letícia Gabriella Batista
ESTAGIÁRIA DE PRODUÇÃO: Laura Roberti

DIAGRAMAÇÃO: Almedina
DESIGN DE CAPA: Roberta Bassanetto

ISBN: 9786556278902
Agosto, 2023

Dados Internacionais de Catalogação na Publicação (CIP)
(Câmara Brasileira do Livro, SP, Brasil)

Estudos aplicados de direito empresarial :
mercado financeiro e de capitais / coordenação
Pamela Romeu Roque. – 1. ed. – São Paulo :
Almedina, 2023.

Vários autores.
Bibliografia.

ISBN 978-65-5627-890-2
1. Capital (Economia) 2. Direito empresarial –
Legislação – Brasil 3. Mercado financeiro –
Brasil I. Roque, Pamela Romeu.

23-153347 CDU-34:338.93(81)

Índices para catálogo sistemático:

1. Brasil: Direito empresarial 34:338.93(81)
Aline Graziele Benitez – Bibliotecária – CRB-1/3129

Este livro segue as regras do novo Acordo Ortográfico da Língua Portuguesa (1990).

EDITORA: Almedina Brasil
Rua José Maria Lisboa, 860, Conj.131 e 132, Jardim Paulista | 01423-001 São Paulo | Brasil
www.almedina.com.br

SOBRE A COORDENADORA

Pamela Romeu Roque

Professora do Insper Direito, é mestre em Direito Comercial pela Universidade de São Paulo e pela Universidade de Yale (Estados Unidos). É autora dos livros Governança Corporativa de Bancos e a Crise Financeira Mundial – Análise Comparativa de Fontes do Cenário Brasileiro (Editora Almedina, 2017), e Securitização de Créditos Vencidos e Pendentes de Pagamento e Risco Judicial (Editora Almedina, 2014). É advogada no Brasil e no Estado de Nova York (Estados Unidos) e árbitra na Câmara de Mediação e Arbitragem Especializada – CAMES.

SOBRE OS AUTORES

Erik Martins Sernik, formado em Direito pela Universidade de São Paulo (2010) e com LLM no Insper em Direito dos Mercados Financeiro e de Capitais (2021). Sócio do Vella Pugliese Buosi e Guidoni Advogados na área de contencioso cível e Arbitragem com atuação nos setores financeiro, societário, de energia e construção.

Felipe Bezerra dos Santos Rama ingressou no Itaú BBA em 2015 como trainee e atualmente é corporate banking manager dentro do núcleo de estratégia do cliente, dedicado ao ecossistema de tecnologia. É graduado em Economia pela Pontifícia Universidade Católica de São Paulo (PUC-SP) e é pós-graduado em direito dos mercados financeiro e de capitais pelo Insper.

Alex Oliveira Branco Advogado é bacharel em Direto pela Universidade Nove de Julho. Pós-graduado em Direito Empresarial pela EPD – Escola Paulista de Direito. L.L.M. em Direito do Mercado Financeiro e Mercado de Capitais pelo Insper – Instituto de Ensino e Pesquisa. Experiência jurídica na área bancária, com ênfase nos mercados securitário, de crédito e de capitais. Ocupa atualmente o cargo de Legal Associate Director no Banco BTG Pactual.

Karine Evangelista Araujo Oliveira, graduada em Direito pela Universidade de São Paulo (2012) e pós-graduada em Direito do Mercado Financeiro e de Capitais (LLM) pelo Insper – Instituto de Ensino e Pesquisa (2021) e em Propriedade Intelectual e Novos Negócios pela Escola de Direito de São Paulo da Fundação Getúlio Vargas (2016). Advogada experiente com forte abordagem multidisciplinar, com habilidades em direito bancário, contratos, propriedade intelectual e direito societário. Atualmente é sócia da área de Direito Bancário, Meios de Pagamentos e Fintechs do FAS Advogados.

Roberta Ferreira Camargo é bacharel em Direito pela Pontifícia Universidade Católica de São Paulo – PUC SP (2013). Cursou L.LM de Direito do Mercado Financeiro e de Capitais do Insper – Instituto de Ensino e Pesquisa (2017-2021). Possui experiência em Direito, com ênfase em mercado de capitais, contratos bancários, direito societário e direito empresarial.

APRESENTAÇÃO

A coleção Estudos Aplicados de Direito Empresarial – Mercados Financeiro e de Capitais chega em seu sétimo volume, e é com muita satisfação que eu o apresento. Com efeito, este sexto volume mantém com maestria a qualidade dos demais ao conter cinco artigos que muito contribuem para o desenvolvimento do direito dos mercados financeiro e de capitais. São, sem sombra de dúvida, cinco artigos de autores que se dedicaram com afinco e entregaram com excelência textos que abordam, com cuidado científico, temas muito atuais, necessários e proporcionalmente complexos.

Erik Martins Sernik abre o volume enfrentando o frequentemente tortuoso assunto dos limites impostos pela Lei da Usura sobre os juros que remuneram créditos adquiridos por Fundos de Investimento em Direitos Creditórios (FIDCs). Em primorosa pesquisa, Erik Sernik apresenta de maneira abrangente e bem sistematizada as origens da Lei da Usura e seu propósito, bem como do sistema dual criado no Brasil, em que as instituições financeiras não estão sujeitas aos limites impostos pela Lei da Usura, mas os demais entes privados estão. O autor então nos traz a controvérsia jurisprudencial (e seus recentes capítulos) atinente aos juros que superam os limites impostos pela Lei da Usura no contexto dos créditos adquiridos pelos referidos fundos. Após bem apresentar a questão, o autor elabora sua visão crítica que culmina com o entendimento de que a transferência dos créditos aos FIDCs transmite a esses o direito de cobrança integral dos encargos acessórios (como os juros) nos exatos termos contratados pelas partes originárias.

Na sequência, Felipe Bezerra dos Santos Rama apresenta o artigo "Inovação e as debêntures regidas sob a Lei 12.431/2011". Nele, o autor buscou discutir a utilização de gastos em pesquisa, desenvolvimento e inovação por parte das companhias brasileiras como lastro em emissões de debêntures regidas sob a Lei 12.431/2011, as chamadas debêntures de infraestrutura. O autor se debruça sobre a ausência de emissões assim estruturadas, apesar das debêntures de infraestrutura tanto possibilitarem a emissão de dívida mais barata por parte das empresas, quanto um investimento com isenção de imposto de renda por parte dos investidores. Para tanto, Felipe Rama enfrenta a análise da lei em si, da sua aplicabilidade, das potenciais burocracias existentes e do potencial econômico deste mercado.

Já Alex Oliveira Branco assumiu o desafio de versar sobre um novo instrumento no mercado de seguros, sobre o qual ainda há pouca doutrina. Com efeito, o autor contribui ao nos trazer valiosas informações sobre o ainda pouco explorado Insurance Linked Securities (ILS), um novo método de financiamento pela emissão de dívida subordinada ao risco de seguros regulamentado pela Superintendência de Seguros Privados – SUSEP apenas em 2020. Como explicado pelo autor, a implementação de referido mecanismo estabeleceu, baseado na experiência do mercado de seguros internacional, vantagens aos participantes do mercado de seguros brasileiro. Nessa direção, Alex Branco apresenta o ILS, aborda sua implementação no Brasil, e discorre sobre seus impactos na redução de risco e custo de capital das companhias seguradoras brasileiras.

Por sua vez, Karine Evangelista Araujo Oliveira, motivada pela entrada em vigor da Lei Geral de Proteção de Dados, que se deu em setembro de 2020, analisa, em seu artigo, o tratamento de dados pessoais pelas instituições prestadoras de serviços de pagamento. Após abordar os principais conceitos da LGPD e as bases legais para o tratamento dos dados pessoais no contexto das atividades desenvolvidas por instituições de pagamento, a autora observa que, por atuarem em uma indústria classificada como uma plataforma multilateral, as instituições de pagamento muitas vezes mantêm relacionamento contratual diretamente com um grupo de clientes, mas não com o outro, que, não obstante, beneficia-se indiretamente da plataforma. Nesse cenário, a autora observa que, muitas vezes, em situações concretas, é imprescindível proceder ao tratamento de dados, mas não é viável obter o consentimento dos titulares de tais dados ou utilizar outras bases legais para justificá-lo que não o interesse legítimo. Desse modo, a autora se debruça sobre os requisitos para utilização da base legal do legítimo interesse do controlador ou de terceiros nesse contexto, apresentando considerações de como o direito comunitário europeu e o ordenamento jurídico brasileiro tratam o tema, bem como abordando o teste de proporcionalidade do legítimo interesse.

Por fim, Roberta Ferreira Camargo adentra o importante e muito atual universo das finanças verdes ao apresentar seu artigo "O Lastro e o Conceito de Crédito nas Emissões de Recebíveis Imobiliários como Título Verde". Nele, a autora versa sobre o crescimento de produtos securitizados no mercado de capitais brasileiros que integram a categoria de títulos verdes. Na sequência, a autora aborda especificamente o Certificado de Recebível Imobiliário (CRI) e, após discutir o conceito de lastro imobiliário inserido nas operações de securitização atinente a referido certificado, vislumbra de que maneira o CRI poderá ser emitido com a classificação de título verde.

Como é possível depreender desta breve apresentação, os artigos aqui contidos certamente acrescentam valiosas informações ao leitor. Boa leitura!

SUMÁRIO

A LEI DE USURA E OS FIDCs – A REMUNERAÇÃO DOS CRÉDITOS ORIGINADOS POR INSTITUIÇÕES FINANCEIRAS E ADQUIRIDOS PELOS FIDCs

ERIK MARTINS SERNIK

Introdução

A disciplina da cobrança de juros no ordenamento jurídico brasileiro ocorreu de forma sinuosa ao longo dos anos. O pêndulo legal e jurisprudencial sobre a matéria oscilou entre o liberalismo que marcou o século XIX e o início do século XX e o intervencionismo observado a partir da década de 30.

Dessa forma, como será explorado ao longo deste trabalho, a regra da liberdade para a contratação de juros instituída pelo Código Civil de 1916 foi sensivelmente modificada pelo Decreto-Lei nº 22.626 de 7 de abril de 1933 (comumente conhecido como Lei de Usura) que impôs teto sobre a cobrança de juros.

A política legislativa sobre o tema, naturalmente, atendeu a interesses econômicos. A década de 30 foi marcada por contratempos econômicos subsequentes à crise de 1929 e o governo passou a enxergar no controle de juros meio de aliviar o setor produtivo (sobretudo o setor agrícola)[1].

[1] Faz-se referência a artigo escrito no jornal Folha de São Paulo por José Dutra Vieira Sobrinho, que menciona declaração concedida por Oswaldo Aranha,

A princípio, a regra de limitação da cobrança de juros criada pela Lei de Usura era aplicável a todo e qualquer contrato, quem quer que fossem as partes contratantes. Mudanças legislativas subsequentes, porém, alteraram este quadro. A Lei nº 4.595/64 de 31 de dezembro de 1964 criou o Conselho Monetário Nacional (CMN) e, dentre suas competências, incluiu "limitar, sempre que necessário, as taxas de juros, descontos comissões e qualquer outra forma de remuneração de operações e serviços bancários ou financeiros [...]"[2]. A referida norma passou a ser tida pela jurisprudência como inauguradora de sistema dual no que diz respeito à limitação dos juros: um aplicável a contratos em geral (criado pela Lei de Usura) e outro aplicável a contratos bancários a ser regulado pelo CMN.

Essa dualidade foi definitivamente reconhecida pela Súmula nº 596 do Supremo Tribunal Federal (STF) segundo a qual "As disposições do Decreto 22.626/1933 não se aplicam às taxas de juros e aos outros encargos cobrados nas operações realizadas por instituições públicas ou privadas, que integram o Sistema Financeiro Nacional"[3]. Mesmo depois da promulgação da Constituição Federal de 1988 – que, em seu art. 192, § 3º, a exemplo

Ministro da Fazenda em 1933, segundo a qual a Lei de Usura tinha como objetivo "auxiliar os que trabalham nos campos, pondo fim ao exagero dos juros". VIEIRA SOBRINHO, José Dutra. A lei de usura e a capitalização dos juros. **Folha de São Paulo**, 2 mar. 2000. Disponível em: https://www1.folha.uol.com.br/fsp/dinheiro/fi0203200007.htm#:~:text=Folha%20de%20S.,juros%20%2D%2002%2F03%2F2000&text=Usura%2C%20do%20ponto%20de%20vista,acima%20do%20permitido%20em%20lei. Acesso em: 23 mar. 2021.

[2] BRASIL. Lei nº 4.595 de 31 de dezembro de 1964. Dispõe sobre a Política e as Instituições Monetárias, Bancárias e Creditícias, Cria o Conselho Monetário Nacional e dá outras providências. Presidência da República, Brasília, DF, 31 dez. 1964. Disponível em: http://www.planalto.gov.br/ccivil_03/leis/l4595.htm. Acesso em: 24 mar. 2021.

[3] BRASIL. Supremo Tribunal Federal. Súmula nº 596. Brasília, 5 jan. 1977. Disponível em: http://www.stf.jus.br/portal/jurisprudencia/menuSumarioSumulas.asp?sumula=2017. Acesso em: 24 mar. 2021.

do que já fazia a Lei de Usura, impunha teto sobre os juros[4] – a jurisprudência pátria manteve entendimento segundo o qual as instituições financeiras estão sujeitas à disciplina própria que não limita a contratação de juros.

O fato é que hoje está sedimentada jurisprudencialmente a inaplicabilidade da Lei de Usura sobre operações celebradas por instituições financeiras.

O desenvolvimento de novo produto financeiro, porém – inexistente quando aprovadas a Lei de Usura e a Lei nº 4.595/64 – criou dúvidas nos Tribunais pátrios quanto à extensão da exceção jurisprudencial no que toca à liberdade de contratação de juros. Com efeito, a criação dos chamados Fundos de Investimento em Direitos Creditórios (FIDCs) gerou nova polêmica quanto à aplicação do teto de juros previsto na Lei de Usura.

Os FIDCs, em rápido resumo, são fundos que compram, no mercado, créditos de terceiros com deságio, esperando receber, o valor de face dos referidos créditos adimplidos pelos devedores. É perfeitamente possível, portanto, que FIDC compre, no mercado, crédito originado por instituição financeira, remunerado por taxas de juros acima daquela permtida pela Lei de Usura. Surge, assim, a questão: aos FIDCs é autorizado o recebimento dos juros em patamares superiores àqueles impostos pela Lei de Usura?

A jurisprudência tem tentado responder a essa pergunta e precedente paradigmático do Superior Tribunal de Justiça (STJ) sobre o tema, de relatoria do Ministro Luis Felipe Salomão, entendeu que os FIDCs podem ser titulares de créditos remu-

[4] "As taxas de juros reais, nelas incluídas comissões e quaisquer outras remunerações direta ou indiretamente referidas à concessão de crédito, não poderão ser superiores a doze por cento ao ano [...]". BRASIL. Constituição da República Federativa do Brasil de 1988. Presidência da Repúlica. Brasília, DF, 5 out. 1988. Disponível em: http://www.planalto.gov.br/ccivil_03/constituicao/constituicao.htm. Acesso em: 24 mar. 2021.

nerados por juros superiores ao limite legal[5]. Entretanto, para justificar seu entendimento, o relator afirmou que os FIDCs, por fazerem parte do sistema financeiro nacional e serem geridos e administrados por instituições financeiras, seriam entes, para fins jurídicos, equiparados às instituições financeiras[6].

Essa equiparação, contudo, do ponto de vista regulatório e prático, suscita problemas. Os FIDCs não se dedicam ao desenvolvimento de atividades próprias das instituições financeiras. Eles são – como será explorado ao longo deste trabalho – uma comunhão de recursos destinada à aquisição (e não à originação) de créditos. Por essa razão, tais fundos têm regulamentação própria e específica emitida pela Comissão de Valores Mobiliários (CVM).

[5] BRASIL. Superior Tribunal de Justiça. Recurso Especial nº 1.634.958-SP. Fundo de Investimento em Direitos Creditórios Não-Padronizados NPL I e Nilton Arlindo Santana. Relator: Ministro Luis Felipe Salomão. Brasília, 6 ago. 2019. Disponível em: https://scon.stj.jus.br/SCON/pesquisar.jsp. Acesso em 12 de dez. 2020.

[6] "**O FIDC é um condomínio que fornece crédito** por meio de captação da poupança popular, sendo administrado por instituição financeira (banco múltiplo; banco comercial; Caixa Econômica Federal; banco de investimento; sociedade de crédito, financiamento e investimento; corretora de títulos e valores mobiliários ou distribuidora de títulos e valores mobiliários). **Portanto, cumpre salientar que o art. 17, parágrafo único, da Lei n. 4.595/1964 espanca quaisquer dúvidas ao estabelecer que se consideram instituições financeiras, para os efeitos da legislação em vigor, as pessoas jurídicas públicas ou privadas que tenham como atividade principal ou acessória a coleta, a intermediação ou a aplicação de recursos financeiros próprios ou de terceiros, em moeda nacional ou estrangeira, e a custódia de valor de propriedade de terceiros.** Ou seja, para os efeitos dessa lei e da legislação em vigor, equiparam-se às instituições financeiras as pessoas físicas que exerçam qualquer uma das atividades referidas no citado artigo, de forma permanente ou eventual (destaques acrescentados)" (grifo nosso). BRASIL. Superior Tribunal de Justiça. Recurso Especial nº 1.634.958-SP. Fundo de Investimento em Direitos Creditórios Não-Padronizados NPL I e Nilton Arlindo Santana. Relator: Ministro Luis Felipe Salomão. Brasília, 6 ago. 2019. Disponível em https://scon.stj.jus.br/SCON/pesquisar.jsp. Acesso em 12 de dez. 2020.

A questão passa a ser, portanto, se a equiparação entre FIDCs e instituições financeiras é tecnicamente adequada e, em caso negativo, se existe ou não a possibilidade de referidos fundos serem beneficiários de créditos remunerados por juros que superam os limites da Lei de Usura.

É sobre a referida questão que este trabalho irá se debruçar. O objetivo deste trabalho, assim, é verificar se os FIDCs – mesmo não sendo equiparáveis às instituições financeiras do ponto de vista jurídico e regulatório – estariam autorizados a se beneficiar de juros que extrapolam os limites da Lei de Usura, incidentes sobre os créditos adquiridos pelos fundos.

Para tanto, faremos análise da evolução legislativa sobre o tema, do entendimento doutrinário e de precedentes jurisprudenciais. Iniciaremos a análise com breve retomada do tratamento legal recebido pelos juros no Brasil a partir do século XIX até a publicação da Lei de Usura. Prosseguiremos, então, com a análise das mudanças empreendidas pela já mencionada Lei nº 4.595/64 que resultou – após interpretação jurisprudencial – em sistema dual no qual as instituições financeiras não estão sujeitas ao limite imposto pela Lei de Usura.

O propósito principal desta retomada é examinar as razões jurídicas e práticas apontadas pela jurisprudência pátria para permitir às instituições financeiras contratarem taxas de juros superiores ao teto legal.

O trabalho seguirá, então, com uma análise da natureza jurídica dos FIDCs, da regulação aplicável a tais fundos e da distinção entre eles e as instituições financeiras. A partir dessa exposição, poderá ser feita análise crítica da mencionada decisão proferida pelo STJ que equiparou os FIDCs às instituições financeiras.

Feita a devida distinção jurídica e regulatória entre os fundos e as instituições financeiras, centraremos esforços em examinar se – independentemente da impossibilidade de equiparação entre FIDCs e instituições financeiras – os referidos fundos podem se beneficiar de créditos (originados por bancos) cujas taxas de juros superem os limites impostos pela Lei de Usura. Para tanto serão exploradas: (i) as repercussões práticas das atividades dos FIDCs como compradores e não originadores de crédito; (ii) a natureza jurídica da operação de cessão pela qual os FIDCs adquirem seus créditos; (iii) paralelo entre a cessão e o endosso de títulos de crédito e (iv) as consequências jurídicas de solução que impeça os FIDCs de receberem a integralidade da taxa de juros contratada nos créditos adquiridos pelos fundos.

1. Retomada do tratamento dos juros no direito brasileiro até a Lei de Usura – do liberalismo ao intervencionismo

Para que seja possível chegar à conclusão sobre a aplicação ou não da Lei de Usura aos créditos adquiridos pelos FIDCs é necessária e útil retomada histórica do tratamento legal dos juros no sistema jurídico brasileiro e das razões pelas quais o governo recorreu à medida de limitação dos juros em operações de empréstimo.

A história da disciplina dos juros pela legislação brasileira é marcada por mudanças de orientações, tanto legislativas como por parte da jurisprudência, que refletiram preocupações econômicas e de ordem prática. O entendimento legislativo e judicial sobre o tema se moveu do liberalismo que marcou o século XIX e o início do século XX, para o intervencionismo da década de 30 (no rescaldo da crise de 1929), culminando com a publicação do Decreto-Lei nº 22.626/33 (a Lei de Usura).

No século XIX, a legislação aplicável em território nacional passou a permitir cobrança de juros sobre operações comerciais. Ainda no período colonial, o Alvará de 5 de maio de 1810 autorizou a cobrança de "prêmio" por empréstimo em dinheiro destinado ao comércio marítimo[7]. Em 1832, durante o período

[7] Luiz Antonio Scavone Junior, em obra dedicada ao exame dos juros no direito brasileiro, faz menção ao Alvará de 5 de maio de 1810: "As coisas começaram a mudar com o Alvará de 5 de maio de 1810, expedido pelo Príncipe Regente

regencial, foi sancionada a Lei de 24 de outubro de 1832 que em seu art. 1º previu: "o juro ou premio de dinheiro, de qualquer especie, será aquelle que as partes convencionarem"[8]. A regra, portanto, era a liberdade de contratação. O código comercial de 1850, na esteira das leis anteriores, tampouco limitava a cobrança de juros[9].

Esta permaneceu a orientação legislativa no início do século XX, após o fim do período imperial e o início da República. O Código Civil de 1916, em seu art. 1.062 estabelecia, para os casos em que fossem omissos os contratos, taxa legal de juros equivalente a 6% ao ano[10]. O art. 1.262 do referido diploma –

em razão de representação da Real Junta do Comércio, Agricultura, Fábricas e Navegação, que, seguindo a parcial liberação da Igreja, permitia a cobrança de 'prêmio' pelo empréstimo de dinheiro para o comércio marítimo, o que se justificava pelo risco que essa atividade representava para quem emprestava, retornando às origens do direito romano, que tolerava a cobrança livre de juros nessas operações" SCAVONE JUNIOR, Luis Antonio. **Juros no Direito Brasileiro**. 5. ed. rev. atual. e aum. Rio de Janeiro: Forense, 2014, p. 39.

[8] BRASIL. Lei de 24 de Outubro de 1832. Sobre o juro ou premio de dinheiro, de qualquer espécie. Chancellaria do Imperio, Rio de Janeiro, RJ, 9 nov. 1832. Disponível em: http://www.planalto.gov.br/ccivil_03/leis/lim/LIM-24-10-1832.htm#:~:text=1%C2%BA%20O%20juro%20ou%20premio,Art.&text=3%C2%BA%20Quando%20alguem%20f%C3%B4r%20condemnado,h%C3%A3o%20a%206%25%20ao%20anno. Acesso em: 22 mar. 2021.

[9] "Art. 248. Em comércio podem exigir-se juros desde o tempo do desembolso, ainda que não sejam estipulados, em todos os casos em que por este Código são permitidos ou se mandam contar. Fora destes casos, não sendo estipulados, só podem exigir-se pela mora no pagamento de dívidas líquidas, e nas ilíquidas só depois de sua liquidação". BRASIL. Lei nº 556 de 25 de junho de 1850. Código Comercial. Chancellaria do Império, Rio de Janeiro, RJ, 1 jul. 1850. Disponível em: http://www.planalto.gov.br/ccivil_03/leis/lim/lim556.htm#:~:text=Art.,forem%20expressamente%20proibida%20neste%20C%C3%B3digo. Acesso em 22 mar. 2021.

[10] "Art. 1.062. A taxa dos juros moratórios, quando não convencionada (art. 1.262), será de seis por cento ao ano". BRASIL. Lei nº 3.071 de 1 de janeiro de 1916. Código Civil dos Estados Unidos do Brasil. Palácio do Planalto da

em linha com a diretriz que vigorou durante o período imperial – deixava as partes livres para acordarem cobrança de juros (simples ou capitalizados), no empréstimo de dinheiro, em taxas inferiores ou superiores à taxa legal de 6% ao ano[11].

A regra geral no ordenamento jurídico brasileiro do século XIX e do início do século XX, assim, era a liberação das partes para ajuste de juros em taxas que lhe parecessem justas e que melhor atendessem aos seus interesses comerciais. Essa valorização da liberdade de contratar é comumente atribuída, pela doutrina jurídica, ao ideário liberal do período que – com inspiração no Código Civil francês – permeou a legislação brasileira[12].

Para Judith Martins-Costa, o Código Civil de 1916, no que diz respeito à disciplina dos juros, estava centrado em "tentar um equilíbrio entre os interesses dos sujeitos envolvidos na relação contratual". Este foco nas relações intersubjetivas, entretanto, não envolvia "ponderação sobre os seus reflexos na economia global da sociedade"[13]. Em outras palavras: a valori-

Presidência da República, Brasília, DF, 1 jan. 1916. Disponível em: http://www.planalto.gov.br/ccivil_03/leis/l3071.htm. Acesso em: 22 mar. 2021.

[11] "Art. 1.262 É permitido, mas só por cláusula expressa, fixar juros ao empréstimo de dinheiro ou de outras coisas fungíveis. Esses juros podem fixar-se abaixo ou acima da taxa legal (art. 1.062), com ou sem capitalização". BRASIL. Lei nº 3.071 de 1 de janeiro de 1916. Código Civil dos Estados Unidos do Brasil. Palácio do Planalto da Presidência da República, Brasília, DF, 1 jan. 1916. Disponível em: http://www.planalto.gov.br/ccivil_03/leis/l3071.htm>. Acesso em: 22 mar. 2021.

[12] Assim afirma Luiz Antonio Scavone Junior: "O Código Civil de 1916, impregnado pelo individualismo do século retrasado, que, por sua vez, encontra gênese no *laissez-faire* (lema dos fisiocratas franceses), vale dizer no liberalismo econômico, no livre comércio decantado por Adam Smith, adotou a autonomia contratual, permitindo que as partes fixassem juros acima ou abaixo da taxa legal no mútuo feneratício, a teor da norma insculpida no seu art. 1.262" SCAVONE JUNIOR, Luis Antonio. **Juros no Direito Brasileiro**. 5. ed. rev. atual. e aum. Rio de Janeiro: Forense, 2014, p. 39.

[13] MARTINS-COSTA, Judith; TEIXEIRA, Sálvio de Figueiredo (org.). **Comentários ao Novo Código Civil**: do inadimplemento das obrigações arts. 389 a 420. 2. ed. Rio de Janeiro: Forense, 2009.p. 575/576.

zação da autonomia da vontade se, por um lado, conferia ampla liberdade aos contratantes, por outro, não controlava as consequências que a livre e irrestrita contratação de taxa de juros poderia ter sobre o sistema econômico em seu conjunto.

Críticas com esse teor não são feitas somente de forma retrospectiva pela doutrina civilista, mas foram também suscitadas contemporaneamente à elaboração da lei civil de 1916. As discussões da Comissão Especial sobre o projeto do Código Civil de 1916 registram objeções à excessiva crença liberal – com inspiração na legislação francesa – refletida na permissão para livre contratação de taxas de juros. Essas críticas culminaram em sugestão de emenda que tinha por fim "não reprimir a usura, porém, contê-la dentro de razoáveis limites"[14].

A despeito de o texto final da legislação civil ter mantido a liberdade de contratação dos juros, a trepidação quanto àquilo

[14] "Infere-se deste artigo que, tratando-se de convenção, o juro é livremente privado, isto é, pelo Projecto do Codigo não ha limite ao juro convencional. É o mesmo principio do Codigo Civil Francez, que no art. 1907 deixa inteira liberdade á estipulação do juro. A legislação francesa, porém, como sabe a illustrada Commissão, soffreu modificaöçes neste ponto, e a lei de 3 de setembro de 1807, que fixou o juro que podia ser estipulado nas convenções, levou o seu espírito mais longe, reprimindo a usura habitual. O direito canonico, que não vou desenvolver, estabeleceu, depois de o haver longo tempo combatido, o juro moderado, pela Encyclica do Papa BenedictoXIV; em caso algum excedente ao juro da lei do paiz. A minha emenda tem por fim não reprimir a usura, porém, contel-a dentro de razoaveis limites. Pela nossa lei o juro é de 6 %, o Estado cobra 9 % dos responsaveis para com elle; e eu julguei elevar o juro convencional até 12 %, que nada tem de modíco, antes é altamente remunerador senão excessivo. Em nosso paiz ha muitos contractos com juro superior; mas, se é justo cobrar juro da quantia que se empresta, e nem outra cousa se póde sustentar em presença da economia política, não devemos deixar de regulal-o, de modo que, indemnizando, largamente, mesmo ao emprestador, não sacrifiquemos victimas às garras vorazes dos usurários". Câmara dos Deputados. Código civil brasileiro: trabalhos relativos à sua elaboração. Discussão e votação, na Comissão Especial, do Título Preliminar e da Parte Geral (arts. 1 a 217) – Discussão da Parte Especial (arts. 218 a 1227) Volume 3. Imprensa Nacional. Rio de Janeiro: 1919.

que se entendia como excessivo foco liberal da norma parece ter plantado a semente que, anos adiante, germinou e deu origem ao intervencionismo estatal dos anos 30.

Com efeito, como medidas de reação às consequências da crise de 1929, o governo brasileiro, em 1933, então sob o comando de Getúlio Vargas, lançou mão de três decretos-lei para coordenar suas ações econômicas/monetárias. O Decreto-Lei nº 23.501 de 27 de novembro de 1933 declarou nula "qualquer estipulação de pagamento em ouro, ou em determinada espécie de moeda, ou por qualquer meio tendente a recusar ou restringir, nos seus efeitos, o curso forçado do mil réis papel"[15]. Ou seja, instituiu-se o curso forçado da moeda nacional "independente de qualquer conexão com o preço do ouro ou de mercadorias e serviços"[16]. O Decreto-Lei nº 23.258 de 19 de outubro de 1933, por sua vez, passou a qualificar como operações de câmbio ilegítimas aquelas que não transitassem pelos "bancos habilitados a operar em cambio, mediante prévia autorização da fiscalização bancária a cargo do Banco do Brasil"[17].

[15] BRASIL. Decreto nº 23.501 de 27 de novembro de 1933. Declara nula qualquer estipulação de pagamento em ouro, ou em determinada espécie de moeda, ou por qualquer meio tendente a recusar ou restringir, nos seus efeitos, o curso forçado do mil réis papel, e dá outras providências. Diário Oficial da União, Rio de Janeiro, RJ, 27 nov. 1933. Disponível em: < https://www2.camara.leg.br/legin/fed/decret/1930-1939/decreto-23501-27-novembro-1933-500678-publicacaooriginal-1-pe.html>. Acesso em: 23 mar. 2021.

[16] FRANCO, Gustavo H.B. **A moeda e a lei**: uma história monetária brasileira 1933-2013. Rio de Janeiro: Zahar, 2017, p. 51.

[17] BRASIL. Decreto nº 23.258 de 19 de outubro de 1933. Dispõe sobre as operações de câmbio, e dá outras providências. Diário Oficial da União, Rio de Janeiro, RJ, 19 out. 1933. Disponível em: <http://www.planalto.gov.br/ccviL_03/decreto/1930-1949/D23258.htm#:~:text=DECRETO%20N%C2%BA%2023.258%20DE%2019%20DE%20OUTUBRO%20DE%201933.&text=Atendendo%20a%20que%20s%C3%A3o%20consideradas,%2C%20de%201920%2C%20decreto%20n.&tex-

Os dois decretos mencionados tinham propósitos conectados. Com o curso forçado da moeda nacional, a moeda estrangeira não mais poderia ser utilizada como forma de pagamento e, portanto, não faria sentido sua livre circulação. O governo, então, restringiu a si a prerrogativa de manejar moeda estrangeira para impedir a depreciação da moeda nacional[18]

Por fim, o Decreto-Lei nº 22.626/33, que passou a ser conhecido como Lei de Usura, em seu art. 1º, vedou "estipular em quaisquer contratos taxas de juros superiores ao dobro da taxa legal"[19] (como já referido acima, a taxa legal, prevista no art. 1.062 do Código Civil de 1916 era de 6% ao ano).

O preâmbulo da Lei de Usura indica ser "de interesse superior da economia do país" que o capital não tenha "remuneração exagerada impedindo o desenvolvimento das classes produtoras"[20]. A lei, portanto, aponta a preservação das clas-

t=Atendendo%20a%20que%20a%20lei%20n%C2%BA%204.182%2C%20de%201920%2C%20art.>. Acesso em: 23 mar. 2021.

[18] Nas palavras de Gustavo Franco: "Na verdade, era como se não houvesse mais lugar para a moeda estrangeira dentro do país, exceto nas mãos do Estado, a quem cabia lidar com esse 'recurso estratégico', e qualquer forma de uso ou manutenção dessa moeda que não estivesse expressamente autorizada cabia na definição de ilegítima, e nas penas da lei. [...] O novo sistema de controles afastava a ameaça representada por um Estado estrangeiro cuja moeda fosse considerada de boa qualidade e, assim, pela operação do livre jogo das forças de mercado, ou pelo 'jogo contra o câmbio', na expressão empregada pelo decreto-lei 22.258/33, depreciasse a moeda nacional". FRANCO, Gustavo H.B. **A moeda e a lei**: uma história monetária brasileira 1933-2013. Rio de Janeiro: Zahar, 2017, p. 53/54.

[19] BRASIL. Decreto nº 22.626 de 7 de abril de 1933. Dispõe sobre os juros nos contratos e da outras providências. Diário Oficial da União, Rio de Janeiro, RJ, 7 abr. 1933. Disponível em: <https://www.planalto.gov.br/ccivil_03/decreto/d22626.htm>. Acesso em: 23 mar. 2021.

[20] BRASIL. Decreto nº 22.626 de 7 de abril de 1933. Dispõe sobre os juros nos contratos e dá outras providências. Diário Oficial da União, Rio de Janeiro, RJ, 7 abr. 1933. Disponível em: <https://www.planalto.gov.br/ccivil_03/decreto/d22626.htm>. Acesso em: 23 mar. 2021.

ses produtoras como justificativa para limitação de cobrança de juros. Com efeito, o alto endividamento dos produtores agrícolas na década de 1930 foi elemento motivador da Lei de Usura. Ao menos foi esse o discurso do governo na época, como indicado por Gustavo Franco em obra que aborda a história monetária brasileira[21]. José Dutra Vieira Sobrinho, em artigo escrito para o jornal Folha de São Paulo, resgata declaração concedida por Oswaldo Aranha, Ministro da Fazenda em 1933, segundo a qual a Lei de Usura tinha como objetivo "auxiliar os que trabalham nos campos, pondo fim ao exagero dos juros"[22].

O art. 117, parágrafo único, da Constituição Brasileira de 1934, na esteira do preconizado pela Lei de Usura, previu ser "proibida a usura, que será punida na forma da lei"[23]. O governo brasileiro, assim, como resposta à crise econômica observada na década de 30, decidiu intervir nas áreas monetária, cambial e de crédito. No que toca ao crédito, a mudança na orientação legislativa foi nítida: a liberdade na contratação de juros preconizada pelo Código Civil de 1916 deu lugar ao intervencionismo estatal que limitou os juros ao dobro da taxa legal.

A preocupação do Estado, portanto, era controlar o endividamento privado, impedindo a cobrança de juros que, na sua visão, fossem excessivos. Ou seja, teleologicamente, a norma foi

[21] "Ainda que as autoridades afirmassem que a intenção se limitava a assegurar juros favorecidos nas renegociações de dívidas rurais, a medida teve alcance muito amplo [...]" FRANCO, Gustavo H.B. **A moeda e a lei**: uma história monetária brasileira 1933-2013. Rio de Janeiro: Zahar, 2017, p. 54.

[22] VIEIRA SOBRINHO, José Dutra. A lei de usura e a capitalização dos juros. **Folha de São Paulo**, 2 mar. 2000. Disponível em: <https://www1.folha.uol.com.br/fsp/dinheiro/fi0203200007.htm#:~:text=Folha%20de%20S.,juros%20%2D%2002%2F03%2F2000&text=Usura%2C%20do%20ponto%20de%20vista,acima%20do%20permitido%20em%20lei.> Acesso em: 23 mar. 2021.

[23] BRASIL. Constituição da República dos Estados Unidos do Brasil. Presidência da Repúlica. Brasília, DF, 16 jul. 1934. Disponível em: http://www.planalto.gov.br/ccivil_03/constituicao/constituicao34.htm. Acesso em: 28 mar. 2021.

destinada a incidir sobre os originadores de crédito, impedindo--os de contratar taxas acima daquela imposta legalmente, com o objetivo de aliviar o setor produtivo (a aplicação teleológica da norma será tema melhor explorado em capítulo vindouro dedicado a tratar da natureza jurídica dos FIDCs que não são, propriamente, entes originadores de crédito).

De qualquer forma, a aplicação da nova regra criada pela Lei de Usura não foi uniforme. Medidas legislativas subsequentes, interpretadas por precedentes judiciais, criaram sistema dual pelo qual as instituições financeiras passaram a operar à margem do limite imposto pela Lei de Usura. As razões para tanto serão abordadas a seguir.

2. A evolução do entendimento jurisprudencial que criou exceção para as instituições financeiras

2.1. A Lei nº 4.595/64 e a aprovação da Súmula nº 596 pelo STF

Como já mencionado acima, a liberdade para contratação de juros resultante do Código Civil de 1916 deu lugar, na década de 30, à limitação imposta pela Lei de Usura. A preocupação do Estado foi limitar o endividamento dos setores produtivos (sobretudo o agrícola), razão pela qual, a princípio, a restrição dos juros ao dobro da taxa legal (art. 1º da Lei de Usura) era aplicável a todo e qualquer contrato de empréstimo. A partir da década de 30, o STF passou a aplicar as restrições previstas pela Lei de Usura, limitando os juros cobrados pelos particulares[24]. A aplicação era feita a quaisquer contratos[25].

[24] A título ilustrativo: "Tempestividade da manifestação do recurso extraordinário. Declaração incontestada da data da publicação do 'acórdão' no órgão oficial.- Art. 818 do Cod. Civ. Art. 243, n. 6 do dec. 18.542 de 1928.- Dec. 4.857 de 9 de Novembro de 1939. -Uma vez que da escritura de hipoteca não conste, como é possível, o valor do imóvel, não poderá esse elemento refletir-se na inscrição. Lei de usura.- **A estipulação de juros e de multa além da medida legal obriga a ajustamento**, sem a anulação, porém, de todo o contrato. Aspecto

A Lei nº 4.595 de 31 de dezembro de 1964, contudo, mudou este panorama. Referida lei criou o CMN com a finalidade de "formular a política da moeda e do crédito" (art. 2º)[26] e tendo como um de seus objetivos "orientar a aplicação dos recursos das instituições financeiras quer públicas, quer privadas; tendo em vista propiciar, nas diferentes regiões do País, condições favoráveis ao desenvolvimento harmônico da economia nacional" (art. 3º, inciso IV)[27].

criminal, usura. Dec. 869 de 18 de nov. de 1938" (grifos acrescentados). BRASIL. Supremo Tribunal Federal. Recurso Extraordinário nº 3949. Jader Gomes Pereira da Silva e Gabiel Alves de Carvalho. Relator: Ministro Orozimbo Nonato. Rio de Janeiro, 19 out. 1943. Disponível em https: https://jurisprudencia.stf.jus.br/pages/search/colac1098/false. Acesso em 28 mar. 2021.

"No regime da Const. de 1934, que pune a usura, e na vigência da denominada *lei de usura*, não se admite a pretensão de cobrar judicialmente uma comissão que traduz estipulação francamente usurária". BRASIL. Supremo Tribunal Federal. Recurso Extraordinário nº 3034. Sociedade Anonyma "Lar Brasileiro" e Manoel Furtado de Gouvêa e outro. Relator: José Linhares. Rio de Janeiro, 24 out. 1939. Disponível em https: https://jurisprudencia.stf.jus.br/pages/search/colac591/false. Acesso em 28 mar. 2021.

[25] Assim observa Luiz Antonio Scavone Junior: "De fato, até o advento da Lei 4.595/64, a jurisprudência dominante aplicava os dispositivos da Lei de Usura a quaisquer contratos". SCAVONE JUNIOR, Luis Antonio. **Juros no Direito Brasileiro**. 5. ed. rev. atual. e aum. Rio de Janeiro: Forense, 2014, p. 260.

[26] "Art. 2º Fica extinto o Conselho da atual Superintendência da Moeda e do Crédito, e criado em substituição, o Conselho Monetário Nacional, com a finalidade de formular a política da moeda e do crédito como previsto nesta lei, objetivando o progresso econômico e social do País". BRASIL. Lei nº 4.595 de 31 de dezembro de 1964. Dispõe sobre a Política e as Instituições Monetárias, Bancárias e Creditóricas, cria o Conselho Monetário Nacional e dá outras proviências. Diário Oficial da União, Brasília, DF, 31 de dez. 1934. Disponível em: <http://www.planalto.gov.br/ccivil_03/leis/l4595.htm>. Acesso em: 28 mar. 2021.

[27] "Art. 3º A política do Conselho Monetário Nacional objetivará: [...] IV – Orientar a aplicação dos recursos das instituições financeiras, quer públicas, quer privadas; tendo em vista propiciar, nas diferentes regiões do País, condições favoráveis ao desenvolvimento harmônico da economia nacional". BRASIL. Lei

A Lei nº 4.595/64 nada diz especificamente a respeito da aplicabilidade ou inaplicabilidade da Lei de Usura sobre operações celebradas pelas instituições financeiras que passaram a ficar sob a égide do CMN, mas seu art. 4º, inciso IX, dispõe competir ao CMN "**Limitar, sempre que necessário, as taxas de juros**, descontos comissões e qualquer outra forma de remuneração de operações e serviços bancários ou financeiros" (grifos nossos)[28]. Os demais incisos do mencionado art. 4º, em síntese, conferem ao CMN competência para regular a atividade bancária creditícia.

Após a sanção da referida lei, os Tribunais brasileiros, que antes aplicavam a limitação da Lei de Usura de forma indistinta sobre todo e qualquer contrato, mudaram seu entendimento a respeito da matéria. Com fundamento sobretudo no art. 4º, inciso IX, da Lei nº 4.595/64, o STF passou a afirmar que o limite imposto pela Lei de Usura sobre as taxas de juros contratadas por particulares não poderia conviver com a competência do CMN para limitar as taxas de juros de operações bancárias. Em outras palavras: a aplicação da Lei de Usura também às instituições financeiras retiraria o propósito do art. 4º, inciso IX, da Lei nº 4.595/64, pois, se os juros cobrados pelas instituições financeiras fossem limitados, de antemão, pelo dobro da taxa legal (art. 1º da Lei de Usura), a competência do CMN para limitar taxas de juros de operações bancárias nasceria esvaziada.

nº 4.595 de 31 de dezembro de 1964. Dispõe sobre a Política e as Instituições Monetárias, Bancárias e Creditóricas, cria o Conselho Monetário Nacional e dá outras proviências. Diário Oficial da União, Brasília, DF, 31 de dez. 1934. Disponível em: <http://www.planalto.gov.br/ccivil_03/leis/l4595.htm>. Acesso em: 28 mar. 2021.

[28] BRASIL. Lei nº 4.595 de 31 de dezembro de 1964. Dispõe sobre a Política e as Instituições Monetárias, Bancárias e Creditóricas, cria o Conselho Monetário Nacional e dá outras proviências. Diário Oficial da União, Brasília, DF, 31 de dez. 1934. Disponível em: <http://www.planalto.gov.br/ccivil_03/leis/l4595.htm>. Acesso em: 28 mar. 2021.

Mais do que isso: o STF passou a afirmar que a sujeição das instituições financeiras aos limites da Lei de Usura impediria o CMN de exercer, em sua plenitude, o arcabouço de competências estabelecido pela Lei nº 4.595/64. Na visão da Corte Constitucional, isto seria especialmente preocupante em tempos (como os vividos ao longo da década de 70) de inflação alta.

Destacamos abaixo trecho relevante de precedente paradigmático sobre o tema proferido em 5 de março de 1975, pelo plenário do STF, no julgamento do Recurso Extraordinário nº 78.953-SP, sob a relatoria do Ministro Oswaldo Trigueiro:

> No caso, porém, trata-se de taxa livremente pactuada e de contrato firmado na vigência da Lei 4.595, de 31.12.64, que dispõe sobre a política e as instituições monetárias, bancárias e creditórias e cria o Conselho Monetário Nacional. [...]
>
> O art. 4º, no item VI, dá competência ao Conselho para disciplinar o crédito em todas as suas modalidades, e as operações creditícias em todas as suas formas. **No item IX, dá-lhe o encargo de limitar as taxas de juros, descontos, comissões e qualquer outra forma de remuneração de operações e serviços bancários ou financeiros.** [...]
>
> Que o Conselho Monetário e seu agente executivo, o Banco Central, estejam desempenhando essa tarefa com a amplitude prevista na Lei 4.595, é fato que dispensa qualquer esforço de demonstração. **Que, na época inflacionária em que vivemos, aquela tarefa estaria de todo frustrada se condionada à remota proibição da lei de usura, é inferência que, a meu ver, paira acima de quaquer dúvida razoável.**
>
> **Penso que o art. 1º do Decreto 22.626 está revogado, não pelo desuso ou pela inflação, mas pela Lei 4.595**, pelo menos no pertinente às operações com as instituições de crédito, públicos

ou privados, que funcionam sob o estreito controle do Conselho Monetário Nacional. (grifos nossos)[29]

O plenário do STF, portanto, passou a entender que o limite imposto pela Lei de Usura, no que diz respeito à sua aplicabilidade especificamente sobre as instituições financeiras, havia sido revogado pela Lei nº 4.595/64, pois, caso contrário, não seria possível ao CMN exercer a competência que lhe fora atribuída legalmente. Nota-se que a visão do STF sobre o tema passou a estar fundamentada em argumentos de ordem legal (a lei posterior específica revoga a lei anterior geral) e econômica (não seria possível ao CMN controlar política de juros das instituições financeiras se elas estivessem, de antemão, restritas aos limites da Lei de Usura).

O STF passou a aplicar este entendimento de forma reiterada e, em 3 de janeiro de 1977, publicou a Súmula nº 596 segundo a qual "As disposições do Decreto 22.626/33 não se aplicam às taxas de juros e aos outros encargos cobrados nas operações realizadas por instituições públicas ou privadas, que integram o sistema financeiro nacional"[30].

A partir de então, na prática, passou a viger no Brasil sistema de juros pelo qual os entes privados, de forma geral, estariam sujeitos aos limites da Lei de Usura e as instituições financeiras (sob supervisão do CMN) poderiam operar fora das restrições do Decreto-Lei publicado em 1933.

[29] BRASIL. Supremo Tribunal Federal. Recurso Extraordinário nº 78.953. Caixa Econômica do Estado de São Paulo e José Maria de Souza Andrade. Relator: Ministro Oswaldo Trigueiro. Brasília, 5 mar. 1975. Disponível em https: https://jurisprudencia.stf.jus.br/pages/search/sjur51142/false. Acesso em 29 mar. 2021.

[30] BRASIL. Supremo Tribunal Federal. Sumula nº 596. Sessão Plenária. Brasília, 15 dez. 1976. Disponível em https: https://jurisprudencia.stf.jus.br/pages/search/seq-sumula596/false. Acesso em 29 mar. 2021.

2.2. A previsão do art. 192, § 3º, da Constituição Federal de 1988 e o panorama atual

Nova polêmica sobre o tema surgiu com a Constituição de 1988. Isto porque o texto constitucional passou a prever, em seu art. 192, § 3º, que "as taxas de juros reais, nela incluídas comissões e quaisquer outras remunerações direta ou indiretamente referidas à concessão de crédito, não poderão ser superiores a doze por cento ao ano"[31].

A norma constitucional, portanto – hierarquicamente superior à Lei nº 4.595/64 e a ela posterior – passou a limitar os juros reais em 12% ao ano sem fazer qualquer distinção quanto aos entes sujeitos a esta restrição, ou seja, sem excluir de tal disciplina as instituições financeiras. Até porque o *caput* do mencionado art. 192 trata justamente do Sistema Financeiro Nacional[32].

A princípio, assim, a Constituição Federal de 1988 teria encerrado o sistema dual, prevendo restrição que deveria ser imposta a toda e qualquer operação com cobrança de juros, independentemente das partes signatárias.

Não foi isso, contudo, que se viu na prática. Em 7 de outubro de 1988, foi publicado o Parecer nº SR-70 de lavra da Consultoria Geral da República segundo o qual a limitação de juros prevista no § 3º do art. 192 – assim como os demais desdobramentos do *caput* do referido dispositivo constitucional – não seria autoa-

[31] BRASIL. Constituição da República Federativa do Brasil de 1988. Presidência da Repúlica. Brasília, DF, 5 out. 1988. Disponível em: http://www.planalto.gov.br/ccivil_03/constituicao/constituicao.htm. Acesso em: 29 mar. 2021.

[32] "Art. 192. O sistema financeiro nacional, estruturado de forma a promover o desenvolvimento equilibrado do País e a servir aos interesses da coletividade, em todas as partes que o compõem, abrangendo as cooperativas de crédito, será regulado por leis complementares que disporão, inclusive, sobre a participação do capital estrangeiro nas instituições que o integram". BRASIL. Constituição da República Federativa do Brasil de 1988. Presidência da República. Brasília, DF, 5 out. 1988. Disponível em: http://www.planalto.gov.br/ccivil_03/constituicao/constituicao.htm. Acesso em: 29 mar. 2021.

plicável. Isto porque, o *caput* do art. 192 dispõe que o sistema financeiro nacional seria regulado por "leis complementares". No entendimento do referido Parecer, portanto, todas as disposições do art. 192 (inclusive a limitação de juros) só entrariam em vigor depois de aprovada lei complementar sobre a matéria[33]. O mencionado Parecer, assim, manteve o sistema dual até que fosse aprovada pelo Congresso Nacional lei complementar que regulasse o sistema financeiro.

O Parecer nº SR-70 foi, então, desafiado pela Ação Direta de Inconstitucionalidade nº 4. Ao julgar referida ação, o plenário do STF alinhou-se ao Parecer e entendeu que a limitação de juros prevista no art. 192, § 3º, da Constituição Federal de 1988 não era autoaplicável por depender da aprovação de lei complementar que regulasse a matéria. Abaixo está transcrição de trecho relevante do voto proferido pelo relator Ministro Sydney Sanchez:

[33] "2. Verifica-se, desde logo, que o comando constitucional dirige-se a uma inteira reforma do sistema financeiro nacional **a ser promovida por lei complementar, norma de hierarquia superior a todas as leis infraconstitucionais**, o que demonstra a importância dada pelo constituinte à matéria, cujo novo regramento destina-se 'a promover o desenvolvimento equilibrado do País e a servir aos interesses da coletividade'. 3. Quis o legislador constituinte incluir num único artigo, desdobrado em incisos e parágrafos, as exigências mínimas que constarão da reforma por ele ordenada no caput, **que exige lei complementar para todo o enunciado e seus desdobramentos. 4. Deste conjunto orgânico previsto para o novo sistema financeiro nacional, nenhuma unidade entrará em vigor automaticamente, posto que todas as regras, ali ordenadamente expostas, são partes integrantes do mandamento contido no artigo, isto é, tornar-se-ão eficazes com a lei complementar, e não antes**. 5. Não há muita dificuldade para o intérprete situar-se diante da exata teleologia constitucional, posto que o sistema legislativo das leis politicas contém princípios que delas constam, ora explicitamente, ora implicitamente. No caso, a exigência de lei complementar é explicita, como não podia deixar de ser, por tratar de norma sujeita a quórum qualificado para sua aprovação" (grifos nossos). BRASIL. Parecer nº SR-70. Consultoria Geral da República. Diário Oficial, Brasília, DF, p. 19.675 a 19.683, 7 out. 1988.

> **25 – Não me parece possível admitir que a norma do § 3º, explicitando outra matéria relacionada ao sistema financeiro nacional, como a taxa de juros, e fixando o modo como nela deveria ser tratada, pudesse desprender-se do 'caput', que, para tudo, exige lei complementar.** E sem dizer, expressamente, o § 3º, que a matéria ali focalizada independeria da vinda da lei. 26 – Objetou-se que a lei complementar não poderá descumprir o § 3º do art. 192. Certo. Mas isso não significa, necessariamente, que, antes dela, tal norma já esteja produzindo plenamente seus efeitos. 27 – Objetou-se também que se a lei complementar referida no 'caput' nunca vier a ser votada pelo Congresso Nacional, a norma do § 3º nunca terá eficácia. É verdade também. **Exatamente porque só foi prevista, para produzir efeitos, com a vigência da lei complementar, dados os termos em que colocada, como simples desdobramento – e não como exceção expressa – do 'caput'.** (grifos nossos)[34]

Dessa forma, mesmo depois da Constituição Federal de 1988, manteve-se o sistema dual que não sujeita as instituições financeiras ao limite de juros criado pela Lei de Usura. Com a aprovação do Código Civil de 2002, contudo, os limites impostos pela Lei de Usura foram alterados. A taxa legal de 6% ao ano prevista pelo art. 1.062 do Código Civil de 1916, para os casos de omissão contratual, deu lugar à "taxa que estiver em vigor para a mora do pagamento de impostos devidos à Fazenda Nacional" (art. 406 do Código Civil de 2002)[35].

[34] BRASIL. Supremo Tribunal Federal. Ação Direta de Inconstitucionalidade nº 4. Partido Democrático Trabalhista e Presidente da República. Relator: Ministro Sydney Sanchez. Brasília, 7 mar. 1991. Disponível em https://jurisprudencia.stf.jus.br/pages/search/sjur118545/false. Acesso em 29 mar. 2021.

[35] "Art. 406. Quando os juros moratórios não forem convencionados, ou o forem sem taxa estipulada, ou quando provierem de determinação da lei, serão fixados segundo a taxa que estiver em vigor para a mora do pagamento de impostos devidos à Fazenda Nacional". BRASIL. Lei nº 10.406 de 10 de janeiro de 2002.

Embora haja discussão sobre qual seria a taxa legal aplicável nesses casos – se a taxa SELIC ou se taxa de 1% ao mês prevista no art. 161, § 1º, do Código Tributário Nacional (CTN)[36] – prevalece hoje, na doutrina, entendimento segundo o qual os juros legais devem corresponder a 1% ao mês, dado que a SELIC é taxa variável que traz em sua composição elementos de projeção inflacionária estranhos ao cálculo dos juros[37].

Institui o Código Civil. Palácio do Planalto da Presidência da República, Brasília, DF, 10 jan. 2002. Disponível em: http://www.planalto.gov.br/ccivil_03/leis/2002/l10406compilada.htm. Acesso em: 29 mar. 2021.

[36] "Art. 160. Quando a legislação tributária não fixar o tempo do pagamento, o vencimento do crédito ocorre trinta dias depois da data em que se considera o sujeito passivo notificado do lançamento. Parágrafo único. A legislação tributária pode conceder desconto pela antecipação do pagamento, nas condições que estabeleça". BRASIL. Lei nº 5.172 de 25 de outubro de 1966. Dispõe sobre o Sistema Tributário Nacional e institui normas gerais de direito tributário aplicáveis à União, Estados e Municípios. Palácio do Planalto da Presidência da República, Brasília, DF, 25 out. 1966. Disponível em: http://www.planalto.gov.br/ccivil_03/leis/l5172compilado.htm. Acesso em: 29 mar. 2021.

[37] Assim entende Caio Mário da Silva Pereira: "A despeito de tais controvérsias, o certo é que a jurisprudência tem adotado, no âmbito das relações obrigacionais de Direito Privado, a orientação no sentido da observância do art. 161, § 1º, do CTN, não o considerando revogado. Desse modo, com base no Enunciado nº 20, da I Jornada de Direito Civil promovido pelo Conselho da Justiça Federal, entendeu-se que 'a taxa de juros moratórios a que se refere o art. 406 é a do art. 161, § 1º, do Código Tributário Nacional, ou seja, 1% (um por cento) ao mês'. A despeito de algumas objeções à encampação de tal orientação – como a própria sustentação de que o art. 161, § 1º, do CTN, não está mais em vigor devido à alegada revogação feita pela Lei nº 8.981/95 –, deve-se considerar que a orientação adotada no Enunciado nº 20, da I Jornada de Direito Civil, é a que melhor se adequa aos valores de segurança jurídica e justiça negocial no campo das relações obrigacionais". PEREIRA, Caio Mário da Silva. **Instituições de Direito Civil**: Teoria Geral das Obrigações. 32. ed. Rio de Janeiro: Editora Forense, 2020. v. 2. p. 328.

Silvio de Salvo Venosa também faz críticas à possível adoção da SELIC como taxa de juros legais: "Ainda, para os impostos devidos à Fazenda Nacional, as taxas de mora incluem fatores que não se restringem unicamente a juros. Ainda não temos uma linha segura a ser seguida para a interpretação do art. 406.

De forma a eliminar, de vez, controvérsia sobre a autoaplicabilidade ou não do previsto no art. 192, § 3º, da Constituição Federal de 1988, a Emenda Constitucional nº 40/2003 revogou não só o § 3º, como todos os demais parágrafos e incisos decorrentes do *caput*. Atualmente, portanto, a limitação de juros não tem matiz constitucional, derivando apenas do previsto no art. 1º da Lei de Usura.

Em conclusão, o quadro atual segue tendo como principal diretriz a Súmula nº 596 do STF, razão pela qual permanece vigente o já mencionado sistema dual: os juros contratados nas operações entre entes privados não podem ultrapassar o dobro da taxa legal (que, hoje, como decorrência do art. 406 do Código Civil de 2002, combinado com o art. 161, § 1º, do CTN equivale a 1% ao mês), com exceção das operações contratadas por instituições financeiras que não se sujeitam a qualquer limitação.

O panorama histórico delineado acima permite concluir que esta exceção ao regime da Lei de Usura derivou não só da interpretação da Lei nº 4.595/64, mas também de preocupações de natureza econômica.

A Fazenda pratica a denominada taxa SELIC – Sistema Especial de Liquidação e de Custódia –, prevista no art. 39, § 4º, da Lei nº 9.250/95. Como essa taxa embute uma série de elementos, inclusive correção monetária, é problemática sua atuação como taxa de juros". VENOSA, Silvio de Salvo. **Direito Civil**: Obrigações e Responsabilidade Civil. 21. ed. São Paulo: Atlas, 2021. v. 2. p. 135. No mesmo sentido, afirma Judith Martins-Costa: "O problema está em utilizar a taxa SELIC para os fins propostos no art. 406 do Código Civil, atinentes à mora, uma vez que a taxa não apenas abarca projeção inflacionária, mas, fundamentalmente, está atada à conjuntura econômica de um modo por vezes incompatível com a finalidade perseguida pelos juros moratórios, gerando dificuldades para garantir o equilíbrio prestacional: por vezes será benéfica ao credor, por outras ao devedor, mas em várias conjunturas não observará o equilíbrio necessá- rio às relações civis. O problema, pois, está no regime desta taxa" MARTINS-COSTA, Judith; TEIXEIRA, Sálvio de Figueiredo (org.). **Comentários ao Novo Código Civil**: do inadimplemento das obrigações arts. 389 a 420. 2. ed. Rio de Janeiro: Forense, 2009.p. 596/597.

A limitação de juros em operações bancárias pode ter sensíveis consequências macroeconômicas criando (i) escassez de crédito privado, dado que não fazia sentido aos bancos, adstritos pela Lei de Usura, celebrarem operações de risco que tinham teto pré-estabelecido em sua remuneração (em outras palavras: os bancos não conseguiam refletir em preço mais caro do capital o risco de inadimplemento do devedor) e (ii) seletividade na escolha daqueles que teriam acesso ao crédito, pois, com a retração do crédito privado, restava apenas o canal oferecido pelos bancos públicos, submetidos ao alvedrio estatal e que, por consequência, poderiam dar preferência àqueles que tivessem melhores conexões políticas. Essa é crítica feita de forma contundente por Gustavo Franco:

> Seletivo também era o acesso ao crédito num ambiente torto pela combinação de inflação elevada com Lei de Usura. No início dos anos 1960 o crédito se tornou uma graça concedida a poucos, no âmbito de reciprocidades e favores no interior de bancos públicos e privados. Era um sistema financeiro composto de personalismos, compensações e cordialidades, do qual resultou uma gigantesca atrofia nos mercados de crédito e de capitais, especialmente no segmento privado, configurando uma imensa tensão entre o Brasil cordial e o moderno.[38]

O sistema dual, portanto, corrige as distorções criadas pela Lei de Usura e desafoga o crédito privado. Não há dúvidas, porém, de que a exceção à regra restritiva criada pela Lei de Usura aplica-se exclusivamente sobre as instituições financeiras (que são, afinal, os entes supervisionados pelo CMN nos termos da Lei nº 4.595/64).

[38] FRANCO, Gustavo H.B. **A moeda e a lei**: uma história monetária brasileira 1933-2013. Rio de Janeiro: Zahar, 2017, p. 61.

Desde que publicada a Súmula nº 596, contudo, o sistema financeiro e o mercado de capitais brasileiro se desenvolveram. Foram criados, então, novos produtos financeiros inexistentes na época de promulgação da Lei de Usura, da Lei nº 4.595/64 e da própria Súmula nº 596. Dentre estes novos produtos financeiros estão os FIDCs.Os FIDCs, como será explorado a seguir, a despeito de serem administrados e geridos por instituições financeiras, não devem se equiparar a elas. Suas atividades não se confundem com atividades bancárias e sua regulação é específica, emitida pela CVM. Estes fundos, porém, têm como prática a aquisição, com deságio, de créditos no mercado. Alguns destes créditos são originados por instituições financeiras e, portanto, são remunerados acima do limite da Lei de Usura.

Com isso, surgiu na jurisprudência discussão quanto à possibilidade ou não dos créditos adquiridos pelos referidos fundos serem remunerados por taxas de juros que superam o teto previsto na Lei de Usura. É especificamente para os FIDCs que voltaremos nossa atenção daqui em diante.

3. A nova controvérsia jurisprudencial: extensão para os fidcs da exceção criada pela Súmula 596 do STF

Como exposto acima, com base na Lei nº 4.595/64, o STF publicou sua Súmula nº 596 e passou a adotar sistema dual pelo qual as instituições financeiras não estão sujeitas ao limite de juros imposto pela lei de usura.

Juridicamente, este entendimento decorreu da criação do CMN que, dentre outras atribuições, tem como função "limitar, sempre que necessário, as taxas de juros, descontos, comissões e qualquer outra forma de remuneração de operações e serviços bancários ou financeiros"[39].

[39] BRASIL. Lei nº 4.595 de 31 de dezembro de 1964. Dispõe sobre a Política e as Instituições Monetárias, Bancárias e Creditícias, Cria o Conselho Monetário

Do ponto de vista econômico, a solução dual faz sentido por permitir livre acordo entre as partes contratantes de operações bancárias quanto às taxas de juros aplicáveis cuja fixação leva em conta, por exemplo, o valor do empréstimo, o prazo de pagamento da dívida, a saúde financeira do devedor e o tipo de garantia ofertada. Todos estes fatores variam dependendo do caso concreto, sendo preferível que as partes (conhecedoras de todos os detalhes do contrato a ser celebrado) fixem os juros que, de fato, façam sentido para remuneração do capital à luz de todos os riscos existentes em cada operação.

As operações realizadas no âmbito do Sistema Bancário têm enorme impacto na economia de modo geral. Assim, permitir a livre contratação da taxa de juros não só propicia precificação mais apurada do crédito, como confere acesso ao crédito privado a entes que, na hipótese de limitação dos juros, não receberiam empréstimos por não valer a pena aos bancos (diante do teto em sua remuneração) emprestar a juros baixos correndo risco de inadimplemento. Mais do que isso, os créditos bancários nascem em ambiente altamente regulado e as instituições financeiras são constantemente monitoradas por autoridades governamentais justamente em função da importância que a concessão do crédito tem para as demais relações econômicas.

Com a sedimentação do entendimento jurisprudencial no que diz respeito à inaplicabilidade, sobre as instituições financeiras, do limite de juros imposto pela Lei de Usura, a controvérsia sobre a abrangência do art. 1º da Lei de Usura migrou para tipo específico de produto financeiro: os FIDCs. Para que seja possível entender se faz sentido ou não estender aos FIDCs a exceção prevista na Súmula nº 596 do STF faz-se necessária

Nacional e dá outras providências. Presidência da República, Brasília, DF, 31 dez. 1964. Disponível em: http://www.planalto.gov.br/ccivil_03/leis/l4595.htm. Acesso em: 24 mar. 2021.

breve exposição sobre como funciona este tipo de Fundo e sua disciplina jurídica.

3.1. FIDCs: conceito e atividade central

Do ponto de vista operacional, os FIDCs são instrumentos utilizados para securitização de recebíveis. Em síntese, eles adquirem créditos detidos por terceiros – cedidos ao fundo por meio do pagamento de apenas parte de seu valor de face – para posterior recebimento, pelo FIDC, do valor integral do crédito.

Daniela Marin Pires, em obra integralmente dedicada à análise dos FIDCs, assim define operações de securitização:

> Faz-se oportuno definir securitização. Trata-se de processo por meio do qual os fluxos financeiros ilíquidos (recebíveis de cartões de crédito, duplicatas, contas a receber) são transformados em títulos líquidos negociáveis no mercado de capitais, propiciando a circulação de riquezas.
>
> Pelo processo da securitização, a sociedade que possui um ativo a ser securitizado – sociedade originadora dos recebíveis – e que necessita antecipar a receita futura proveniente desse ativo – cede-os a uma sociedade de propósito específico ou a um fundo criado exclusivamente para essa finalidade, sem que tal sociedade tenha em princípio qualquer passivo que não o valor devido à originadora. Nesse caso, essa sociedade de propósito específico emitirá títulos/valores mobiliários, os quais serão garantidos por ativos segregados da empresa originadora, e que serão vendidos para investidiores no âmbito do mercado de capitais.[40]

No caso dos FIDCs, os investidores interessados nos fundos adquirem cotas (que representam frações ideais do patrimônio

[40] Pires, Daniela Marin. **Os Fundos de Investimento em Direitos Creditórios (FIDC)**. 2. ed. São Paulo: Almedina, 2015, p. 26.

total detido pelo FIDC) cujo rendimento dependerá do pagamento, pelos devedores, dos créditos adquiridos pelo Fundo.

A título ilustrativo: determinada empresa presta serviço ou vende mercadoria emitindo duplicata contra o devedor; antes de vencida a duplicata, referida empresa cede seu crédito ao FIDC que paga por ele apenas parte de seu valor de face; na data de vencimento da dívida, o devedor paga ao FIDC (e não ao credor original) o valor integral do crédito. Esta mesma lógica se aplica caso o cedente do crédito seja instituição financeira e não empresa (i.e., o FIDC compra o crédito por parte de seu valor de face e recebe, do devedor, a quantia integral na data de vencimento).

O lucro do Fundo, portanto, advém da diferença entre o preço de compra do crédito e o valor efetivamente pago pelo devedor. Para o cedente do crédito a vantagem está no recebimento imediato – antecipando, portanto, seu fluxo de caixa – de (ao menos parte) de valor que só seria pago no futuro. O credor originário também deixa de correr o risco de inadimplemento do devedor: se este último inadimplir sua obrigação, quem sofrerá o prejuízo será o FIDC.

O risco dos investidores, por sua vez, não está atrelado à possibilidade de inadimplemento de um crédito em específico. O credor é o fundo e não seus investidores. Eles adquirem cotas emitidas pelo FIDC (i.e. unidades representativas do patrimônio do fundo) cujo rendimento varia de acordo com o adimplemento da carteira de créditos adquiridos pelo fundo. Em outras palavras: se os créditos são pagos pelos devedores, há valorização das cotas e lucro dos investidores; se um número suficiente de devedores passa a inadimplir suas obrigações, há desvalorização das cotas e prejuízo dos investidores.

A partir deste breve esboço sobre a atividade dos FIDCs, tem-se que: (i) o fundo não é ente originador de créditos, ele apenas adquire recebíveis já existentes originados por terceiros e (ii) o fundo não empresta dinheiro a terceiros, nem intermedeia operações financeiras entre poupadores e tomadores. Há simples compra de recebíveis que são pagos diretamente ao FIDC pelos devedores. Estas características serão retomadas na comparação entre os FIDCs e instituições financeiras.

3.2. Disciplina jurídica dos FIDCs e estruturação de suas atividades

A Resolução do Banco Central nº 2.907, publicada em 29 de novembro de 2001 autorizou a constituição e o funcionamento "de fundos de investimento em direitos creditórios, destinados preponderantemente à aplicação em direitos creditórios e em títulos representativos desses direitos (...)"[41].

A CVM, por sua vez, em 17 de dezembro de 2001, publicou sua Instrução nº 356 que disciplina a operação dos FIDCs. Nos termos do art. 3º da referida Instrução, os FIDCs serão constituídos na forma de "condomínio aberto ou fechado"[42]. Em função do uso do termo "condomínio" pela Instrução nº 356, há controvérsia doutrinária sobre a natureza jurídica dos FIDCs. Isto porque, a despeito da nomenclatura utilizada pela mencionada instrução da CVM (que aproxima os FIDCs de condomínios edilícios) e pelo art. 1.368-C recentemente incluído no

[41] BRASIL. Resolução nº 2.907 de 29 de novembro de 2001. Autoriza a constituição e o funcionamento de fundos de investimento em direitos creditórios e de fundos de aplicação em quotas de fundos de investimento em direitos creditórios. Banco Central do Brasil, Brasília, DF, 29 nov. 2001. Disponível em: https://www.bcb.gov.br/pre/normativos/res/2001/pdf/res_2907_v1_o.pdf. Acesso em: 10 mai. 2021.

[42] BRASIL. Instrução nº 356 de 17 de dezembro de 2001. Regulamenta a constituição e o funcionamento de fundos de investimento em direitos creditórios e de fundos de investimento em cotas de fundos de investimento em direitos creditórios. Comissão de Valores Mobiliários, Rio de Janeiro, RJ, 17 dez. 2001. Disponível em: file:///C:/Users/ems/Downloads/inst356consolid%20(1).pdf. Acesso em: 10 mai. 2021.

Código Civil[43], parcela considerável da doutrina especializada no tema entende que os fundos, na verdade, têm feição jurídica mais semelhante às sociedades anônimas[44].

De qualquer maneira, este trabalho não tem como objetivo determinar qual seria a verdadeira natureza jurídica dos FIDCs

[43] "Art. 1.368-C. O fundo de investimento é uma comunhão de recursos, constituído sob a forma de condomínio de natureza especial, destinado à aplicação em ativos financeiros, bens e direitos de qualquer natureza". BRASIL. Lei nº 10.406 de 10 de janeiro de 2002. Institui o Código Civil. Palácio do Planalto da Presidência da República, Brasília, DF, 10 jan. 2002. Disponível em: http://www.planalto.gov.br/ccivil_03/leis/2002/l10406compilada.htm. Acesso em: 29 mar. 2021.

[44] Assim entende Eduardo Montenegro Dotta: "A estrutura jurídica dos fundos, considerados os itens que acabamos de listar, aproximam-no muito mais de uma fórmula societária do que de um condomínio, dado que, embora destituídos de personalidade jurídica, aos fundos de investimento são imputados direitos e deveres. Trata-se de entidade detentora de representatividade em suas relações internas e externas, a ponto de a Comissão de Valores Mobiliários lhe garantir o direito, mediante deliberação tomada por quórum qualificado de cotistas, de realizar operações societárias de fusão, cisão ou incorporação" DOTTA, Eduardo Montenegro. **Responsabilidade Civil dos Administradores e Gestores de Fundos de Investimento**. 2. ed. São Paulo: Almedina, 2018, p. 91.
Este também é o entendimento de Mário Tavernard Martins de Carvalho: "Como exposto nos primeiros capítulos, a estruturação dos fundos de investimento sob a forma de condomínio objetivava superar os entraves atinentes ao capital fixo e à dupla tributação. **Contudo, depreende-se que a real essência dos fundos de investimento não se coaduna com o condomínio, tampouco com os demais institutos supramencionados. Os fundos, em verdade, possuem natureza de sociedade**" CARVALHO, Mario Tavernard Martins de. **Regime Jurídico dos Fundos de Investimento**. São Paulo: Quartier Latin, 2012, p. 192, grifos nossos.
Assim também afirma Ricardo de Santos Freitas: "Se o tipo econômico fundo de investimento, em todas as suas espécies existentes na realidade jurídica, está regulado em lei especial e o sentido jurídico de sua representação global subsume-se perfeitamente ao conceito abstrato de sociedade, tal qual estatuído no artigo 981 do Código Civil, **não hesitaremos, então, em concluir que estamos diante de uma sociedade**" FREITAS, Ricardo dos Santos. **Natureza Jurídica dos Fundos de Investimento**. São Paulo: Quartier Latin, 2006, p. 218, grifos nossos.

(se condomínios ou entes análogos às sociedades anônimas). O fato é que, independentemente da discussão doutrinária sobre a caracterização jurídica dos fundos, os FIDCs representam comunhão de recursos aportados pelos investidores e utilizados para aquisição de créditos mercantis. Cada investidor adquire cotas em quantidade que respeita a proporção do valor investido em relação ao patrimônio líquido total do fundo.

Nos termos da mencionada Instrução CVM nº 356, são três as figuras centrais na operação de um FIDC: o administrador, o gestor e o custodiante.

Conforme art. 32 da mencionada Instrução, a administração de FIDCs pode ser exercida por banco múltiplo, banco comercial, pela Caixa Econômica Federal, por banco de investimento, por sociedade corretora de títulos e valores mobiliários ou por sociedade distribuidora de títulos e valores mobiliários.

O administrador, como definido na regulamentação da CVM, tem como principais obrigações: manutenção da documentação do fundo, dos livros de registros dos investidores e de assembleias gerais e dos relatórios de auditoria; prestar informações periódicas sobre o fundo à CVM (como a composição de sua carteira, seu regulamento e eventuais fatos relevantes) e enviar informações a respeito do fundo aos investidores sobre, por exemplo, seus rendimentos e sua classificação de risco.

Em regra, compete também ao administrador exercer atos de gestão, isto é: selecionar os créditos que serão adquiridos pelo FIDC e que propiciarão rendimento aos cotistas. A atividade de gestão, porém, pode ser delegada a terceiro (e é comum que assim seja), conforme autorização do art. 39, inciso II, da Instrução CVM nº 356[45]. É prática normal de mercado, portanto, que

[45] "Art. 39. A instituição administradora pode, sem prejuízo de sua responsabilidade e do diretor ou sócio gerente designado, mediante deliberação da assembleia geral de condôminos ou desde que previsto no regulamento do fundo, contratar serviços de: (...) II – gestão da carteira do fundo com terceiros

a gestão do FIDC seja terceirizada pelo administrador. Neste caso, o administrador segue responsável por praticar atos de tesouraria, pela manutenção de documentos e pela prestação de informações ao órgão regulador e aos cotistas, mas deixa de ter ingerência sobre a escolha dos créditos a serem adquiridos pelo FIDC. Cabe exclusivamente ao gestor selecionar os créditos e escolher aqueles que, no seu entender – respeitada a política de investimentos definida em regulamento – propiciarão bons rendimentos aos investidores.

A terceira figura central na operação dos FIDCs é o custodiante. Como a própria denominação indica, cabe a ele a custódia dos documentos que instrumentalizam os créditos adquiridos pelo fundo. Nos termos do art. 38 da Instrução CVM nº 356, o custodiante também é responsável pela verificação do lastro dos referidos créditos, ou seja: checar se o crédito adquirido pelo fundo está, efetivamente, lastreado em operação mercantil transacionada entre o cedente e o devedor.

Destarte, como será abordado com mais ênfase adiante, o FIDC não se confunde com seus prestadores de serviço. O fundo (seja ele caracterizado juridicamente como condomínio ou não) é entidade distinta do administrador, do gestor e do custodiante. O FIDC tem patrimônio próprio e é destinatário dos serviços prestados pelas três figuras acima descritas.

3.3. Lei de Usura e FIDCs – Cenário jurisprudencial atual

Como acima abordado, os FIDCs dedicam-se à aquisição de créditos, com deságio em seu preço, cedidos por terceiros. Esses

autorizados pela CVM de acordo com o disposto na regulamentação aplicável aos administradores de carteiras de valores mobiliários" BRASIL. Instrução nº 356 de 17 de dezembro de 2001. Regulamenta a constituição e o funcionamento de fundos de investimento em direitos creditórios e de fundos de investimento em cotas de fundos de investimento em direitos creditórios. Comissão de Valores Mobiliários, Rio de Janeiro, RJ, 17 dez. 2001. Disponível em: file:///C:/Users/ems/Downloads/inst356consolid%20(1).pdf. Acesso em: 11 mai. 2021.

créditos podem ter como entidades originadoras empresas prestadoras de serviço, mas também podem derivar de operações concluídas por instituições financeiras.

Neste último caso – em função do sistema dual hoje vigente no que toca ao limite das taxas de juros – é possível que a instituição financeira originadora do crédito tenha acordado com o devedor juros que superem o balizamento imposto pelo art. 1º da Lei de Usura. O crédito será, assim, cedido ao FIDC com remuneração acima do teto legal.

Nessas situações, devedores passaram a questionar em Juízo a obrigação de pagar aos FIDCs juros que superem os limites da Lei de Usura. No entendimento dos referidos devedores, os fundos, por não serem instituições financeiras, não poderiam se beneficiar do entendimento consolidado pela Súmula nº 596 do STF. Destarte, deveriam ser expurgados dos créditos adquiridos pelos FIDCs encargos que superassem o limite legal imposto pela Lei de Usura (i.e., o dobro da taxa legal de 1% ao mês).

A princípio, a jurisprudência deu guarida a este argumento. Com efeito, precedentes do Tribunal de Justiça do Estado de São Paulo (TJSP) entenderam que os FIDCs, por não serem instituições financeiras, não poderiam cobrar dos devedores de seus créditos juros que superassem o teto imposto pelo art. 1º da Lei de Usura:

> Portanto, visto que os Fundos de Investimentos em Direitos Creditórios não se submetem às rígidas regras para constituição e funcionamento das instituições financeiras e nem à fiscalização do BACEN, não é possível equipará-los ou atribuir-lhes privilégios dos integrantes do Sistema Financeiro Nacional, pena de desequilíbrio da regulação econômica. **Dessa forma, por não ter natureza jurídica de instituição financeira, o fundo Apelado se submete às limitações da Lei de Usura (Decreto nº 22.626/1933), que veda a cobrança de taxa de juros superior**

ao dobro da taxa legal (maior do que 12% ao ano na espécie) e a sua capitalização em periodicidade inferior à anual (arts. 1º e 4º, respectivamente).[46]

Desse modo, não sendo o cessionário integrante do Sistema Financeiro Nacional, as taxas de juros devem ser limitadas pelo mencionado Decreto nº 22.626/33, sob pena de se admitir a prática de usura por quem não é Instituição Financeira. Assim, em tal contexto, deve-se reforçar que, nas relações jurídicas firmadas por entes que não integram o Sistema Financeiro Nacional, os juros estão, inexoravelmente, sujeitos à limitação prevista no mencionado Decreto nº 22.626/33.[47]

O argumento central, portanto, para negar aos FIDCs a possibilidade de cobrança de juros acima do limite legal decorria do fato de os Fundos não serem instituições financeiras e, dessa forma, não poderem usufruir da exceção criada pela Súmula nº 596 do STF.

Este entendimento, porém, não permaneceu estático. Os Fundos seguiram litigando a matéria e precedentes do mesmo TJSP passaram a entender que os FIDCs poderiam sim cobrar todos os encargos atrelados aos créditos por eles adquiridos, ainda que superassem os limites da Lei de Usura. Isto seria

[46] BRASIL. Tribunal de Justiça do Estado de São Paulo. Apelação nº 1062465-29.2017.8.26.0100. José Domingues dos Santos, Isael Pinto, Neiva Maria Almeida de Oliveira Santos e Incentivo Fundo de Investimento Referenciado CDI Crédito Privado. Relator: Desembargador Tasso Duarte de Melo. São Paulo, 13 jul. 2018. Disponível em https://esaj.tjsp.jus.br/cjsg/getArquivo.do?cdAcordao=11616813&cdForo=0. Acesso em 11 mai. 2021. Grifos nossos.

[47] BRASIL. Tribunal de Justiça do Estado de São Paulo. Apelação nº 0003874-26.2010.8.26.0007. FMC-Financial Management Control Brasil Serviços de Cobrança Ltda. e Antonio Artur Alecanr Souza. Relator: Desembargador Roberto Mac Cracken. São Paulo, 4 dez. 2014. Disponível em https://esaj.tjsp.jus.br/cjsg/getArquivo.do?cdAcordao=8C87735&cdForo=0. Acesso em 11 mai. 2021. Grifos nossos.

possível, pois, na visão de tais precedentes, os FIDCs estariam envolvidos em operações típicas de instituições financeiras por captarem poupança popular por meio da emissão de suas cotas. A título ilustrativo:

> A questão versa, em suma, sobre a sujeição ou não de fundos de investimentos à limitação da Lei de Usura (Decreto nº 22.626/1933), notadamente no tocante à incidência de juros de 12% ao ano e capitalizados. Malgrado a tese recursal aparentemente tenha seus lindes na questão da taxa de juros, em rigor, o grande tema que dá embasamento ao inconformismo é a natureza jurídica do Fundo de Investimentos em Participações: Infrabrasil, ou seja, julgar se ele é, ou não, equiparado à instituição financeira componente do Sistema Financeiro Nacional, disciplinado pela Lei nº 4.595, de 31 de dezembro de 1964. [...]
>
> Impende anotar que a Resolução nº 2.907, de 29/11/2001, da CMV, autorizou a constituição e o funcionamento de fundos de investimentos em direitos creditórios e de fundos de aplicação de cotas de investimentos em direitos creditórios. Neste ponto vale trazer à colação lição colhida em venerando aresto da lavra do eminente Des. MARCO FÁBIO MORSELLO, mestre das Arcadas Sãofranciscanas: 'Deveras, não se confundam com instituições bancárias, os FIDCs, a teor do disposto nos arts. 2º, I, II, III, V e VI e 40 da Instrução 356/2001 c/c arts. 17, parágrafo único e 18, §1º da Lei nº 4.595/64, **atuam no mercado financeiro em operação típica de instituição financeira, qual seja, a captação de poupança popular mediante a emissão e subscrição de valores mobiliários para concessão de crédito**. A eles não são aplicáveis, portanto, as restrições impostas às faturizadoras, admitindo-se que os FIDCs adquiram créditos em caráter pro soluto ou pro solvendo' (Voto nº 2509, proferido no Agravo de Instrumento nº 2182077-45.2020.8.26.0000, v.u, TJSP, 11ª Câmara de Direito Privado, j. 9/09/2020) [...]

Bem por isso, evidenciada a equiparação dos fundos de investimento às instituições financeiras, de rigor a não sujeição do recorrente à limitação da Lei de Usura, mercê do que impõe-se o provimento do recurso, para que sejam considerados, na produção de prova pericial, os juros capitalizados de 13% ao ano, nos termos pactuados entre as partes.[48]

Seguindo esta mesma linha, o STJ, no julgamento do já mencionado Recurso Especial nº 1.634.958-SP, em precedente paradigmático sobre o tema, entendeu que os FIDCs são equiparáveis às instituições financeiras e, portanto, poderiam ser beneficiários de juros que extrapolem os limites estabelecidos pela Lei de Usura. O STJ também afirmou que os FIDCs, assim como instituições financeiras, teriam como atividade central a captação de poupança popular:

> O FIDC é um condomínio que fornece crédito por meio de captação da poupança popular, sendo administrado por instituição financeira (banco múltiplo; banco comercial; Caixa Econômica Federal; banco de investimento; sociedade de crédito, financiamento e investimento; corretora de títulos e valores mobiliários ou distribuidora de títulos e valores mobiliários). **Portanto, cumpre salientar que o art. 17, parágrafo único, da Lei n. 4.595/1964 espanca quaisquer dúvidas ao estabelecer que se consideram instituições financeiras, para os efeitos da**

[48] BRASIL. Tribunal de Justiça do Estado de São Paulo. Agravo de Instrumento nº 2117643-47.2020.8.26.0000. Infrabrasil Fundo de Investimentos em Participações, PST Energias Renováveis e Participações S.A., Glep Energias Renováveis e Participações S.A., José Salgueiro Lourenço, Alice Andreoni Lourenço, Carlos André Andrioni Salgueiro Lourenço, Guilherme Andrioni Salgueiro Lourenço, Ana Paula Lourenço de Toledo e Piedade Usina Geradora de Energia S.A. Relator: Desembargador Pereira Calças. São Paulo, 11 nov. 2020. Disponível em https://esaj.tjsp.jus.br/cjsg/getArquivo.do?cdAcordao=14141838&cdForo=0. Acesso em 11 mai. 2021. Grifos nossos.

legislação em vigor, as pessoas jurídicas públicas ou privadas que tenham como atividade principal ou acessória a coleta, a intermediação ou a aplicação de recursos financeiros próprios ou de terceiros, em moeda nacional ou estrangeira, e a custódia de valor de propriedade de terceiros. Ou seja, para os efeitos dessa lei e da legislação em vigor, equiparam-se às instituições financeiras as pessoas físicas que exerçam qualquer uma das atividades referidas no citado artigo, de forma permanente ou eventual.

Ainda, o art. 18, § 1º, do mesmo Diploma legal esclarece que, além dos estabelecimentos bancários oficiais ou privados, das sociedades de crédito, financiamento e investimentos, das caixas econômicas, das cooperativas de crédito ou da seção de crédito das cooperativas que a tenham, também se subordinam às disposições e disciplina dessa lei, no que for aplicável, as bolsas de valores, companhias de seguros e de capitalização, as sociedades que efetuam distribuição de prêmios em imóveis, mercadorias ou dinheiro, mediante sorteio de títulos de sua emissão ou por qualquer forma, e as pessoas físicas ou jurídicas que exercem, por conta própria ou de terceiros, atividade relacionada com a compra e a venda de ações e quaisquer outros títulos, realizando nos mercados financeiro e de capitais operações ou serviços de natureza dos executados pelas instituições financeiras. [...]

Por conseguinte, a meu juízo, é de rigor a reforma da decisão, tendo em vista que: a) o FIDC atua no mercado financeiro, na vertente mercado de capitais, inclusive mediante captação e custódia de poupança popular, com subscrição de valor mobiliário; b) amolda-se à definição legal de instituição financeira, até mesmo sendo administrado por uma; c) o entendimento perfilhado vai na contramão da evolução do Direito, que busca conferir objetivação à operação de cessão de crédito, conforme claramente se extrai da teleologia do art. art. 29, § 1º, da Lei n. 10.931/2004; d) conduz ao enriquecimento sem

> causa do cedido (recorrido); e) é contrária ao disposto no art. 287 do CC, o qual estabelece que, salvo disposição em contrário, na cessão de um crédito abrangem-se todos os seus acessórios.[49]

Nota-se que o debate desta questão na jurisprudência girou em torno da equiparação ou não dos FIDCs às instituições financeiras. Para a corrente que rejeita essa equiparação, os Fundos não poderiam receber pagamento de juros cuja taxa ultrapassasse o estabelecido pela Lei de Usura; para a corrente que admite essa equiparação, os FIDCs não estariam restritos pelo disposto na Lei de Usura.

Até o momento, prevaleceu no STJ a corrente que equipara os FIDCs às instituições financeiras e, por consequência, permite a cobrança de juros, por tais Fundos, acima do limite imposto pelo art. 1º da Lei de Usura.

Este entendimento jurisprudencial desperta necessidade de: (i) verificar se a equiparação dos FIDCs às instituições financeiras é tecnicamente adequada à luz da legislação vigente e dos tipos de operações realizadas por tais entes e (ii) definir se, na impossibilidade de equiparação dos FIDCs às instituições financeiras, os Fundos estariam, de fato, impedidos de cobrarem dos devedores de créditos a eles cedidos juros que excedam o teto estabelecido pela Lei de Usura.

É sobre essas questões que trataremos a seguir.

[49] BRASIL. Superior Tribunal de Justiça. Recurso Especial nº 1.634.958-SP. Fundo de Investimento em Direitos Creditórios Não-Padronizados NPL I e Nilton Arlindo Santana. Relator: Ministro Luis Felipe Salomão. Brasília, 6 ago. 2019. Disponível em https://scon.stj.jus.br/SCON/pesquisar.jsp. Acesso em 12 de dez. 2020.

4. A equiparação entre fidcs e instituições financeiras feita pela jurisprudência

4.1. Interpretação teleológica do art. 17 da Lei nº 4.595/64

Como visto acima, a jurisprudência só permitiu a cobrança, pelos FIDCs, de juros acima do limite legal por entender que tais Fundos seriam equiparáveis às instituições financeiras. Esta equiparação, por sua vez, seria possível, pois a atividade exercida pelos FIDCs, no entendimento dos precedentes jurisprudenciais, estaria abarcada pela definição de instituição financeira prevista no art. 17 da Lei nº 4.595/64.

Nas palavras do Ministro do STJ Luis Felipe Salomão:

> O art. 17, parágrafo único, da Lei n. 4.595/1964 espanca quaisquer dúvidas ao estabelecer que se consideram instituições financeiras, para os efeitos da legislação em vigor, as pessoas jurídicas públicas ou privadas que tenham como atividade principal ou acessória a coleta, a intermediação ou a aplicação de recursos financeiros próprios ou de terceiros, em moeda nacional ou estrangeira, e a custódia de valor de propriedade de terceiros.[50]

O mencionado precedente do STJ vai além e afirma que o FIDC "até mesmo por envolver a captação de poupança popular mediante a emissão e a subscrição de cotas (valor mobiliário) para concessão de crédito, é inequivocamente de instituição financeira"[51].

[50] BRASIL. Superior Tribunal de Justiça. Recurso Especial nº 1.634.958-SP. Fundo de Investimento em Direitos Creditórios Não-Padronizados NPL I e Nilton Arlindo Santana. Relator: Ministro Luis Felipe Salomão. Brasília, 6 ago. 2019. Disponível em https://scon.stj.jus.br/SCON/pesquisar.jsp. Acesso em 12 de dez. 2020.

[51] BRASIL. Superior Tribunal de Justiça. Recurso Especial nº 1.634.958-SP. Fundo de Investimento em Direitos Creditórios Não-Padronizados NPL I e Nilton Arlindo Santana. Relator: Ministro Luis Felipe Salomão. Brasília, 6 ago.

É necessário, assim, analisar se, em vista do disposto no art. 17 da Lei nº 4.595/64 e das características próprias dos FIDCs, faz sentido a equiparação proposta pela jurisprudência entre os FIDCs e as instituições financeiras.

O art. 17 da Lei nº 4.595/64 dispõe que:

> Consideram-se instituições financeiras, para os efeitos da legislação em vigor, as pessoas jurídicas públicas ou privadas, que tenham como atividade principal ou acessória a coleta, intermediação ou aplicação de recursos financeiros próprios ou de terceiros, em moeda nacional ou estrangeira, e a custódia de valor de propriedade de terceiros.
>
> Parágrafo único. Para os efeitos desta lei e da legislação em vigor, equiparam-se às instituições financeiras as pessoas físicas que exerçam qualquer das atividades referidas neste artigo, de forma permanente ou eventual[52]

Referido dispositivo legal busca definir instituições financeiras a partir do tipo de atividade por elas exercida. Lido em sua literalidade, o art. 17 da Lei nº 4.595/64 dá a entender que seriam instituições financeiras as pessoas jurídicas que exercessem, de forma principal ou acessória, coleta, intermediação ou aplicação de recursos financeiros próprios ou de terceiros. É extremamente amplo, contudo, o leque de entes que exercem estes tipos de atividades.

2019. Disponível em https://scon.stj.jus.br/SCON/pesquisar.jsp. Acesso em 12 de dez. 2020.

[52] BRASIL. Lei nº 4.595 de 31 de dezembro de 1964. Dispõe sobre a Política e as Instituições Monetárias, Bancárias e Creditícias, Cria o Conselho Monetário Nacional e dá outras providências. Presidência da República, Brasília, DF, 31 dez. 1964. Disponível em: http://www.planalto.gov.br/ccivil_03/leis/l4595.htm. Acesso em: 11 mai. 2021.

Com efeito, como aponta Eduardo Salomão Neto, poucas atividades escapariam do disposto no art. 17 da Lei nº 4.595/64 se referido dispositivo for aplicado de modo literal. Afinal, inúmeras empresas de médio/grande porte aplicam recursos no mercado financeiro e, no entanto, não são instituições financeiras:

> A definição de instituição financeira dada pelo artigo 17 da Lei nº 4.595/64 é desmesuradamente ampla e, se interpretada literalmente, em seu sentido puramente gramatical, poucas atividades escapariam da reserva aberta em favor das assim chamadas instituições financeiras. De fato, poucas são as atividades que não envolvem a coleta, intermediação ou aplicação de recursos próprios ou de terceiros.
>
> Todas as empresas aplicam no mercado financeiro os recursos coletados através do exercício de sua atividade, emprestando-os, como forma de manter o valor e obter rentabilidade sobre seu capital de giro. Ao fazerem isso, estariam intermediando e aplicando recursos, acessoriamente à sua atividade principal, e deveriam – pela estrita interpretação do artigo 17 da Lei nº 4.595/65 – ser consideradas instituições financeiras.[53]

O autor prossegue e observa que interpretação do art. 17 da Lei nº 4.595/65 de tal forma extensiva criaria situação absurda justamente por classificar como instituições financeiras empresas que se dedicam a outros tipos de atividade em nada semelhantes à atividade bancária:

> Das considerações aduzidas é forçoso concluir que a interpretação literal do artigo 17 da Lei nº 4.595/64 levaria a conclusões absurdas, como a de considerar como privativas de instituição

[53] Salomão Neto, Eduardo. **Direito Bancário**. 3. ed. São Paulo: Jurídicos Trevisan Editora, 2020, p. 33.

financeira atividades desempenhadas por boa parte das empresas nacionais, senão por todas elas.[54]

Arrematando seu raciocínio, Eduardo Salomão Neto afirma que é mais adequada interpretação teleológica do art. 17 da Lei nº 4.595/65, cabendo ao hermeneuta investigar qual a finalidade da lei ao definir as atividades privativas de instituições financeiras. Na visão do referido autor, haveria duas finalidades precípuas para restrição do exercício de determinadas atividades somente por instituições financeiras: (i) proteção à economia popular e (ii) regulamentação do crédito e de seu efeito multiplicador monetário.

No que diz respeito à primeira finalidade da lei (proteção da economia popular) faz sentido que o art. 17 da Lei nº 4.595/65 trate da captação, pelas instituições financeiras, de recursos **oriundos de terceiros.** Caso contrário (se estivéssemos tratando de recursos próprios), não haveria qualquer interferência na poupança popular. Em complemento, tampouco basta a mera captação de recursos. É necessária subsequente atividade de aplicação através de **repasse financeiro** a terceiros[55].

A segunda finalidade da lei (regulamentação do crédito e de seu impacto monetário) só é atingida na medida em que fique restrita às instituições financeiras a atividade de captação **aco-**

[54] SALOMÃO NETO, Eduardo. **Direito Bancário.** 3. ed. São Paulo: Jurídicos Trevisan Editora, 2020, p. 34.

[55] "Conclui-se portanto que a proteção à economia popular almejada pela Lei no 4.595/64 é de âmbito restrito à parte de tal poupança que se aplique em atividades financeiras, já estando as demais aplicações protegidas por regras específicas. **Em vista disso, a captação relevante para o artigo 17 da Lei nº 4.595/64 é apenas aquela destinada à reaplicação dos recursos através de repasse financeiro, e não haveria por que interpretar o referido dispositivo como procurando se estender a todos os tipos de captações"** SALOMÃO NETO, Eduardo. **Direito Bancário.** 3. ed. São Paulo: Jurídicos Trevisan Editora, 2020, p. 37/38, grifos nossos.

plada ao subsequente repasse a terceiros dos recursos captados. Só há impacto monetário da atividade bancária se ela envolver a concessão de crédito a terceiro. Por essa razão, não faz sentido que todo tipo de captação de recursos no mercado seja albergado pelo disposto no art. 17 da Lei nº 4.595/65, **mas somente aquele que envolva ulterior repasse a tomadores de crédito**[56].

Em outras palavras: a atividade de intermediação abarcada pelo art. 17 da Lei nº 4.595/65 é aquela que envolve captação de recursos de poupadores para posterior concessão de crédito a tomadores. Essa dinâmica é fundamental para que a atividade praticada por determinado ente possa ser classificada como privativa às instituições financeiras.

Seguindo esta mesma linha de pensamento, a doutrina especializada em direito bancário entende que são instituições financeiras os entes que possibilitam **intermediação entre poupadores e tomadores.**

Jairo Saddi, mencionando lição já transcrita acima de Eduardo Salomão Neto, também critica a redação do art. 17 da Lei nº 4.595/64 e subscreve entendimento de que sua interpretação não pode ser literal sob pena de alargamento excessivo do seu alcance:

> Assim, a importância do Artigo 17 da Lei nº 4.595/64 foi sobre-estimada, se bem que muito mais por sua redação defeituosa do

[56] "O efeito multiplicador do meio circulante só existe se presente a intermediação financeira, ou seja, se presentes de forma cumulativa a captação, através de depósitos que continuem à disposição dos depositantes, e o repasse a terceiros. **Em vista disso, soma-se mais um elemento para a conclusão de que, teleologicamente, o artigo 17 da Lei no 4.595/64 seja interpretado como exigindo a captação e o repasse cumulativo de recursos, para que exista atividade privativa de instituição financeira**" Salomão Neto, Eduardo. **Direito Bancário.** 3. ed. São Paulo: Jurídicos Trevisan Editora, 2020, p. 38, grifos nossos.

> que por qualquer pretensão mais misteriosa. Há, por outro lado, um consenso de que essa definição legal, por se valer de linguagem excessivamente ampla, enseja uma interpretação literal que 'conduziria a situações que, claramente, não condizem com os fins sociais a que se destina a legislação bancária'[57]

O mesmo autor, então, conclui que os bancos são "intermediários financeiros e não os agentes consumidores de recursos com a função econômica de mobilizar poupanças e conceder crédito"[58].

Otávio Yazbek reproduz as críticas à interpretação literal do art. 17 da Lei nº 4.595/64 ao afirmar que "ao adotar-se uma interpretação mais literal, se poderia inferir, do *caput* do art. 17, que todos aqueles que realizam a aplicação de recursos financeiros próprios seriam, também eles, instituições financeiras"[59].

À luz de tais críticas à interpretação literal do art. 17 da Lei nº 4.595/64, Luiz Gastão Leães destaca a necessidade do desenvolvimento de atividade de intermediação financeira para que determinado ente seja considerado instituição financeira:

> a melhor doutrina e jurisprudência têm concluído que, para caracterização de uma atividade como própria de instituição financeira, **faz-se necessária a presença simultânea da coleta de recursos de terceiros (que podem ou não passar à propriedade da instituição) e da aplicação desses recursos, através da prática de intermediação financeira**, ou seja, através da intro-

[57] SADDI, Jairo. **Crédito e Judiciário no Brasil**: Uma análise de Direito & Economia. São Paulo: Quartier Latin, 2007, p. 77.

[58] SADDI, Jairo. **Crédito e Judiciário no Brasil**: Uma análise de Direito & Economia. São Paulo: Quartier Latin, 2007, p. 78.

[59] YAZBEK, Otavio. **Regulação do Mercado Financeiro e de Capitais**. Rio de Janeiro: Elsevier, 2007, p. 158.

missão especulativa dessas instituições entre os agentes econômicos superavitários e deficitários.[60]

Marcos Cavalcante de Oliveira também enfatiza a importância da intermediação na atividade bancária ao ensinar que "instituição financeira é uma pessoa cujo objetivo é a intermediação entre os que dispõem de capital e aqueles que precisam obtê-los, isto é, em receber e concentrar capitais para sistematicamente distribuí-los"[61].

Por fim, Nelson Abrão define banco como "a) organização empresária; b) que se utiliza de recursos monetários próprios, ou de terceiros; c) na atividade creditícia (**toma e dá emprestado**)"[62].

A doutrina brasileira, assim, consolidou entendimento segundo o qual as instituições financeiras, sob a égide da Lei nº 4.595/64, intermedeiam a relação entre poupadores e tomadores, recebendo recursos dos primeiros e repassando-os aos últimos. Somente os entes que se engajam neste tipo de atividade são disciplinados pela referida lei e submetem-se à supervisão do CMN[63].

[60] LEÃES, Luís Gastão Paes de Barros. A operação de factoring como operação mercantil. **Revista de Direito Mercantil, Industrial, Econômico e Financeiro**, São Paulo, v. 37, n. 115, p. 239-254, 1999, grifos nossos.

[61] OLIVEIRA, Marcos Cavalcante de. **Moeda Juros e Instituições Financeiras**: regime jurídico. São Paulo: Forense, 2006, p. 88.

[62] ABRÃO, Nelson. **Direito Bancário**. 18. ed. São Paulo: Saraiva, 2019, p. 44, grifos nossos.

[63] Conforme disposto pelo art.4º, inciso VIII, da Lei nº 4.595/65 compete ao CMN: "Regular a constituição, funcionamento e fiscalização dos que exercerem atividades subordinadas a esta lei, bem como a aplicação das penalidades previstas" BRASIL. Lei nº 4.595 de 31 de dezembro de 1964. Dispõe sobre a Política e as Instituições Monetárias, Bancárias e Creditícias, Cria o Conselho Monetário Nacional e dá outras providências. Presidência da República, Brasília, DF, 31 dez. 1964. Disponível em: http://www.planalto.gov.br/ccivil_03/leis/l4595.htm. Acesso em: 11 mai. 2021.

Dessa forma, apenas a partir de interpretação teleológica do art. 17 da Lei nº 4.595/65 – que indica ser a finalidade da lei restringir às instituições financeiras atividade de **intermediação** (e não qualquer captação de recursos da poupança popular) – que se pode determinar se os FIDCs seriam ou não disciplinados por este dispositivo de lei. Passamos, a seguir, à análise específica da situação dos FIDCs.

4.2. O art. 17 da Lei nº 4.595/65 não disciplina a atividade desenvolvida pelos FIDCs

Como já exposto, a literalidade do art. 17 da Lei nº 4.595/65 poderia sugerir, a princípio, que qualquer atividade de captação de recursos da poupança popular ou de aplicação de recursos no mercado financeiro alçaria os entes envolvidos nestas operações à condição de instituição financeira. Interpretação como esta, porém, geraria indesejáveis distorções, por abarcar inúmeras empresas que, a despeito de captarem recursos de terceiros ou de aplicarem recursos no mercado financeiro, não desempenham atividade típica de instituição financeira.

Nos termos do entendimento doutrinário solidificado exposto acima, somente podem ser classificados como instituições financeiras os entes que (i) em uma ponta captam recursos de terceiros e (ii) na outra utilizam os recursos captados para concessão de crédito. O lucro advirá da diferença entre o custo de captação dos recursos e os juros cobrados dos clientes tomadores (o chamado *spread* bancário).

Diante deste cenário, seria adequada a equiparação entre os FIDCs e as instituições financeiras reconhecida pela jurisprudência do TJSP e do STJ? Ao nosso ver, a resposta é negativa.

É verdade que os FIDCs captam recursos de seus investidores que, ao aportarem dinheiro no Fundo, compram cotas representativas do patrimônio líquido do FIDC. Essa captação de recursos dos investidores, porém, não é seguida de subsequente concessão de crédito a terceiros.

Os FIDCs usam os valores aportados pelos cotistas para aquisição de créditos **pré-constituídos** e originados por terceiros (decorrentes de relação comercial existente entre o cedente e o devedor). Os fundos, assim, adquirem recebíveis, mas não concedem crédito[64] algum aos cedentes. É importante que fique claro: os cedentes não celebram operação de mútuo com o Fundo; eles apenas cedem (por preço previamente acordado) créditos que eram de sua titularidade. Na exata dicção do art. 2º, inciso I, da Instrução CVM nº 356, os FIDCs adquirem "direitos e títulos representativos de créditos (...)"[65].

Por consequência, não há, nas atividades dos FIDCs verdadeira intermediação. Os fundos não aproximam poupadores de tomadores por não receberem depósitos dos primeiros para concessão de crédito aos últimos.

Por essa razão, é parcialmente impróprio afirmar, como fez o STJ no julgamento do mencionado REsp nº 1.634.958, que a atividade dos FIDCs envolveria "captação de poupança popular mediante a emissão e a subscrição de cotas (valor mobiliário) **para concessão de crédito**"[66] (grifos nossos).

[64] Ao afirmarmos que o Fundo não concede crédito, queremos destacar que ele não participa de operação de mútuo mercantil, emprestando dinheiro a terceiros para posterior recebimento do principal acrescido de encargos. Este conceito difere de possível interpretação mais ampla de crédito que abarcaria, por exemplo, operações nas quais ente privado tem direito a receber prestações diferidas no tempo.

[65] BRASIL. Instrução nº 356 de 17 de dezembro de 2001. Regulamenta a constituição e o funcionamento de fundos de investimento em direitos creditórios e de fundos de investimento em cotas de fundos de investimento em direitos creditórios. Comissão de Valores Mobiliários, Rio de Janeiro, RJ, 17 dez. 2001. Disponível em: file:///C:/Users/ems/Downloads/inst356consolid%20(1).pdf. Acesso em: 10 mai. 2021.

[66] BRASIL. Superior Tribunal de Justiça. Recurso Especial nº 1.634.958-SP. Fundo de Investimento em Direitos Creditórios Não-Padronizados NPL I e Nilton Arlindo Santana. Relator: Ministro Luis Felipe Salomão. Brasília, 6 ago. 2019. Disponível em https://scon.stj.jus.br/SCON/pesquisar.jsp. Acesso em 12 de dez. 2020.

Basta observar que a transação feita com o FIDC não gera ao cedente crédito que ele não teria caso jamais tivesse interagido com o Fundo. O crédito já existia e, na hipótese de futuro adimplemento pelo devedor, seria integralmente recebido pelo cedente. Ao vender o recebível ao fundo, o cedente apenas antecipa seu fluxo de caixa: recebe imediatamente parte do valor do qual seria beneficiário no futuro. Nas palavras de Daniela Marin Pires, os FIDCs "provêm as empresas de recursos necessários ao seu capital de giro, ou seja, **criam liquidez** às empresas detentoras de direitos (...)" (grifos no original)[67].

Eduardo Fontoura assim define o próposito dos FIDCs:

> **Os Fundos de Recebíveis foram criados com o objetivo de dar liquidez ao mercado de crédito**, reduzindo o risco e ampliando a oferta de recursos. Com eles as empresas passaram a ter uma opção de financiamento alternativa, seja ao sistema bancário, seja ao mercado de capitais, e **os bancos passaram a ter a possibilidade de vender seus créditos para fundos de recebíveis especialmente criadso para esse fim**, abrindo espaço em carteira para novas operações de crédito.[68]

Essa liquidez (gerada pela antecipação de recebíveis) não se confunde com concessão de crédito. Os cedentes recebem recursos **sem aumentar seu endividamento**. Esta é justamente uma das grandes vantagens dos FIDCs: propiciar a empresas que, em função de seu risco de crédito, não teriam acesso à captação de recursos por meio do sistema bancário, fôlego de caixa para cumprimento de suas obrigações de curto prazo[69].

[67] PIRES, Daniela Marin. **Os Fundos de Investimento em Direitos Creditórios (FIDC)**. 2. ed. São Paulo: Almedina, 2015, p. 126.

[68] FORTUNA, Eduardo. **Mercado Financeiro**: produtos e serviços. 17. ed. Rio de Janeiro: Qualitymark, 2009, p. 517, grifos nossos.

[69] "Os FIDCs propiciam a uma empresa com um patamar de risco que não tinha acesso às operações de mercado de capitais a oportunidade de fazê-lo, e

Nota-se a clara mudança de eixo: qualquer instituição financeira, em operação de mútuo, estaria fundamentalmente preocupada em analisar o risco de inadimplemento do mutuário. Se o cedente for empresa com problemas financeiros, dificilmente ele terá acesso ao mercado bancário de crédito por ser mutuário de alto risco. O FIDC, porém, preocupa-se com o risco de inadimplemento do **devedor do recebível** e não do cedente.

Dessa forma, a captação de poupança feita pelos FIDCs (não destinada à concessão de crédito) não é comparável à captação realizada pelas instituições financeiras (destinada à concessão de crédito). Tanto é assim que as cotas dos Fundos, nos termos do art. 2º da Lei nº 6.385 de 7 de dezembro de 1976 são valores mobiliários[70] e, por essa razão, a disciplina jurídica dos FIDCs fica a cargo da CVM e não do CMN. Quem irá sancionar os

a um custo reduzido, haja vista que os ativos (direitos creditórios) inte-grantes da carteira do fundo em geral possuem um risco de crédito menor do que o da própria empresa originadora dos referidos direitos creditórios. De acordo com Santana, a utilização dos FIDCs permite que a empresa levante recursos de terceiros, sem adquirir novos sócios ou aumentar o seu endividamento, pois consiste, basicamente, na antecipação de receitas a serem geradas na própria atividade" PIRES, Daniela Marin. **Os Fundos de Investimento em Direitos Creditórios (FIDC)**. 2. ed. São Paulo: Almedina, 2015, p. 72.

[70] "Art. 2º São valores mobiliários sujeitos ao regime desta Lei: I – as ações, debêntures e bônus de subscrição; II – os cupons, direitos, recibos de subscrição e certificados de desdobramento relativos aos valores mobiliários referidos no inciso II; III – os certificados de depósito de valores mobiliários; IV – as cédulas de debêntures; V – as cotas de fundos de investimento em valores mobiliários ou de clubes de investimento em quaisquer ativos; VI – as notas comerciais; VII – os contratos futuros, de opções e outros derivativos, cujos ativos subjacentes sejam valores mobiliários; VIII – outros contratos derivativos, independentemente dos ativos subjacentes; e IX – quando ofertados publicamente, quaisquer outros títulos ou contratos de investimento coletivo, que gerem direito de participação, de parceria ou de remuneração, inclusive resultante de prestação de serviços, cujos rendimentos advêm do esforço do empreendedor ou de terceiros" BRASIL. Lei nº 6.385 de 7 de dezembro de 1976. Dispõe sobre o mercado de valores mobiliários e cria a Comissão de Valores Mobiliários. Presidência da República,

administradores e/ou gestores do fundo em caso de eventuais fraudes com prejuízo à poupança popular é a CVM e a escrituração contábil dos Fundos está sujeita às normas emitidas pela CVM (especialmente a Instrução CVM nº 489 de 14 de janeiro de 2011).

Tampouco vinga o argumento jurisprudencial segundo o qual os FIDCs seriam equiparáveis às instituições financeiras por serem administrados e geridos por instituições financeiras. Os prestadores de serviços dos fundos não se confundem com estes últimos que têm (i) patrimônio próprio (em última análise pertencente aos investidores que adquirem cotas dos fundos) e (ii) **disciplina jurídica que não guarda correspondência com aquela aplicável às instituições financeiras**. Em outras palavras: os FIDCs têm obrigações em nome próprio e respondem por elas de forma autônoma, independentemente de quem seja seu administrador ou gestor. Conforme entendimento de Eduardo Cherez Pavia, o Fundo de Investimento é um "centro de imputação autônomo"[71].

Ricardo dos Santos Freitas deixa claro que os fundos têm capacidade para exercer direitos e obrigações em nome próprio, sendo apenas representados por seus administradores:

> Ao fundo é imposta também a obrigação de 'ter inscrição própria' no Cadastro Nacional de Pessoas Jurídicas, do Ministério da Fazenda, o CNPJ. Entendemos que o fundo pode, inclusive, registrar marca própria que o distinga dos demais e que esteja devidamente registrada em seu nome junto ao Instituto Nacional de Propriedade Industrial (INPI). **E, por fim, entendemos que**

Brasília, DF, 7 dez. 1976. Disponível em: http://www.planalto.gov.br/ccivil_03/leis/l6385.htm. Acesso em: 12 mai. 2021.

[71] Pavia, Eduardo Cherez. **Fundos de Investimento**: estrutura jurídica e agentes de mercado como proteção do investimento. São Paulo: Quartier Latin, 2016, p. 54.

a capacidade para exercer direitos e obrigações lhe é dada, apenas determinando-se que o administrador o represente.[72]

Em conclusão, muito embora os FIDCs captem recursos de investidores no mercado de capitais (por meio da emissão e subscrição de cotas) e sejam administrados e geridos por instituições financeiras, sua atividade não se confunde com aquela realizada pelas instituições financeiras, pois os fundos não praticam efetiva intermediação entre poupadores e tomadores.

Diante da impossibilidade de equiparação entre FIDCs e instituições financeiras ressurge a pergunta: seria possível aos fundos cobrarem dos devedores de seus créditos juros acima dos limites da Lei de Usura? É sobre essa questão que iremos nos debruçar a seguir.

5. Os juros incidentes sobre os créditos adquiridos pelos fundos

A controvérsia jurisprudencial quanto à possibilidade ou não de os FIDCs serem beneficiários de juros que superem o teto previsto no art. 1º da Lei de Usura tem girado em torno de um eixo central: a possibilidade ou não de se equiparar os FIDCs às instituições financeiras.

Os julgados sobre a matéria partem do pressuposto de que a possibilidade de cobrança, pelos fundos, dos juros acima do limite legal seria decorrência dessa equiparação. Nesse sentido, a conclusão exposta acima segundo a qual os FIDCs não podem ser equiparados às instituições financeiras impossibilitaria a cobrança de juros, pelos fundos, em patamar superior àquele indicado na Lei de Usura.

Ao nosso ver, contudo, é necessária uma mudança de eixo da discussão. Isto porque o fato de os FIDCs não serem entes

[72] FREITAS, Ricardo dos Santos. **Natureza Jurídica dos Fundos de Investimento**. São Paulo: Quartier Latin, 2006, p. 157, grifos nossos.

equiparáveis às instituições financeiras não pode ser visto como impedimento para cobrança dos juros acordados entre cedente e devedor do crédito adquirido pelo fundo, independentemente de eles superarem o limite imposto pela Lei de Usura. Exploraremos a seguir os fundamentos jurídicos que justificam esta conclusão.

5.1. Os FIDCs não são originadores de crédito

Como exposto ao longo deste trabalho, os FIDCs não celebram operações de mútuo. Eles apenas adquirem créditos pré-constituídos, resultantes de transação comercial entre o cedente (titular original do crédito) e o devedor. Os fundos, portanto, não originam os créditos e, por consequência, não acordam a taxa de juros que remunerará o capital. Este fato tem enormes consequências para fins de se autorizar os fundos a cobrarem, em sua inteireza, os juros incidentes sobre os créditos por eles adquiridos.

A análise do contexto de criação da Lei de Usura demonstra que a preocupação que circundou a limitação de juros era impedir a oneração do setor produtivo com taxas que fossem consideradas abusivas. Novamente, faz-se remissão às declarações de Oswaldo Aranha, Ministro da Fazenda em 1933, segundo a qual a Lei de Usura tinha como objetivo "auxiliar os que trabalham nos campos, pondo fim ao exagero dos juros"[73]. A mesma observação é feita por Gustavo Franco em obra sobre a história monetária brasileira[74].

[73] Vieira Sobrinho, José Dutra. A lei de usura e a capitalização dos juros. **Folha de São Paulo**, 2 mar. 2000. Disponível em: <https://www1.folha.uol.com.br/fsp/dinheiro/fi0203200007.htm#:~:text=Folha%20de%20S.,juros%20%2D%2002%2F03%2F2000&text=Usura%2C%20do%20ponto%20de%20vista,acima%20do%20permitido%20em%20lei.> Acesso em: 23 mar. 2021.

[74] "Ainda que as autoridades afirmassem que a intenção se limitava a assegurar juros favorecidos nas renegociações de dívidas rurais, a medida teve alcance

Destarte, independentemente da eficácia deste tipo de medida, o fato é que a limitação de juros teve como objetivo servir como verdadeiro "controle de preço" para que o capital se tornasse mais barato e acessível ao setor produtivo. Era medida, portanto, que tinha como escopo limitar a atividade dos **originadores de crédito**.

Posteriormente, a Lei nº 4.595/64, ao criar o CMN, passou a prever, em seu art. 4º, inciso IX, competir ao referido órgão: "Limitar, sempre que necessário, as taxas de juros (...)". Por óbvio, esta limitação, a ser disciplinada pelo novo órgão, é imposta aos entes que se sujeitam à supervisão do CMN: as instituições financeiras originadoras de crédito.

Tanto é assim que a jurisprudência do STF, ao consolidar o entendimento que deu origem à Súmula nº 596, menciona a função do CMN de contolar os juros cobrados pelas "insituições de crédito", o que não poderia ser feito a contento se tais instituições estivessem, de antemão, restritas aos juros previstos na Lei de Usura[75].

Os FIDCs não são "instituições de crédito", justamente por não celebrarem operações de mútuo. Tais fundos apenas adqui-

muito amplo [...]" FRANCO, Gustavo H.B. **A moeda e a lei**: uma história monetária brasileira 1933-2013. Rio de Janeiro: Zahar, 2017, p. 54.

[75] Nesse sentido: "Que o Conselho Monetário e seu agente executivo, o Banco Central, estejam desempenhando essa tarefa com a amplitude prevista na Lei 4.595, é fato que dispensa qualquer esforço de demonstração. Que, na época inflacionária em que vivemos, aquela tarefa estaria de todo frustrada se condionada à remota proibição da lei de usura, é inferência que, a meu ver, paira acima de quaquer dúvida razoável. Penso que o art. 1º do Decreto 22.626 está revogado, não pelo desuso ou pela inflação, mas pela Lei 4.595, pelo menos no pertinente às operações com as instituições de crédito, públicos ou prvados, que funcionam sob o estreito controle do Conselho Monetário Nacional" BRASIL. Supremo Tribunal Federal. Recurso Extraordinário nº 78.953. Caixa Econômica do Estado de São Paulo e José Maria de Souza Andrade. Relator: Ministro Oswaldo Trigueiro. Brasília, 5 mar. 1975. Disponível em https: https://jurisprudencia.stf.jus.br/pages/search/sjur51142/false. Acesso em 29 mar. 2021.

rem recebíveis originados por terceiros. Alguns desses recebíveis são originados por instituições financeiras e, nessa hipótese, podem ser remunerados por juros que superem os limites da Lei de Usura.

Nesses casos, porém, os FIDCs não intereferem, em nenhum momento, na criação dos créditos, nem influem na definição dos juros. Tudo é feito entre a instituição financeira originadora – autorizada pela Lei nº 4.595/64 e pela Súmula nº 596 do STF a superar o patamar máximo de juros previsto na Lei de Usura – e o mutuário devedor. Dessa maneira, o ato de criação do crédito respeita o sistema dual atualmente vigente na legislação brasileira.

A mera circulação deste crédito (com transferência para quem não seja instituição financeira) não pode ter o condão de alterar as bases do negócio jurídico que o originou e que respeitou a legislação aplicável sobre os juros[76]. Em outras palavras: simples alteração subjetiva da obrigação (neste caso, mudança de credor) não altera os elementos objetivos do crédito (como seus encargos). Situação distinta existiria se o FIDC fosse o originador do crédito circulado. Nesta circunstância, seria flagrantemente ilegal remuneração que superasse o previsto na Lei de Usura, pois o FIDC, de fato, não é instituição financeira.

Corrobora o disposto acima o fato de o crédito ser transmitido ao fundo por meio de operação de cessão que, como será analisado adiante, nos termos da legislação civil, preserva as características originárias do crédito no que diz respeito ao seu valor e encargos acessórios.

[76] O próprio arcabouço regulatório do Banco Central (especialmente o art. 2º da mencionada Resolução nº 2.907 de 29 de novembro de 2001) permite a cessão de créditos de instituições financeiras a FIDCs, sendo mais um indicativo de que esta cessão não pode alterar as características do crédito cedido, tais como a taxa de juros inicialmente acordada.

Poder-se-ia retorquir que, a permissão para que os FIDCs sejam cessionários de créditos remunerados com juros que extrapolam os limites da Lei de Usura seria um meio de permitir desrespeito indireto a normas regulatórias que incidem sobre as instituições financeiras. Isto porque as instituições financeiras (únicos entes com permissão para, no sistema dual, originarem créditos com juros acima dos limites da Lei de Usura) se submetem a rigoroso arcabouço regulatório. Os FIDCs estão à margem desta mesma regulamentação e estariam se beneficiando de juros acima do teto da Lei de Usura.

A questão, porém, ao nosso ver, está relacionada à gênese do crédito. O crédito bancário (posteriormente cedido aos FIDCs) nasce em ambiente que obedece à regulamentação vigente sobre os bancos e só as instituições financeiras podem originar créditos com essas características. A posterior circulação destes créditos não representa violação indireta da regulamentação, pois eles já nasceram em respeito às normas que incidem sobre instituições financeiras e nada nas normas regulatórias impede essa circulação.

Como os FIDCs não criam novas operações de mútuo, não faz sentido que eles sejam submetidos às mesmas normas dos bancos. Tudo isso demonstra que o crédito deve ser analisado em dois momentos distintos: (i) em sua criação (momento no qual só as instituições financeiras podem originar créditos remunerados acima do teto da Lei de Usura) e (ii) em sua circulação (momento que não interfere nas bases do negócio previamente entabulado).

5.2. A cessão como instrumento de transferência de obrigações e de seus acessórios

A cessão é definida por Caio Mário da Silva Pereira como "o negócio jurídico em virtude do qual o credor transfere a outrem sua qualidade creditória contra o devedor, **recebendo o cessio-**

nário o direito respectivo, com todos os acessórios e todas as garantias"[77] (grifos nossos). Por meio da cessão de crédito, portanto, o FIDC torna-se titular do mesmo direito que era do cedente, com os mesmos encargos remuneratórios.

Esta é a regra estampada no art. 287 do Código Civil segundo o qual "salvo disposição em contrário, na cessão de um crédito abrangem-se todos os seus acessórios"[78]. Por consequência, a não ser por força de previsão diversa em contrato, a operação celebrada entre o FIDC e o cedente, por dicção legal, abrange os juros, em sua integralidade, qualquer que tenha sido a taxa acordada entre cedente e devedor. O crédito é transmitido *in totum* ao fundo.

Com efeito, a cessão de crédito não se confunde com a novação (art. 360 do Código Civil[79]). Esta última implica extinção da obrigação anterior com criação de uma nova relação jurídica. A cessão não implica substituição do crédito anterior que se mantém o mesmo, tendo apenas novo credor. Nas palavras de Carlos Roberto Gonçalves:

> A cessão de crédito distingue-se, também, da novação subjetiva ativa, porque nesta, além da substituição do credor, ocorre

[77] PEREIRA, Caio Mário da Silva. **Instituições de Direito Civil**: Teoria Geral das Obrigações. 32. ed. Rio de Janeiro: Editora Forense, 2020. v. 2. p. 344.

[78] BRASIL. Lei nº 10.406 de 10 de janeiro de 2002. Institui o Código Civil. Palácio do Planalto da Presidência da República, Brasília, DF, 10 jan. 2002. Disponível em: http://www.planalto.gov.br/ccivil_03/leis/2002/l10406compilada.htm. Acesso em: 18 mai. 2021.

[79] "Art. 360. Dá-se a novação: I – quando o devedor contrai com o credor nova dívida para extinguir e substituir a anterior; II – quando novo devedor sucede ao antigo, ficando este quite com o credor; III – quando, em virtude de obrigação nova, outro credor é substituído ao antigo, ficando o devedor quite com este" BRASIL. Lei nº 10.406 de 10 de janeiro de 2002. Institui o Código Civil. Palácio do Planalto da Presidência da República, Brasília, DF, 10 jan. 2002. Disponível em: http://www.planalto.gov.br/ccivil_03/leis/2002/l10406compilada.htm. Acesso em: 29 mar. 2021.

> a extinção da obrigação anterior, substituída por novo crédito. Naquela, porém, subsiste o crédito primitivo, que é transmitido ao cessionário, com todos os seus acessórios (CC, art. 287), inexistindo o *animus novandi*.[80]

Silvio de Salvo Venosa também observa que, na cessão "o crédito é transferido íntegro, intacto, tal como contraído; mantém-se o mesmo objeto da obrigação"[81].

Como consequência do acima exposto, as características do crédito e de seus acessórios não podem, depois de perfectibilizada a cessão, ser alteradas sob pena de afronta ao disposto no art. 287 do Código Civil. A simples cessão com alteração do credor (cuja validade sequer depende de anuência do devedor[82]) não muda os encargos incidentes sobre o crédito.

Nota-se, assim, que o veículo jurídico utilizado pelo FIDC para aquisição de seus créditos (a cessão) pressupõe a transmissão de todos os encargos acordados entre cedente e devedor. Subverter esta lógica *a posteriori* geraria enorme insegurança jurídica. Os FIDCs não mais saberiam se a remuneração do crédito comprado seria ou não respeitada pelo devedor, pois o ajuizamento de ação judicial para expurgar juros que superem os limites da Lei de Usura poderia alterar o valor a ser recebido pelo fundo.

[80] GONÇALVES, Carlos Roberto. **Direito Civil Brasileiro**: teoria geral das obrigações. 15. ed. São Paulo: Saraiva, 2018. 2 v., p. 225.

[81] VENOSA, Silvo de Salvo. **Código Civil Interpretado**. 4. ed. São Paulo: Atlas, 2019.

[82] Com efeito, o art. 288 do Código Civil deixa claro que apenas a <u>eficácia</u> da cessão depende de ciência do devedor. A operação de cessão, porém, segue válida mesmo sem a ciência do devedor: "Art. 288. É ineficaz, em relação a terceiros, a transmissão de um crédito, se não celebrar-se mediante instrumento público, ou instrumento particular revestido das solenidades do § 1º do art. 654" BRASIL. Lei nº 10.406 de 10 de janeiro de 2002. Institui o Código Civil. Palácio do Planalto da Presidência da República, Brasília, DF, 10 jan. 2002. Disponível em: http://www.planalto.gov.br/ccivil_03/leis/2002/l10406compilada.htm. Acesso em: 29 mar. 2021.

Resultado inevitável desse cenário seria a desidratação deste nicho do mercado de capitais, pois os fundos evitariam gastar recursos com a compra de crédito que poderia sofrer redução retroativa em seu valor. Em efeito cascata, os cedentes dos créditos também seriam prejudicados, pois perderiam fonte de liquidez: como já exposto acima, os cedentes, muitas vezes, em função de sua precária situação financeira, não têm acesso ao mercado bancário de crédito e precisam antecipar recebíveis como forma de obter capital de giro no curto prazo. Sem os FIDCs, uma das fontes de liquidez dos cedentes seca.

A cessão de crédito, perdoe-se o truísmo, é contrato que se sujeita aos mesmos princípios jurídicos incidentes sobre qualquer outro (dentre eles, o consagrado *pacta sunt servanda*). Por vezes, há tendência de se examinar este tipo de operação como simples transação financeira, minizando-se as consequências jurídicas advindas da alteração subsequente de negócio jurídico livremente entabulado entre partes. O FIDC, contudo, não pode ter seu crédito alterado por força da vontade de terceiro (devedor) que – mesmo depois de ter concordado com os juros a serem cobrados – (i) enxerga oportunidade de pagar menos apenas em função de alteração subjetiva de seu credor e (ii) sequer foi parte na relação de cessão que outorgou ao fundo o direito de recebimento do crédito cedido.

5.3. Paralelo com o endosso da Cédula de Crédito Bancário – Analogia com o art. 29, § 1º, da Lei nº 10.931/2004

A operação de cessão, como explorado, faz com que o cessionário receba o crédito com todos os encargos originalmente contratados. O art. 287 do Código Civil consagra, no âmbito da cessão, princípio geral de que o acessório segue o principal. Dessa forma, o crédito cedido carrega consigo todos os seus encargos nos exatos termos em que contratados entre cedente e devedor.

O fato de determinados créditos cedidos aos FIDCs serem originados por instituições financeiras e remunerados por juros que ultrapassam o disposto no art. 1º da Lei de Usura não deve alterar essa lógica. Isto porque, além do fundamento puramente civilista já mencionado, há lei específica que indica ser perfeitamente possível a cessão a terceiros (não integrantes do sistema financeiro) de créditos bancários remunerados acima dos limites da Lei de Usura.

A Lei nº 10.931 de 2 de agosto de 2004 disciplina a Cédula de Crédito Bancário (CCB). O art. 26 desta lei define a CCB como "título de crédito emitido, por pessoa física ou jurídica, em favor de instituição financeira ou de entidade a esta equiparada, representando promessa de pagamento em dinheiro, decorrente de operação de crédito, de qualquer modalidade"[83]. A CCB, portanto, cria operação de mútuo com determinadas peculiaridades pelo fato de o instrumento que a materializa ser título de crédito.

O crédito é concedido por instituição financeira à empresa privada e, por essa razão, nos termos do sistema dual de regime de juros já explorado ao longo deste trabalho, os juros sobre ele incidentes não estão sujeitos aos limites da Lei de Usura. Como ensina Eduardo Salomão Neto:

> Característica importante da CCB é a possibilidade de livre estipulação da taxa de juros, bem como de períodos de capitali-

[83] BRASIL. Lei nº 10.931 de 2 de agosto de 2004. Dispõe sobre o patrimônio de afetação de incorporações imobiliárias, Letra de Crédito Imobiliário, Cédula de Crédito Imobiliário, Cédula de Crédito Bancário, altera o Decreto-Lei nº 911, de 1º de outubro de 1969, as Leis nº 4.591, de 16 de dezembro de 1964, nº 4.728, de 14 de julho de 1965, e nº 10.406, de 10 de janeiro de 2002, e dá outras providências. Palácio do Planalto da Presidência da República, Brasília, DF, 2 ago. 2004. Disponível em: http://www.planalto.gov.br/Ccivil_03/_Ato2004-2006/2004/Lei/L10.931.htm. Acesso em: 23 mai. 2021.

zação dos juros cobrados, tal como previsto no art. 28, § 1º, da Lei nº 10.931/04. Diante de tal dispositivo não há que se falar na aplicação do art. 591 do Código Civil ou da Lei de Usura[84].

A circulação de títulos de crédito como as CCBs faz-se via endosso. Nas palavras de Gladston Mamede:

> O endosso é uma forma simplificada de transferência do crédito representado pela cártula, simples o bastante para facilitar a circulação do crédito. Essa simplicidade otimiza a operação e a aceitação do título, dinamizando as relações econômicas: as pessoas tendem a não temer o que compreendem e melhor compreendem o que é mais simples. Assim, para endossar o título, basta que o credor assine a cártula na parte da frente (anverso) ou na parte de trás (verso). Se o faz no verso (na parte de trás), basta assinar, não precisando colocar qualquer declaração, embora possa fazê-lo. Se o faz na frente, deve declarar a natureza do ato, não podendo simplesmente assinar.[85]

O endosso pode ser em branco (sem estipulação nominal do beneficiário) ou em preto (come estipulação nominal do beneficiário). O art. 29, § 1º, da Lei nº 10.931/04 prevê que o endosso das CCBs ocorrerá em preto. O referido dispositivo legal vai além e afirma que o endossatário "**mesmo não sendo instituição financeira ou entidade a ela equiparada, poderá exercer todos os direitos por ela conferidos, inclusive cobrar os juros e demais encargos na forma pactuada na Cédula**"[86].

[84] SALOMÃO NETO, Eduardo. **Direito Bancário**. 3. ed. São Paulo: Jurídicos Trevisan Editora, 2020, p. 221.

[85] MAMEDE, Gladston. **Direito Empresarial Brasileiro**: títulos de crédito. 11 ed. São Paulo: Atlas, 2019, p. 55.

[86] BRASIL. Lei nº 10.931 de 2 de agosto de 2004. Dispõe sobre o patrimônio de afetação de incorporações imobiliárias, Letra de Crédito Imobiliário, Cédula

Referida disposição legal explicita aquilo que já foi observado em tópico acima: entes que não sejam instituição financeira, embora não possam originar créditos remunerados por juros que superem o teto imposto pela Lei de Usura, podem – uma vez cedido o crédito pela instituição financeira – cobrar os encargos originais, ainda que os juros extrapolem o limite legal.

Esta permissão para cobrança de todos os encargos do crédito cedido (independentemente de o endossatário ser ou não instituição financeira) deixa clara a preocupação legal em facilitar a circulação do crédito.

Não há razão jurídica para que a mesma lógica aplicável sobre o endosso de CCBs não incida sobre as cessões de qualquer tipo de crédito bancário feitas aos FIDCs. Poder-se-ia argumentar que, se no caso das CCBs há lei específica que autoriza a cobrança, por terceiros que não sejam não instituições financeiras, de juros acima do teto imposto pela Lei de Usura, esta prerrogativa só seria extensível para outros tipos de créditos gerados por instituições financeiras se prevista expressamente em lei.

Este argumento, contudo, não vinga, pois nada indica que a previsão do art. 29, § 1º, da Lei nº 10.931/94 esteja vinculada à característica particular das CCBs inexistente em qualquer outro tipo de crédito bancário. O texto da lei não atrela a possibilidade de o endossatário (que não seja instituição financeira) cobrar os juros ali previstos (mesmo que extrapolem o limite legal) à determinada qualidade presente somente nas CCBs.

Dito de outro modo: nada há de particular nas CCBs que leve à conclusão de que somente este instrumento permitiria

de Crédito Imobiliário, Cédula de Crédito Bancário, altera o Decreto-Lei nº 911, de 1º de outubro de 1969, as Leis nº 4.591, de 16 de dezembro de 1964, nº 4.728, de 14 de julho de 1965, e nº 10.406, de 10 de janeiro de 2002, e dá outras providências. Palácio do Planalto da Presidência da República, Brasília, DF, 2 ago. 2004. Disponível em: http://www.planalto.gov.br/Ccivil_03/_Ato2004-2006/2004/Lei/L10.931.htm. Acesso em: 23 mai. 2021, grifos nossos.

aos terceiros adquirentes que atuem fora do sistema bancário a cobrança integral de juros acordados entre as partes originárias da operação que superem os limites da Lei de Usura. Há outras modalidades de mútuos, também cedulares, com características gerais semelhantes às CCBs e não faria sentido que apenas um deles conferisse ao adquirente do crédito a referida prerrogativa e os outros observassem limitações que, na prática, travariam sua circulação (os potenciais adquirentes não comprariam créditos já sabendo que não poderão cobrar os juros em sua integralidade).

O precedente do STJ já mencionado acima, de relatoria do Ministro Luis Felipe Salomão, faz paralelo entre o endosso das CCBs e a cessão de crédito aos FIDCs ao destacar que **ambas as operações têm o mesmo efeito**:

> Por certo, o sistema privado caminha para a objetivação do crédito, como, aliás, claramente se nota do bem invocado art. 29, § 1º, da Lei n. 10.931/2004, que dispõe que, no tocante ao endosso de cédula de crédito bancário, aplicar-se-ão, no que couber, as normas do direito cambiário, caso em que o endossatário, mesmo não sendo instituição financeira ou entidade a ela equiparada, poderá exercer todos os direitos por ela conferidos, inclusive cobrar juros e demais encargos na forma pactuada na cédula. ***Mutatis mutandis*, embora não se confunda com a cessão civil ordinária de crédito, a teor das regras de de direito cambiário, o endosso, no interesse do endossatário terceiro de boa-fé, tem efeito de cessão.**[87]

[87] BRASIL. Superior Tribunal de Justiça. Recurso Especial nº 1.634.958-SP. Fundo de Investimento em Direitos Creditórios Não-Padronizados NPL I e Nilton Arlindo Santana. Relator: Ministro Luis Felipe Salomão. Brasília, 6 ago. 2019. Disponível em https://scon.stj.jus.br/SCON/pesquisar.jsp. Acesso em 12 de dez. 2020. Grifos nossos.

Se já há no sistema jurídico brasileiro permissão para que operação com o mesmo efeito da cessão civil de crédito (o endosso) transmita ao adquirente (mesmo que não seja instituição financeira) créditos com o direito de cobrar, em sua integralidade, os juros ali previstos (ainda que superem os limites da Lei de Usura), faz sentido que a mesma prerrogativa seja estendida ao FIDC cessionário de crédito bancário. Tudo a prestigiar a finalidade do art. 29, § 1º, da Lei nº 10.931/04: permitir a circulação do crédito.

5.4. Potencial enriquecimento sem causa do devedor

A lógica da atividade dos FIDCs envolve a compra de créditos pré-constituídos derivados de operações celebradas entre os cedentes e seus devedores. Esses créditos, por vezes, são oriundos de operações de mútuo bancário.

Nesses casos, a instituição financeira negocia com seus clientes o valor do empréstimo a ser concedido e as taxas de juros que serão cobradas. São diversos os fatores que poderão interferir na definição dos juros (risco de inadimplemento pelo devedor, condições macroeconômicas, perfil da instituição financeira, qualidade de eventuais garantias etc.). Mas o fato é que, uma vez estabelecida a taxa de juros (livremente acordada entre as partes), o devedor obriga-se ao pagamento daquele valor e não terá seu débito quitado até que desembolse integralmente o valor do principal acrescido de juros.

É certo que o direito civil prevê determinados gatilhos de revisão contratual (como a teoria da imprevisão, por exemplo), mas esta revisão é a exceção e não a regra e depende da ocorrência de circunstâncias fáticas, bastante específicas, supervenientes ao negócio jurídico celebrado. Em regra, o devedor do empréstimo estará obrigado a quitar sua obrigação pagando integralmente os juros acordados, sob pena de se sujeitar às penalidades contratuais e a medidas judiciais para pagamento forçado, com potencial constrição de ativos.

Ora, os juros são o preço do capital. O não pagamento dos juros – além de patente inadimplemento – implica enriquecimento sem causa do devedor que usa o crédito a ele estendido sem o pagamento do preço respectivo.

O enriquecimento sem causa (previsto no art. 884 do Código Civil[88]) é definido pela doutrina civilista como acréscimo patrimonial, às custas de outrem, sem causa jurídica que o justifique[89]. O enriquecimento ocorre em violação às normas jurídicas e pode se dar com efetivo aumento patrimonial ou como forma de se evitar decréscimo no patrimônio (i.e. a parte deixa de sofrer prejuízo)[90].

[88] "Art. 884. Aquele que, sem justa causa, se enriquecer à custa de outrem, será obrigado a restituir o indevidamente auferido, feita a atualização dos valores monetários" BRASIL. Lei nº 10.406 de 10 de janeiro de 2002. Institui o Código Civil. Palácio do Planalto da Presidência da República, Brasília, DF, 10 jan. 2002. Disponível em: http://www.planalto.gov.br/ccivil_03/leis/2002/l10406compilada.htm. Acesso em: 29 mar. 2021.

[89] Nas palavras de Caio Mário da Silva Pereira: "Como aponta doutrina mais recente, o pensamento segundo o qual é inadmissível o reconhecimento de acréscimo patrimonial às custas de outrem, sem um fato jurídico a justificá-lo é revelado pela vedação ao enriquecimento sem causa. No Direito, tal pensamento se traduz de duas maneiras: a) como princípio que, na jurisprudência, recebia atuação até superior às normas legais; b) como fonte da obrigação de restituir o que foi indevidamente objeto de locupletamento. (...) Lembra a doutrina que enriquecimento sem causa pode se verificar em várias hipóteses: a) transferência patrimonial, como nos exemplos de pagamento indevido e de recebimento do imóvel, com benfeitorias realizadas pelo possuidor; b) exploração de bens, trabalho ou direitos alheios, exemplificando com as situações de uso do imóvel alheio, do condômino que desfruta sozinho de todo o imóvel, do uso de imagem alheia sem autorização" PEREIRA, Caio Mário da Silva. **Instituições de Direito Civil**: Teoria Geral das Obrigações. 32. ed. Rio de Janeiro: Editora Forense, 2020. v. 2, p. 269/270.

[90] Assim ensina Orlando Gomes: "**O enriquecimento compreende todo aumento patrimonial e todo prejuízo que se evite**. O empobrecimento, toda diminuição efetiva do patrimônio ou a frustração de vantagem legítima. Entre o enriquecimento de um e o empobrecimento do outro, deve haver um vínculo de conexão, de modo que o primeiro enriqueça a expensas do segundo. Esse nexo

O devedor que usa crédito sem o desembolso integral dos juros enriquece às custas do credor, pois deixa de sofrer o decréscimo patrimonial que decorreria, naturalmente, do pagamento do preço do capital utilizado. Da mesma forma, o credor que cobrasse do devedor juros acima daqueles acordados, enriqueceria ilicitamente às custas do patrimônio de sua contraparte por receber valores aos quais não faria jus (no primeiro caso evita-se decréscimo patrimonial e no segundo há efetivo acréscimo no patrimônio).

No momento em que acordada a taxa de juros (para conclusão da operação que originou o crédito), o devedor reconhece ser aquele o preço devido pelo capital que recebe. Este preço não está vinculado à pessoa do credor. É condição objetiva do negócio jurídico celebrado.

A cessão do crédito não muda este quadro. O cessionário continua obrigado a pagar o mesmo valor de principal e de juros (tudo nos termos do já mencionado art. 287 do Código Civil).

de causalidade, através do qual se verifica que a causa do enriquecimento de um é o empobrecimento do outro, manifesta-se nos casos em que há o deslocamento de um bem do patrimônio deste para o daquele. Predomina hoje o entendimento de que não é preciso diminuição de valor no patrimônio do autor da ação, como no direito alemão. **Indispensável, afinal, que o enriquecimento se dê sem uma causa que o justifique, quer porque falte, quer porque seja reprovada pelo Direito**. Este último requisito não é de caracterização fácil, em virtude da confusa sinonímia da palavra causa. Não possui, no particular, o significado que tem como um dos requisitos dos contratos, mas sentido próprio, restrito, que melhor se define acrescentando-lhe a qualificação própria, como fazem os alemães. Trata-se, com efeito, de causa da atribuição patrimonial. Para se saber se houve enriquecimento sem causa, indagará o intérprete se a vantagem patrimonial obtida é atribuída por uma razão justa, por um título legítimo, por um motivo lícito. A própria expressão: enriquecer à custa de outrem dá a ideia do que se encerra na locução sem causa. Na doação, por exemplo, o donatário enriquece na medida em que o doador empobrece, mas esse enriquecimento é justo, tem causa legítima, merece a aprovação do Direito" GOMES, Orlando. **Obrigações.** 19 ed. Rio de Janeiro: Editora Forense, 2019, p. 237, grifos nossos.

Se, por ato judicial posterior à celebração do negócio jurídico originador do crédito, em virtude da simples alteração do credor, forem expurgados dos juros os valores que excedem os limites da Lei de Usura, será conferida ao devedor a oportunidade de utilizar o mesmo valor acordado nas condições originais do emprésimo, sem, no entanto, proceder ao pagamento integral do preço contratado.

Este cenário cria claro desequilíbrio entre a vantagem auferida pelo devedor e sua contraprestação. Dito de outra forma: o devedor – sem razão jurídica para tanto – estará pagando menos pelo mesmo crédito que recebeu. O fato de seu credor ter mudado (da instiuição financeira para o FIDC) não pode servir de motivo para que o devedor receba desconto no preço do capital.

No ato de cessão, as bases do negócio jurídico já estavam postas e acordadas. O expurgo dos juros que excederem o teto da Lei de Usura criará desconto ao devedor sem que tenha ocorrido circunstância superveniente que tenha alterado <u>objetivamente</u> as bases do mútuo (i.e. não há alteração fática que torne a obrigação mais onerosa ao devedor ou dificulte seu cumprimento). Qualquer outro devedor que tenha contratado operação semelhante com o mesmo credor, sem que o crédito contratado tenha sido cedido a FIDC, terá de cumprir sua obrigação de pagamento por inteiro, com adimplemento do valor total dos juros. O que justifica, então, que apenas o devedor de crédito que tenha sido cedido ao FIDC receba desconto retroativo?

Na prática, o expurgo dos juros que excedam os limites da Lei de Usura, motivado apenas pela cessão do crédito ao FIDC, incentiva comportamento oportunista do devedor que, ciente da cessão, certamente tentará obter, pela via judicial, desconto nos juros devidos, mesmo sabendo ter concordado, desde o princípio do negócio jurídico, com o pagamento do preço originalmente contratado com a instituição financeira.

O expurgo de juros que extrapolem o limite da Lei de Usura, nestes casos, parece ser motivado por intenção de impedir que os FIDCs recebam valores aos quais não fariam jus. Esta visão, porém, inverte a lógica pela qual este tipo de situação deve ser analisada.

O fundo adquriu crédito acompanhado de todos os seus acessórios e originado em respeito à lei incidente sobre juros (a instituição financeira originadora estava autorizada a gerar crédito com preço superior ao previsto na Lei de Usura). Ao cobrar os juros, os FIDCs apenas exercem direito que lhes é contratualmente assegurado. Por outro lado, ao deixar de pagar a integralidade dos juros, o devedor – sem razão jurídica para tanto – estará se beneficiando do barateamento artificial do crédito que recebeu e pelo qual concordou em pagar juros acima daqueles estabelecidos pela Lei de Usura.

Dessa forma, também para evitar o enriquecimento sem causa do devedor, não faz sentido que ele ganhe desconto nos juros que concordou em pagar simplesmente porque seu credor mudou.

Conclusões

A Lei de Usura surgiu como mecanismo de controle de juros dos empréstimos oferecidos ao setor produtivo privado. O racional de sua criação foi baraterar o capital e impulsionar o crescimento econômico. Subsequente mudança legislativa, porém, alterou o quadro criado pela Lei de Usura ao estabelecer a competência do CMN (prevista no art. 4º da Lei nº 4.595/64) abrindo margem para que as instituições financeiras pudessem operar fora dos limites impostos pela Lei de Usura.

Com a referida mudança na lei, a jurisprudência sedimentou entendimento – disposto na Súmula nº 596 do STF – segundo o qual as instituições financeiras podem cobrar juros que ultrapassem o teto previsto no art. 1º da Lei de Usura. A despeito de ulterior mudança na Constituição Federal e recrudescimento da discussão sobre o tema, prevalesceu entendimento nos Tribunais que manteve sistema dual: as instituições financeiras não estão submetidas aos limites da Lei de Usura, mas os demais entes privados não podem originar créditos remunerados por juros que ultrapassem o limite legal.

O surgimento dos FIDCs criou nova polêmica sobre o tema. Tais fundos têm como atividade central a aquisição de créditos (com desconto no valor de face) na expectativa de que sejam adimplidos integralmente, pelos devedores. Esses créditos podem ser cedidos por instituições financeiras e, nessas situações, indaga-se se os FIDCs poderiam cobrar dos devedores os juros incidentes sobre tais créditos que extrapolem os limites da Lei de Usura.

Ao tentar responder referida pergunta, os Tribunais adotaram como eixo central de sua análise a definição quanto à natureza dos FIDCs. A polêmica jurisprudencial, assim, dividiu-se entre os precedentes que consideram os FIDCs entes equiparados às instituições financeiras (e, portanto, permitem a cobrança, pelos fundos, de juros que superem os limites da Lei de Usura) e os precedentes que não admitem essa equiparação (e, por consequência, expurgam dos créditos detidos pelos fundos o valor dos juros que exceda o teto da Lei de Usura).

Essa dicotomia, porém, é problemática. Isto porque, como explorado ao longo deste trabalho se, por um lado, a equiparação entre FIDCs e instituições financeiras é inadequada, por outro, isto não significa que os FIDCs estejam impedidos de cobrar dos devedores a integralidade dos juros incidentes sobre os créditos que adquiriram (ainda que tais encargos superem o limite previsto na Lei de Usura).

Com efeito, a equiparação entre FIDCs e instituições financeiras é inapropriada tendo em vista que os fundos não realizam atividade de intermediação de recursos. Ou seja, eles não recebem depósitos de poupadores para usarem tais valores no empréstimo a tomadores. Os fundos, de fato, captam dinheiro de investidores (que adquirem cotas dos FIDCs) mas este dinheiro é empregado na compra de créditos pré-constituídos e não para concessão de mútuos. Se a mera captação de recursos do público servisse para equiparar os FIDCs às instituições financeiras, qualquer sociedade anônima que emitisse debêntures também poderia ser objeto da mesma equiparação, a despeito de ter como objeto social a prática de atividades completamente diferentes daquelas desenvolvidas pelos bancos. Além disso, os fundos são regulados por normas próprias emitidas pela CVM. Por fim, as instituições financeiras que prestam serviços aos fundos (administrador, gestor e custodiante, por exemplo) não se confundem com os fundos em si que têm patrimônio e obrigações próprios.

A despeito, porém, de os FIDCs terem natureza jurídica distinta das instituições financeiras, tampouco é adequado afirmar que isto os impediria de cobrar de seus devedores a integralidade dos juros incidentes sobre créditos adquridos de bancos (ainda que estes juros superem o limite disposto no art. 1º da Lei de Usura).

Primeiro, porque os fundos não são entidades originadoras de créditos por não emprestarem dinheiro a terceiros. Eles apenas adquirem recebíveis oriundos de operações de crédito previamente celebradas por instituições financeiras. Segundo, porque a cessão feita ao fundo (em função do disposto no art. 287 do Código Civil) transfere ao cessionário todos os encargos incidentes sobre o crédito nos exatos valores contratados entre as partes originárias. Alterar os juros *a posteriori* violaria o art. 287 do Código Civil.

Terceiro, porque a legislação brasileira já prevê expressamente que, em transação com efeitos semelhantes à cessão civil de crédito (o endosso de CCBs), o endossatário, mesmo não sendo instituição financeira, pode cobrar os juros incidentes sobre o crédito contratado entre as partes originárias ainda que eles ultrapassem o limite imposto pela Lei de Usura. Quarto, porque o devedor do crédito concordou em pagar à instituição financeira originadora juros acima do limite previsto na Lei de Usura e não pode – depois de usufruir integralmente do crédito a ele estendido – tentar obter desconto retroativo no preço do capital simplesmente em virtude da alteração de seu credor (sem nenhuma mudança nas bases objetivas do negócio jurídico originalmente celebrado). Isto representaria patente enriquecimento sem causa do devedor e incentivaria comportamento oportunista de devedores que usufruem do crédito e, posteriormente, tentam pagar preço menor pelo capital que receberam.

Assim, concluímos que, neste momento, a discussão jurisprudencial sobre a possibilidade de os FIDCs cobrarem juros acima dos limites da Lei de Usura incidentes sobre os créditos a eles cedidos gira em torno de falsa controvérsia. Os FIDCs não podem ser equiparados a instituições financeiras, mas isto em nada altera seu direito de cobrança dos juros incidentes sobre os créditos que adquiriram, qualquer que seja a taxa originalmente acordada entre cedente e devedor. Ao focar na equiparação entre FIDCs e instituições financeiras como o eixo central da permissão para cobrança de juros que superem o limite da Lei de Usura, os precedentes jurisprudenciais criam novo problema: distorção da real natureza jurídica dos fundos.

A solução está (i) na correta análise do tipo de atividade desenvolvida pelos FIDCs (aquisição e não originação de créditos); (ii) na interpretação do instituto da cessão civil de crédito e de seus efeitos (sobretudo a transferência ao cessionário de todos os encargos do crédito como originalmente contratados); (iii) na interpretação sistemática da lei brasileira (que já permite a cobrança de juros que ultrapassem o limite da Lei de Usura por endossatários de CCBs que não sejam instituições financeiras) e (iv) na vedação imposta pela lei civil ao enriquecimento sem causa que, inevitavelmente, ocorre se o devedor do crédito recebe, em sua integralidade, o valor do capital e, posteriormente, paga por ele quantia inferior ao preço (i.e. os juros) livremente contratado.

Essa mudança de prisma na análise permite concluir que não faz sentido jurídico proibir que os FIDCs cobrem dos devedores a integral remuneração incidente sobre os créditos que adquirirem, ainda que essa remuneração supere os limites estabelecidos pela Lei de Usura. Isso não só permitiria hetedoxa alteração nas bases objetivas do negócio jurídico originalmente celebrado entre cedente e devedor (sem razão jurídica para tanto), como incentivaria comportamento oportunista do devedor que enxergaria na cessão uma oportunidade de pleitear o pagamento de encargos menores do que os inicialmente acordados, sem a correspondente redução de seu crédito.

Referências

ABRÃO, Nelson. **Direito Bancário.** 18. ed. São Paulo: Saraiva, 2019.

CÂMARA DOS DEPUTADOS. Código civil brasileiro: trabalhos relativos à sua elaboração. Discussão e votação, na Comissão Especial, do Título Preliminar e da Parte Geral (arts. 1 a 217) – Discussão da Parte Especial (arts. 218 a 1227) Volume 3. Imprensa Nacional. Rio de Janeiro: 1919.

CARVALHO, Mario Tavernard Martins de. **Regime Jurídico dos Fundos de Investimento.** São Paulo: Quartier Latin, 2012.

COELHO, Fabio Ulhoa. **Curso de Direito Comercial**: Direito de Empresa. 19. ed. São Paulo: Saraiva, 2015. v. 1.

DINIZ, Rodrigo Pará. **Fundos de Investimento no Direito Brasileiro**: aspectos tributários e questões controversas em matéria fiscal. 2. ed. São Paulo: Almedina, 2016.

DOTTA, Eduardo Montenegro. **Responsabilidade Civil dos Administradores e Gestores de Fundos de Investimento**. 2. ed. São Paulo: Almedina, 2018.

EIZIRIK, Nelson *et al.* **Mercado de Capitais**: regime jurídico. 3. ed. Rio de Janeiro: Renovar, 2011.

FORTUNA, Eduardo. **Mercado Financeiro**: produtos e serviços. 17. ed. Rio de Janeiro: Qualitymark, 2009.

FRANCO, Gustavo H.B. **A moeda e a lei**: uma história monetária brasileira 1933-2013. Rio de Janeiro: Zahar, 2017.

FREITAS, Bernardo Vianna; VERSIANI, Fernanda Valle (org.). **Fundos de Investimento**: aspectos jurídicos, regulamentares e tributários. São Paulo: Quartier Latin, 2014.

FREITAS, Ricardo dos Santos. **Natureza Jurídica dos Fundos de Investimento**. São Paulo: Quartier Latin, 2006.

GOMES, Orlando. **Obrigações.** 19 ed. Rio de Janeiro: Editora Forense, 2019.

GONÇALVES, Carlos Roberto. **Direito Civil Brasileiro**: teoria geral das obrigações. 15. ed. São Paulo: Saraiva, 2018. 2 v.

LEÃES, Luís Gastão Paes de Barros. **A operação de factoring como operação mercantil. Revista de Direito Mercantil, Industrial, Econômico e Financeiro**, São Paulo, v. 37, n. 115, p. 239-254, 1999.

MAMEDE, Gladston. **Direito Empresarial Brasileiro**: títulos de crédito. 11 ed. São Paulo: Atlas, 2019.

MARTINS-COSTA, Judith; TEIXEIRA, Sálvio de Figueiredo (org.). **Comentários ao Novo Código Civil**: do inadimplemento das obrigações arts. 389 a 420. 2. ed. Rio de Janeiro: Forense, 2009.

NERY JUNIOR, Nelson et al. **Código Civil Comentado.** 10. ed. São Paulo: Revista dos Tribunais, 2013.

OLIVEIRA, Marcos Cavalcante de. **Moeda Juros e Instituições Financeiras**: regime jurídico. São Paulo: Forense, 2006.

PARENTE, Norma Jonssen. **Tratado de Direito Empresarial**: mercado de capitais. 2. ed. São Paulo: Revista dos Tribunais, 2018.

PAVIA, Eduardo Cherez. **Fundos de Investimento**: estrutura jurídica e agentes de mercado como proteção do investimento. São Paulo: Quartier Latin, 2016.

PEREIRA, Caio Mário da Silva. **Instituições de Direito Civil**: Teoria Geral das Obrigações. 32. ed. Rio de Janeiro: Editora Forense, 2020. v. 2.

PIRES, Daniela Marin. **Os Fundos de Investimento em Direitos Creditórios (FIDC)**. 2. ed. São Paulo: Almedina, 2015.

REQUIÃO, Rubens. **Curso de Direito Comercial**. 25. ed. São Paulo: Saraiva, 2007.

ROCHA, Tatiana Nogueira da. **Fundos de Investimento e o Papel do Administrador**: A indústria dos Fundos no mercado brasileiro e a liberdade para agir, os poderes e obrigações dos seus administradores. São Paulo: Textonovo, 2005.

Saddi, Jairo. **Crédito e Judiciário no Brasil**: Uma análise de Direito & Economia. São Paulo: Quartier Latin, 2007.

Salomão Neto, Eduardo. **Direito Bancário**. 3. ed. São Paulo: Jurídicos Trevisan Editora, 2020.

Tartuce, Flávio. **Direito Civil**: Direito das Obrigações e Responsabilidade Civil. 9. ed. São Paulo: Método, 2014. v. 2.

Tepedino, Gustavo; Schreiber, Anderson. **Fundamentos do Direito Civil**: obrigações. Rio de Janeiro: Forense, 2020. 2 v.

Tepedino, Gustavo (org.). **O Código Civil na Perspectiva Civil-Constitucional**. Rio de Janeiro: Renovar, 2013.

Venosa, Silvo de Salvo. **Código Civil Interpretado**. 4. ed. São Paulo: Atlas, 2019.

Venosa, Silvio de Salvo. **Direito Civil**: Obrigações e Responsabilidade Civil. 21. ed. São Paulo: Atlas, 2021. v. 2.

Venosa, Silvio de Salvo. **Direito Civil**: Teoria Geral das Obrigações e Teoria Geral dos Contratos. 8. ed. São Paulo: Atlas, 2008.

Vieira Sobrinho, José Dutra. A lei de usura e a capitalização dos juros. **Folha de São Paulo**, 2 mar. 2000. Disponível em: <https://www1.folha.uol.com.br/fsp/dinheiro/fi0203200007.htm#:~:text=Folha%20de%20S.,juros%20%2D%2002%2F03%2F2000&text=Usura%2C%20do%20ponto%20de%20vista,acima%20do%20permitido%20em%20lei.> Acesso em: 23 mar. 2021.

Waisberg, Ivo; Fontes, Marcos Rolim Fernandes (org.). **Contratos Bancários**. São Paulo: Quartier Latin, 2006.

Yazbek, Otavio. **Regulação do Mercado Financeiro e de Capitais**. Rio de Janeiro: Elsevier, 2007.

INOVAÇÃO E AS DEBÊNTURES REGIDAS SOB A LEI 12.431/2011

FELIPE BEZERRA DOS SANTOS RAMA

Introdução

A Lei 12.431/2011 foi criada pelo governo com viés de fomentar projetos de infraestrutura, pesquisa, desenvolvimento, inovação e demais temas tidos como prioritários e que, deveriam ser fomentados pelo mercado privado. Assim sendo, para atrair empresas, bancos e investidores, o governo renunciou a uma potencial receita tributária, fazendo com que a população que compre esses títulos de dívida privada, sejam isentos de imposto de renda. Além disso, para a companhia se torna atrativo pois ela consegue emitir as debêntures e mobilizar recursos mais baratos que um financiamento bancário tradicional com taxas competitivas, além de dar um destino certo aos recursos captados de longo prazo. Por fim, para o governo também foi uma das formas encontradas para a redução do uso do BNDES em financiamento de projetos e financiamento para grandes empresas.

O estudo proposto se dedicará a explorar a possibilidade de uso destes recursos gastos por parte das companhias em inovação, pesquisa e desenvolvimento como lastro para emissões de debêntures previstas na lei 12.431/2011. Além disso, o trabalho se dedicará a buscar as raízes do porquê nenhuma emissão foi feita se utilizando deste tipo de gasto e buscará explorar também qual seria o potencial deste mercado. Apenas para ciência, tanto no artigo 1 da lei quanto no artigo 2 reafirmam a possibilidade de uso destes gastos como potenciais lastros, porém, desde 2011 nenhuma emissão feita utilizou-se disso. Assim sendo, buscaremos entender se o problema está no entendimento da lei, na burocracia imposta neste tipo de aprovação, nas companhias que investem pouco em PD&I ou se este tipo de instrumento compete por outros mais simples e mais baratos.

Um ponto que também será analisado é como funciona todo o rito de aprovação e possíveis diferenças para uma debênture tradicional pois assim conseguiremos ter mais elementos de investigação para potencialmente encontrar onde está a dificuldade ou o gargalo para que tal tipo de emissão com base em PD&I.

Será objeto de estudo também uma estimativa potencial do quanto as principais empresas do Brasil gastam com pesquisa, desenvolvimento e inovação para verificar se a problemática reside em uma afirmação de que no Brasil as companhias não gastam com PD&I. Além disso conseguiremos ter ideia se esse volume seria substancial versus outras modalidades de lastro para este tipo de emissão. Para tal levantamento utilizaremos o anuário das "150 empresas mais inovadoras" realizado pelo Valor Econômico em conjunto com a Strategy& (braço de consultoria estratégica da PwC), além dos dados de balanço das companhias e estimativas do gasto de PD&I por indústria. Apenas antecipando, a metodologia realizada por eles, além de entrevistas e conversas diretamente com as empresas, o resultado da pesquisa é um percentual de gasto com PD&I com relação ao seu faturamento (vendas líquidas) para chegar em um valor monetário absoluto.

Adicionalmente aos pontos anteriores trazidos, iremos tratar rapidamente do movimento de juros recente (um recorte de

2011, início da lei, até os dias atuais) e analisaremos em conjunto com demais medidas de subvenção e apoio ao financiamento de pesquisa e inovação no Brasil, como linhas do FINEP e outras linhas acessórias existentes no BNDES por exemplo. Aqui, iremos aprofundar se, com os juros altos do passado recente aliado a linhas dedicadas à inovação e pesquisa seriam mais simples, mais baratas e mais rápidas (em termos de tempo e cronograma), seriam concorrentes diretas das debêntures 12.431 com foco em PD&I e, dado que o atual cenário de juros é o menor patamar da história do Brasil, podemos projetar ou mesmo analisar o quanto esse diferencial de taxas se tornou nulo ou irrelevante. Invariavelmente, neste aspecto também faremos um debate acerca do financiamento de longo prazo no Brasil com um breve histórico além do papel do ente público para este fim. Importante notar aqui que traremos uma noção se, com a lei 12.431/2011 foi de fato criado um novo caminho, uma nova opção para o financiamento de longo prazo de maneira geral (principalmente focado em infraestrutura) e buscaremos entender o porquê deste movimento não ter se replicado para PD&I

Por fim, conforme o decorrer do estudo conseguiremos identificar onde reside este problema e se, for algum ponto decorrente do texto da lei que a inviabilize na prática, propor melhorias para que haja um "destravamento" deste tipo de financiamento com o lastro dedicado específico.

Não será objeto do estudo se tal política do governo de renúncia fiscal foi benéfica ou não sejam para os cofres públicos, sejam para o desenvolvimento da infraestrutura local.

Também não será objeto do estudo analisar se o uso do BNDES por governos como política ou mesmo se as debêntures 12.431 foram substitutas perfeitas da atuação que havia vindo sendo feita pelo banco.

Além disso, também nos limitaremos a análise especifica da utilização destes recursos em PD&I, não nos sendo o aprofundamento da questão se o Brasil é um país que investe muito ou pouco e fomenta a inovação, pesquisa e desenvolvimento.

Invariavelmente este trabalho está no campo do direito econômico, sendo assim, iremos explorar em termos econômicos, práticos com dados de mercado e potencial análise de balanço das companhias para verificar e estimar seus gastos em PD&I e em termos jurídicos analisaremos um ponto específico da lei 12.431/2011, nos permitindo sermos muito profundos na análise.

1. Sobre debêntures e a Lei 12.431/2011

Segundo o artigo 2º, inciso I da Lei nº 6.385/1976, as debêntures são valores mobiliários emitidos por companhias S.A. com conceitos, autorizações e condições específicas[1]. Os titulares destes valores mobiliários são credores com direito do crédito contra a companhia emissora, nos termos da escritura de emissão com possibilidade de resgate do bem de forma parcial ou total além de sua amortização total ou parcial[2].

A debênture tem a finalidade de ser um instrumento de financiamento para a companhia emissora, onde a depender se a emissão for pública ou privada, atinge diferentes número de investidores (de forma mais ampla ao público ou mais restrita). Isso impacta tanto na amplitude e volume das transações quanto na exigência de abertura de informações e documentos exigidos pelo regulador.

Outra característica das debêntures são suas atribuições com relação à taxa de juros e correção monetária, podendo ser utilizada diferentes taxas vigentes e até mesmo parte desta

[1] BRASIL. (1976) Art. 52 da Lei nº 6.404/1976 disponível em: http://www.planalto.gov.br/ccivil_03/leis/l6404consol.htm. Acessado em 296 de junho de 2021.

[2] BRASIL. (1976) Art. 55 da Lei nº 6.404/1976 disponível em: http://www.planalto.gov.br/ccivil_03/leis/l6404consol.htm. Acessado em 296 de junho de 2021.

remuneração vir de uma participação nos lucros da companhia emissora. No vencimento, o valor do principal também é retornado aos investidores.

Em linhas gerais, sob a ótica da presença ou não de garantias, as debêntures podem ser: com garantia real; com garantia flutuante; quirografária ou sem preferência e; subordinadas ou subquirografárias. Aqui, deve-se pensar em caso hipotético de falência da companhia emissora, em que igualdade os debenturistas estarão com relação aos demais credores, partindo desde uma garantia real, um bem físico, até o subordinado ou subquirografário, em que não há garantias reais, além de nenhuma preferência, ficando apenas a frente dos sócios e acionistas da companhia num processo de falência.

Por fim, esta breve conceitualização e "taxonomia" das debêntures tradicionais nos ajudarão a entender os diferenciais e inovações trazidas com a lei 12.431/2011.

1.1. Um breve histórico da Lei 12.431, ritos e seus impactos

A lei 12.431, de 24 de junho de 2011[3] partiu de uma Medida Provisória a (MP 517) de 2010. Tal lei trouxe diversas inovações que vão desde o âmbito tributário até o âmbito de regulação das próprias debêntures.

Segundo Francisco Antunes Maciel Mussnich (2013, p. 554) o legislador buscou "aprimorar o regime legal aplicável às debêntures no intuito de tornar mais flexível e simplificado o processo de emissão e de viabilizar a formação de um mercado secundário mais dinâmico para esses papéis, melhorando as condições de sua negociação" além disso, o autor complementa:

[3] BRASIL. (2011) Lei nº 12.431/2011 disponível em:http://www.planalto.gov.br/ccivil_03/_ato2011-2014/2011/lei/l12431.htm Acessado em 06 de março de 2021

> [...] Apesar de ser um instituto antigo em nosso ordenamento, a emissão de debêntures se tornou, com essa última reforma, ainda mais atrativa como forma de obtenção de recursos pelas companhias para financiar suas atividades, tendo essa etapa legislativa priorizado um efeito surgimento de um mercado brasileiro privado de longo prazo, e desenvolvimento do mercado secundário de negociação de tais títulos[4]

Hoje, quase 10 anos depois da lei vigente, podemos de fato estudar os dados e verificar se i) o mercado de debêntures de fato ampliou-se com mais e maiores emissões e ii) se de fato ampliou-se o instrumento para o poupador de varejo pessoa física. Se tais condições foram satisfeitas, obviamente excluindo demais fatores (que analisaremos mais a frente), pode-se inferir e ter como primeiros inícios de que a lei atingiu seu objetivo no âmbito de tornar uma nova fonte de captação privada para as empresas e uma nova fonte de investimento para as pessoas físicas.

Para tal, foram elaborados os gráficos abaixo com dados disponíveis pela ANBIMA dentro do site www.debentures.com.br

[4] MUSSNICH, Francisco, A.M. As recentes alterações com respeito à competência para emissão de debêntures. *In*: **Direito Empresarial e outros estudos em homenagem ao Professor José Alexandre Tavares Guerreiro.** Coord: CASTRO, Rodrigo, R.M. DE; WARDE JÚNIOR, Walfrido, J.; e GUERREIRO, Carolina, D.T. São Paulo: Quartier LAtin, 2013. p. 562

Gráfico 1 – Quantidade de emissões de debêntures entre 2012 e fevereiro 2021.

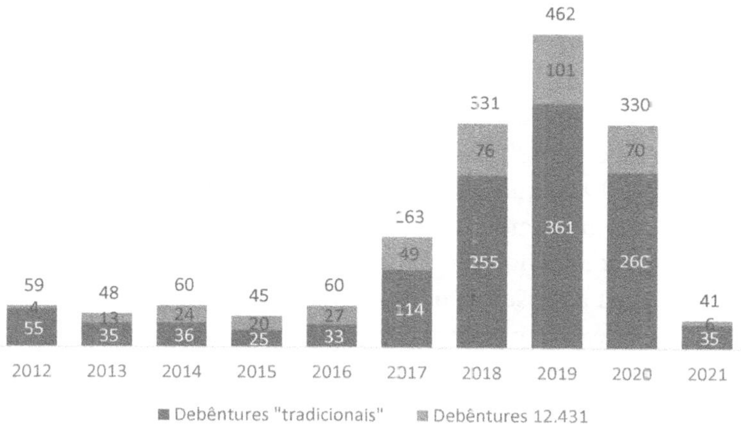

Fonte: http://www.debentures.com.br/exploreosnd/consultaadados/volume/volumeporperiodo_f.asp. Acessado em 06 de março de 2021. Elaboração do autor.

Gráfico 2 – Volume em R$ bilhões de debêntures entre 2012 e fevereiro 2021.

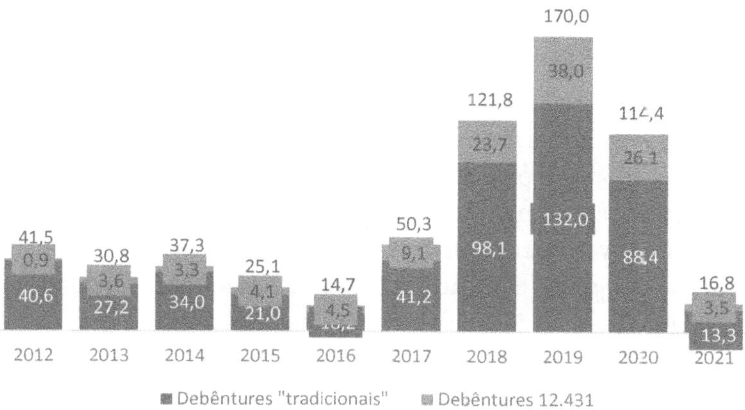

Fonte: http://www.debentures.com.br/exploreosnd/consultaadados/volume/volumeporperiodo_f.asp. Acessado em 06 de março de 2021. Elaboração do autor.

Pelos 2 gráficos é possível notar que o mercado de debêntures de fato foi crescente ao longo dos anos até 2019, inclusive impulsionado pelas emissões 12.431 ou também chamadas de debêntures incentivadas. Importante também notar que o volume e quantidade de emissões está intimamente ligado com o momento da nossa economia como veremos mais a frente e, essa queda em 2020 pode ser explicada pela pandemia global da COVID-19 da qual estamos passando neste exato momento, assim como o momento de 2015 e 2016 da qual o país passou por um processo político de impeachment da até então presidente Dilma Rousseff. Tais momentos indicam que a incerteza é um fator reativo para novas captações de longo prazo para as empresas e também de menor demanda do investidor dado que são investimentos também considerados de médio-longo prazo.

Voltando ao nosso histórico da debênture 12.431, as reformas encontradas na lei tiveram como objetivo, desde facilitar a recompra de debêntures por parte da companhia, passando por flexibilização de regras na contratação do agente fiduciário além de um aumento da competência do conselho de administração para com as emissões e a supressão do limitador previamente existente no artigo 60 da lei nº 6.404/1976 onde o valor total de emissão das debêntures não poderiam ultrapassar o valor das garantias prestadas pela companhia até a data da emissão, ou o valor do seu capital social, tudo isso para estimular não só o lado do investidor que possui o benefício da isenção do imposto de renda, mas também do lado das companhias emissoras para que de fato houvesse um aumento por parte do investimento privado em projetos de infraestrutura através do risco corporativo.

Seguindo o raciocínio, outro ponto importante que devemos jogar luz e aprofundar das debêntures incentivadas são os Artigos 1º e 2º pois aqui nos darão potencialmente a primeira pista da motivação de ainda não termos emissões com base em pesquisa, desenvolvimento e inovação.

O Art. 1º explica e dá as "regras gerais" como a definição do emissor como pessoas jurídicas não-financeiras, onde o veículo pode ser qualquer Título e Valor Mobiliário, com principais características tais quais a remuneração definida em taxas pré-fixadas, índices de preço ou a Taxa Referencial, definição do prazo médio ser maior que 4 anos, pagamentos de juros no mínimo de forma semestral, negociação apenas em mercados regulamentados e o resgate antecipado permitido apenas após o 4º ano. Além disso, o artigo 1 foi comumente apelidado do artigo para investidor estrangeiro dado que trata do IR para ganho de capital e rendimento com alíquota 0% para investidores estrangeiros – desde que observado o disposto no Artigo 69 da Instrução Normativa 1.022 da Receita Federal.

O Art. 2º, adicionalmente ao Art. 1º, i) delimita as possibilidades do emissor e o "obriga" a ser uma SPE – sociedade de propósito específico; ii) delimita os veículos possíveis (debênture, FIDC e CRI); além de iii) delimitar e indicar quais são os setores e projetos definidos como prioritários e assim sendo, elegíveis e passíveis de serem enquadrados pela lei.

> Art. 2º No caso de debêntures emitidas por sociedade de propósito específico, constituída sob a forma de sociedade por ações, dos certificados de recebíveis imobiliários e de cotas de emissão de fundo de investimento em direitos creditórios, constituídos sob a forma de condomínio fechado, relacionados à captação de recursos com vistas em implementar projetos de investimento na área de infraestrutura, ou de produção econômica intensiva em pesquisa, desenvolvimento e inovação, considerados como prioritários na forma regulamentada pelo Poder Executivo federal, os rendimentos auferidos por pessoas físicas ou jurídicas residentes ou domiciliadas no País sujeitam-se à incidência do imposto sobre a renda, exclusivamente na fonte, às seguintes alíquotas.

Fonte: BRASIL. (2011) Lei 12.431/2011 disponível em: http://www.planalto.gov.br/ccivil_03/_ato2011-2014/2011/lei/L12431compilado.htm. Acessado em 22 de maio de 2021.

Tabela 1 – Comparativo entre Artigo 1º e Artigo 2º da lei 12.341/2011 .

	Investimento (Artigo 1º)	Infraestrutura (Artigos 2º e 3º)
Emissor	Pessoas Jurídicas não financeiras	SPEs, Concessionárias, Permissionárias, Autorizatárias ou Arrendatárias de Serviços Públicos / Holdings que controlem SPEs ou Concessionárias
Veículo	Qualquer TVM	Debênture, FIDC e CRI
Investimento	Investimentos em geral	Projetos definidos como prioritários por lei, que sejam de infraestrutura
Utilização dos Recursos	Despesas relativas aos investimentos, inclusive despesas e empréstimos incorridos até 2 anos do encerramento da oferta	Despesas relativas aos investimentos, inclusive despesas e empréstimos incorridos até 2 anos do encerramento da oferta
Principais Características	Remuneração: pré fixada, índice de preço ou TR Prazo médio: > 4 anos Recompra: Não permitido por 2 anos Revenda: Sem compromisso de revenda Remuneração: Pagamento de juros no mín. semestral Negociação: Mercados regulamentados Resgate Antecipado: Permitido após o 4º ano	Remuneração: pré fixada, índice de preço ou TR Prazo médio: > 4 anos Recompra: Não permitido por 2 anos Revenda: Sem compromisso de revenda Remuneração: Pagamento de juros no mín. semestral Negociação: Mercados regulamentados Resgate Antecipado: Permitido após o 4º ano
Setores Elegíveis	Todos	Energia (Geração, Transmissão e Distribuição), P&D, Saneamento e Mobilidade Urbana, Logística (Portos e Aeroportos), Transportes, Comunicações (Telecomunicações e Radiodifusão), Irrigação, Educação, Saúde e Ambiental
Pré-aprovações	Não há	Projetos têm que ser submetidos aos respectivos Ministérios
IR para Ganho de Capital e Rendimento[1]	Investidores Estrangeiros: 0%	Investidor Estrangeiro: 0% Pessoa Física: 0% Pessoas Jurídicas (exclui inst. Financeiras): 15% na fonte

Fonte: Elaboração do autor

Por fim, apenas para fins quantitativos, as debêntures incentivadas se utilizando do Art. 1º representam menos de 5% do total de emissões das 12.431 desde o início[5].

Inicialmente, ao focarmos na obrigatoriedade da criação de uma SPE para que seja enquadrado e beneficiado pela lei 12.431/2011, já é possível identificar que, apesar de fazer total sentido quando visto sob o aspecto de um projeto ligado à infraestrutura a criação da SPE é um instrumento que discrimina todos os usos e fontes de recursos, além de garantir toda uma

[5] ASSOCIAÇÃO NACIONAL DAS ENTIDADES DOS MERCADOS FINANCEIRO E DE CAPITAIS – ANBIMA.: banco de dados Volume e quantidade por Período. Disponível em: https://www.anbima.com.br/pt_br/informar/estatisticas/mercado-de-capitais/projetos-e-emissoes-incentivadas-lei-12-431-consolidado-historico.htm. Acessado em 27 de março de 2021

análise de viabilidade econômica do projeto. Somado a isso, essas sociedades como afirma Fabiana Ricardo Molina,

> (...) possuem patrimônio, ativos e fluxo de caixa próprios, na medida em que são detentoras da exclusividade da implementação de grandes projetos de infraestrutura.
>
> Assim, utilizarão diretamente os recursos captados com as debêntures emitidas nessas condições e podem comprovar o cumprimento de tais projetos de forma clara. Essa estrutura societária permite que suas controladoras, para quem são direcionados os dividendos obtidos por meio de sua operação, sejam garantidoras das emissões de debêntures, oferecendo como garantia, por exemplo, a alienação fiduciária de suas ações ou aval no cumprimento das obrigações da escritura de emissão.[6]

Porém, ao exigirmos isso de projetos ligados à pesquisa, desenvolvimento e inovação, torna-se um exercício ineficiente para as companhias dado que simplesmente criar SPEs e "incluir" todos os custos, ativos e passivos de PD&I não são práticas usuais de mercado, soma-se a isso uma potencial dificuldade por parte de companhias emissoras de discriminar os gastos com PD&I no nível de notas fiscais. O caso aqui é completamente diferente de uma rodovia por exemplo em que todo o projeto e todos os gastos e receitas são completamente compreendidos desde o início do projeto. Outro fator, dentro da necessidade de criação de SPE como único veículo para tomada de recursos através das debêntures 12.431 é a amplitude quando se tratamos de pesquisa, desenvolvimento e inovação. Para exemplificar podemos utilizar dois casos menos óbvios que o caso da indústria farmacêutica ao desenvolver um novo medicamento.

[6] MOLINA, Fabiana Ricardo. Do Regime Jurídico das Debêntures / Fabiana Ricardo MOLINA. -- São Paulo [s.n.], 2019. p.75

Aqui, para demonstrar tal amplitude podemos ter o caso em que a Petrobras, na busca por um melhor combustível investe em ciência e tecnologia por melhores compostos, assim como a Natura ou Boticário pode também, na mesma busca por melhores produtos, investir em pesquisa da biodiversidade de plantas e frutos da Amazonia. Assim sendo, a obrigatoriedade de criação de uma SPE torna-se um importante ponto que dificulta a utilização de gastos com PD&I seja pela sua dificuldade de discriminação dentre os demais gastos da companhia, seja pela sua imprevisibilidade temporal até exaurir ou chegar de fato na inovação buscada, seja pela sua amplitude de setores e escopos que podem se enquadrar como gastos em pesquisa, desenvolvimento e inovação.

Além dos potenciais impactos que a forma como a lei está redigida na economia e na realidade das empresas, outro ponto que devemos nos ater é a respeito dos ritos existentes para a emissão das debêntures 12.431. Talvez o mais simbólico deles seja a necessidade de aprovação ministerial e definição em portaria dos projetos que se enquadrem na lei. Tal aprovação do projeto torna-se uma obrigatoriedade dada a renúncia de recolhimento de imposto para as pessoas físicas e o Estado acaba por definir se o projeto em questão e todos os gastos previstos estão de acordo com o que é tido como prioritário e importante em termos de desenvolvimento de infraestrutura e inovação no Brasil. Um ponto interessante para trazermos é que tais setores prioritários podem ser mutáveis ao longo do tempo e conforme as prioridades de investimentos no Brasil mudem como por exemplo os setores incluídos por duas portarias do Ministério de Ciência, Tecnologia, Inovações e Comunicações (MCTI) em março de 2020. A portaria nº 1.122, de 19 de março de 2020 (posteriormente alterada pela Portaria nº 1.329). Os projetos inclusos são subdivididos em 5 grandes áreas (estratégica, habilitadoras, produção, desenvolvimento sustentável e qualidade de vida) e cada uma dessas áreas com suas respectivas subdivisões que vão desde projetos de soberania nacional, passando por inteligência artificial, internet das coisas, bio e nanotecnologia até segurança hídrica e cidades inteligentes.

Importante também nos atermos, nesta etapa do presente estudo, o funcionamento e rito de aprovação ministerial e quais são seus requisitos mínimos. O foco aqui, reforçando novamente, é exclusivamente em pesquisa, desenvolvimento e inovação. Assim sendo, segundo o relatório "Lei nº 12.341/11 Portarias Ministeriais – Requisitos" da Anbima[7], as portarias que estabelecem os "(...) requisitos para a aprovação dos projetos de investimento considerados como prioritários nas áreas de produção econômica intensiva em pesquisa, desenvolvimento e inovação, e os procedimentos para acompanhamento de sua implementação, para efeitos do Decreto nº 7.603, de 9 de novembro de 2011." são as portarias nº 181 de 07/03/2012 e nº 868 de 23/11/2012. O destaque a ser feito nas duas portarias, além da obrigatoriedade da constituição da SPE e já debatida acima, é a necessidade e inclusão da FINEP como mais um ente que irá analisar conjuntamente com o MCTI desde a submissão do projeto, análise do quadro de usos e fontes, análise e enquadramento do projeto como prioritário e de acordo com os critérios definidos por eles até o acompanhamento do projeto descritos nos Capítulos, I, II, III, V e VI de ambas as portarias descritas no material. Aqui, tal obrigatoriedade "extra", análise e aprovação de um outro órgão que não o próprio ministério pode ser também visto como mais um impeditivo ou mais uma burocracia a ser ultrapassada para emitir-se uma dívida com base na lei 12.341/11

[7] ASSOCIAÇÃO NACIONAL DAS ENTIDADES DOS MERCADOS FINANCEIRO E DE CAPITAIS – ANBIMA.: Lei nº 12.431/11 Portarias Ministeriais – Requisitos, de 31 de outubro de 2017. Disponível em: < https://www.anbima.com.br/data/files/22/87/4C/18/2511B510CD3B4DA558A80AC2/PortariasMinisteriais12431_Requisitos.pdf>. Acessado em 05 de Abril de 2021.

com foco em PD&I. Somado a isso, será debatido mais a frente neste trabalho o papel de linhas de fomento como BNDES e do próprio FINEP com linhas de crédito subsidiadas para tecnologia e inovação em tempos de taxas de juros em patamares elevados. Com isso temos além de mais um órgão "validador", temos praticamente um concorrente que analisa, aprova e fiscaliza às emissões de debêntures. Para os demais ministérios tais como Ministério dos Transportes ou mesmo o de Minas e Energia, apenas a necessidade de análise e aprovação do ministério já é suficiente para dar sequência na emissão.

O gráfico 3 abaixo nos mostra quais ministérios tiveram solicitação de análises de projetos e respectivas aprovações para emissões de debêntures com base na lei 12.341/11. Pode-se afirmar que temos dois efeitos ocorrendo concomitantemente. O primeiro deles é que os setores mais "óbvios" para utilização dos gastos em lastro das debêntures, como setores de infraestrutura e setores ligados à energia são os que mais submetem projetos para análise (representado abaixo pelo gráfico 4) e, também já funcionavam com a sistemática de criação de SPEs antes mesmo da obrigatoriedade da lei. O segundo efeito é o da preparação em receber esses pedidos de análise por parte dos ministérios. Logo, torna-se um "jogo de ganha-ganha" dado que, quanto mais pedido de análise a ser feito nos mesmos ministérios, mais esses ministérios estão preparados para receber, analisar e dar a devolutiva via aprovação da portaria ministerial de forma célere e rápida, garantindo organização, governança e agilidade em todo o processo.

Gráfico 3 – Quantidade de portarias ministeriais desde 2012 até Janeiro 2021 por ministério.

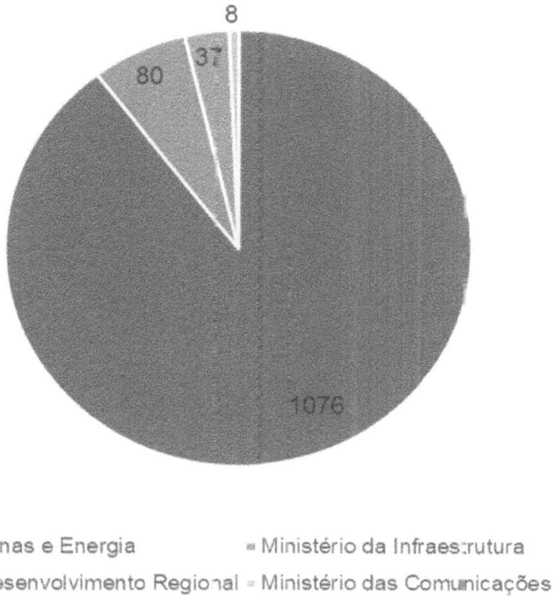

Fonte: https://www.anbima.com.br/pt_br/informar/estatisticas/mercado-de-capitais/projetos-e-emissoes-incentivadas-lei-12-431-consolidado-historico.htm. Acessado em 05 de abril de 2021 com data base de 25 de fevereiro de 2021. Elaboração do autor.

Gráfico 4 – Quantidade percentual de emissões de debêntures feitas pelo Art. 2º entre 2012 e Janeiro de 2021 por setor.

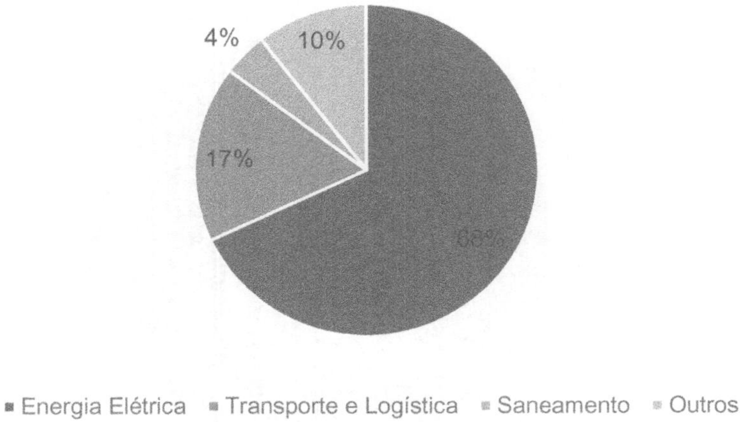

Fonte: https://www.anbima.com.br/pt_br/informar/estatisticas/mercado-de-capitais/projetos-e-emissoes-incentivadas-lei-12-431-consolidado-historico.htm. Acessado em 05 de abril de 2021 com data base de 25 de fevereiro de 2021. Elaboração do autor.

Quando retornamos ao nosso objeto de estudo de PD&I, vemos que a obrigatoriedade de SPE pode vir a ser um inviabilizador, assim como a "dupla" análise de MCTI e FINEP aumenta a burocracia e torna-se mais moroso. Aliado a esses dois fatores, temos um terceiro fator de que os primeiros pedidos de análise serão mais demorados e complexos que os próximos que virão a se suceder no futuro.

2. Sobre os juros, ciclo econômico no Brasil e linhas de fomento de 2011 até os dias atuais

A discussão de juros no Brasil, arriscaria dizer que talvez seja um dos tópicos mais debatidos no mundo acadêmico nas ciências econômicas local. Seja por um passado recente inflacionário e uma moeda estável relativamente nova, seja por conta de uma taxa relativamente mais alta que de outros países como afirmou Marcos Lisboa[8]. A discussão vai além e entender as raízes de uma taxa SELIC mais elevada passam por hipóteses que vão desde

> semidominância fiscal (Favero & Giavazzi, 2002), incerteza jurisdicional (Arida, Bacha & Lara-Resende, 2004), efeito contágio dos títulos da dívida pública (Barbosa, 2006), baixa taxa de poupança (Goldfajn & Bicalho, 2011) e mercado de crédito segmentado (Schwartsman , 2011).[9]

Importante não perdermos nosso foco e, entender de forma rápida que mecanismos de juros altos são negativos para as empresas que precisam tomar dívidas pois mais caras serão tais operações. Assim sendo, quando maior a taxa de juros, aqui expressa pela taxa SELIC como uma "guia" do que é a taxa de juros praticada pelo mercado, mais punitivo é para tomadores de crédito, no nosso caso aqui, emissores de debêntures.

Não será objeto de estudo nosso aprofundar em demais impactos de uma taxa de juros elevada por tanto tempo em produtividade dos fatores (capital e trabalho) ou na inflação, porém exploraremos rapidamente como tais juros altos acabaram por criar "mecanismos de escape" para o que Marcos Lisboa chamou e alertou como a questão da "meia-entrada" e seu impacto negativo no bem estar e na economia em geral.

[8] LISBOA, Marcos. Vamos ajustar as contas públicas e reduzir a taxa de juros?. Folha de São Paulo, 9 de Setembro, 2016. Disponível em: https://www1.folha.uol.com.br/colunas/marcos-lisboa/2016/10/1821074-vamos-ajustar-as-contas-publicas-e-reduzir-a-taxa-de-juros.shtml. Acessado em 6 de abril de 2021.

[9] BARBOSA, Fernando de Holanda; CAMELO, Felipe Diogo; JOAO, Igor Custodio. A Taxa de Juros Natural e a Regra de Taylor no Brasil: 2003-2015. **Rev. Bras. Econ.**, Rio de Janeiro , v. 70, n. 4, p. 399-417, Dez. 2016 Disponível em <http://www.scielo.br/scielo.php?script=sci_arttext&pid=S0034-71402016000400399&lng=en&nrm=iso>. Acessado em 06 Abril de 2021.

> O mesmo ocorre com o crédito, onde há setores com acesso a empréstimos subsidiados, que pagam juros abaixo do mercado, enquanto outros têm que tomar linhas a custos altíssimos. Isso leva à crítica de que os spreads bancários são altos (glossário: a diferença entre a taxa que os bancos pagam pelos recursos e que cobram dos tomadores de crédito). Isso é parcialmente verdade. Muitos pagam cerca de 20% de spreads, enquanto outros pagam 3%. O spread médio, por sua vez, fica na casa de 11%. A história se repete. Alguns pagam mais caro, para privilégio de um grupo beneficiado. Como no caso da meia-entrada do cinema.[10]

Por fim, mais a frente traremos com maior detalhamento a questão dos juros subsidiados, bancos de desenvolvimento e linhas de fomento como BNDES e FINEP e como isso se junta no nosso "quebra-cabeças" de hipóteses para ainda não ter sido utilizado o lastro de gastos em PD&I por parte das empresas com emissões de debêntures.

2.1. Ciclo econômico de juros de 2011 até os dias atuais

A taxa SELIC, como própria definição do Banco Central do Brasil (BACEN, BC ou BCB) diz é "a taxa básica de juros da economia. É o principal instrumento de política monetária utilizado pelo Banco Central (BC) para controlar a inflação. Ela influencia todas as taxas de juros do país, como as taxas de juros dos empréstimos, dos financiamentos e das aplicações financeiras."[11]. Assim sendo, ela é o ponto de partida de tudo quando falamos de juros ou de remuneração do dinheiro no

[10] Lisboa, Marcos. O ajuste fiscal e o problema da meia entrada. Veja Online, 5 de Dezembro, 2014. Disponível em: https://www.insper.edu.br/noticias/marcos-lisboa-o-ajuste-fiscal-e-o-problema-da-meia-entrada/. Acessado em 6 de abril de 2021.

[11] BANCO CENTRAL DO BRASIL. Metas para a taxa Selic. www.bcb.gov.br/controleinflacao/taxaselic. Acessado em 06 de abril de 2021.

tempo aqui no Brasil. Ao analisarmos o gráfico 5 abaixo temos o comportamento da meta da taxa Selic definida em reunião do COPOM de 2011 até os dias atuais. Vamos analisá-la de duas formas. A primeira delas, apenas a taxa de juros por sí só, por ciclos. É possível notar que temos 2 grandes ciclos sendo do final de 2012 e início de 2013, um ciclo de alta que durou até o final de 2016 e um segundo grande ciclo de queda de juros paulatinamente de 2017 em diante, até março de 2021. Aqui, o paralelo e a explicação passam obrigatoriamente na economia doméstica e no cenário político. A partir de 2013 tivemos as manifestações contra o governo federal, alterações políticas nos regimes de preços de energia elétrica e outras atitudes que levaram o aumento do risco país até o processo de impeachment da presidente Dilma Rousseff, tornando o aumento da taxa de juros, um reflexo de um país mais arriscado na visão do investidor. Apenas para fins ilustrativos, o CDS brasileiro (medida do risco-país) chegou ao nível de 493.34 pontos no auge do impeachment entre o final de 2015 e início de 2016, e este mesmo indicador era de 110,66 pontos em 10 de maio de 2013, ainda com o país em níveis de "*investment grade*" segundo as agências internacionais de classificação de risco. O ciclo de queda de juros a partir de 2017 ocorreu tanto por fatores internos (novo governo declaradamente transitório e a favor da manutenção da democracia, uma nova equipe econômica a frente do Banco Central e do Tesouro, retomada das expectativas e aumento do nível de confiança de consumidores) quanto por fatores externos, o mais notório deles, a queda das taxas de juros em todo o mundo, chegando à patamares negativos em grande parte das grandes economias. Também para dar sustentação ao argumento, a *treasury* norte americana com vencimento para daqui 10 anos teve seu ciclo de queda iniciado no pós crise de 2008, e desde 2012 está no campo negativo ou muito próximo de zero desde então. Se considerarmos o juro real (descontando a inflação, os juros estão negativos).

Gráfico 5 – Meta para a taxa Selic em percentual a.a., dados diários de Janeiro 2011 até Março 2021.

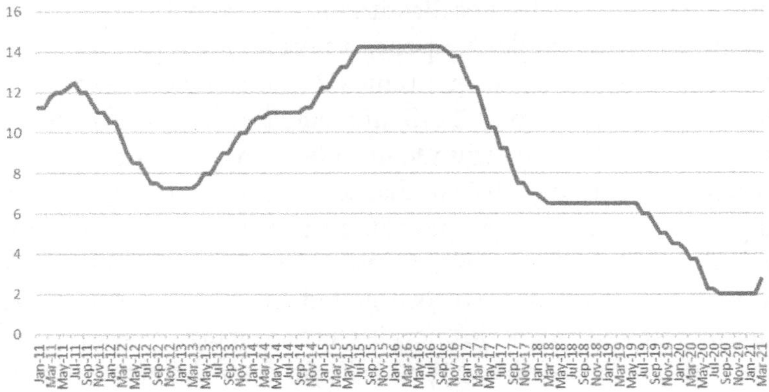

Fonte: BCB. Disponível em: https://www.bcb.gov.br/controleinflacao/historicotaxasjuros. Acessado em 06 de abril de 2020. Elaboração do autor.

O segundo fator que é importante para analisar a taxa de juros e que está intimamente ligado ao nosso trabalho é notar que, a partir de 2017, no ciclo de queda de juros, a quantidade e o volume (apresentados anteriormente nos gráficos 1 e 2, respectivamente) de emissões de debêntures, tanto tradicionais quanto as incentivadas tiveram um ciclo de expansão e crescimento bastante vertiginoso com crescimentos de 242% de volume de 2017 com relação à 2016, 142% entre 2018 e 2017 e de 40% entre 2019 contra 2018. Portanto, se olharmos taxa de juros e emissões de debêntures privadas no mercado, é possível notar que há uma relação inversamente proporcional (quanto menor a taxa de juros SELIC, maior o volume e quantidade de emissões de debêntures). Isso pode ser óbvio do ponto de vista da empresa que pagará menos juros por aquela emissão, porém não devem ser esquecidos demais fatores exógenos tais como: aumento da concorrência no setor de corretoras e o "efeito XP" de uma maior democratização e acesso à esse tipo de investimento saindo de R$ 126 bilhões de *asset under custody* em 2017 para R$ 409 bilhões em 2019 segundo o prospecto da companhia[12], sendo criado assim, também uma maior demanda por esse tipo de ativo no mercado financeiro e também não se deve excluir o papel da redução da utilização do BNDES e de demais entes públicos como financiadores em primeira instância da infraestrutura do país, passando essa responsabilidade para o ente privado (empresas, bancos, investidores privados e pessoas físicas) que veremos no tópico seguinte deste estudo.

Além disso, e não menos importantes, fatores como previsibilidade, credibilidade dos entes públicos, menor volatilidade, níveis de expectativa tanto de empresário quanto de consumidores em alta dão uma maior clareza acerca do futuro e atuam de forma positiva quando tratada da decisão de uma emissão de dívida de longo prazo como as debêntures por parte das companhias.

2.2. Os juros subsidiados, BNDES, FINEP e demais iniciativas para o fomento de pesquisa desenvolvimento e inovação

Para iniciarmos essa seção, precisamos ter claro que não será analisada se o papel do BNDES ao longo do tempo foi correto ou errôneo sob um espectro político ou mesmo econômico. O recorte aqui será para fundamentarmos o papel do banco de desenvolvimento pré 2011 e como seu papel foi ressignificado a partir de 2013, momento de grandes mudanças e críticas ao modelo vigente até então da política econômica como um todo, já explorados previamente na seção anterior que analisamos a taxa de juros.

[12] SECURITIES AND EXCHANGE COMISSION – UNITED STATES. Form F-1 Registration Statement, de 29 de junho de 2020. https://investors.xpinc.com/static-files/fa65c09c-7ce1-4f8c-bab3-c6a97ed314bb. Acessado em 7 de abril de 2021

O crédito bancário de longo prazo em moeda nacional no Brasil sempre teve uma forte presença do BNDES como afirmam Ernani Filho e Fernando Costa

> Em 2009, dois terços dos empréstimos de mais de cinco anos dos bancos brasileiros em 2009, incluindo tanto as operações com as empresas quanto com as famílias, era financiado pelo banco de desenvolvimento. Do total, outros vinte pontos percentuais eram detidos por dois outros bancos públicos, Caixa Econômica Federal e Banco do Brasil, mas a maioria, direcionados para o crédito habitacional.[13]

Além disso, outro destaque a dupla faz é com relação à sua alocação dada uma concentração dos empréstimos em investimentos produtivos tais como compra de máquinas e construção de obras civis. Outra análise importante é que, em 2011, como o gráfico 6 abaixo apresenta, é que o BNDES chegou a representar próximo de 21% de todo o crédito bancário e que a relação do BNDES pelo PIB chegou a representar 10% do PIB

[13] TORRES FILHO, Ernani Teixeira; COSTA, Fernando Nogueira da. BNDES e o financiamento do desenvolvimento. **Econ. soc.**, Campinas , v. 21, n. spe, p. 975-1009, Dez. 2012 . Disponível em <http://www.scielo.br/scielo.php?script=sci_arttext&pid=S0104-06182012000400011&lng=en&nrm=iso>. Acessado em 07 de abril de 2021.

Gráfico 6 – Participação do BNDES no crédito total e frente ao PIB

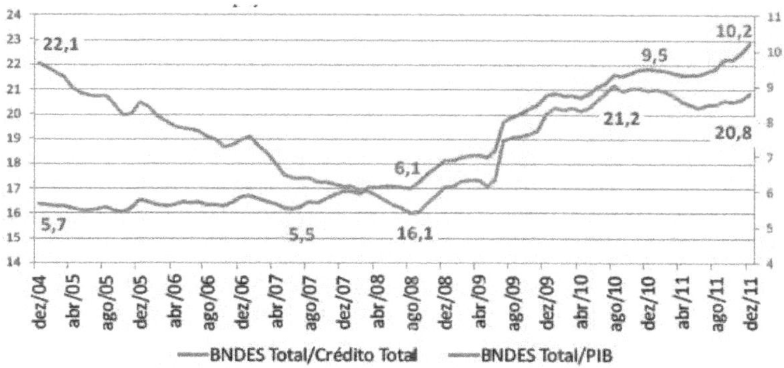

Fonte: Banco Central do Brasil. Elaboração de Torres Filho e Macahyba (2012) apud TORRES FILHO, Ernani Teixeira; COSTA, Fernando Nogueira da. BNDES e o financiamento do desenvolvimento.

Avançando no tempo, e chegando nos anos do nosso objeto de estudos (de 2011 em diante), vemos pelo gráfico 7 abaixo como o papel do banco mudou, reduzindo seu ritmo de desembolsos ano após ano. Adicionalmente ao que vimos anteriormente, um somatório de fatores permitiu que fosse possível reduzir a utilização do banco de desenvolvimento sendo substituída pelo financiamento privado de longo prazo através das debêntures incentivadas.

Gráfico 7 – Evolução do desembolso do BNDES em R$ bilhões

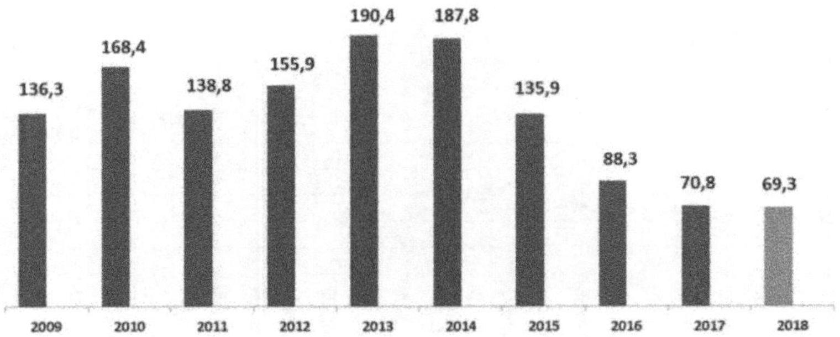

Fonte: BNDES. Disponível em https://www.bndes.gov.br/wps/portal/site/home/transparencia/estatisticas-desempenho/desembolsos/desembolsos-nos-anos-anteriores. Acessado em 07 de abril de 2021.

Pode-se afirmar que o "caldo" econômico estava favorável ao ambiente privado tanto para o lado da oferta quanto para o lado da demanda por esse tipo de emissão com taxas de juros em queda alcançando mínimas históricas, uma agenda de política econômica nova, uma ressignificação do banco de desenvolvimento, o acesso facilitado a esse tipo de ativo com mais e novas corretoras no mercado ofertando mais opções aos investidores.

Precisamos agora aprofundar em demais linhas de financiamento existentes e se leis de incentivo à PD&I com taxas subsidiadas poderiam (e podem) ser potencialmente concorrentes à uma emissão de debêntures 12.431 com lastro em pesquisa, desenvolvimento e inovação. Para tal, destacaremos as linhas disponíveis pela Financiadora de Estudos e Projetos (FINEP), empresa pública vinculada ao MCTI. O primeiro ponto para nos atentarmos são as variedades e abrangência existentes no FINEP conforme confirma a matriz na tabela 2 abaixo se fazendo potencialmente presente em todos os tamanhos de companhia e com três grandes formas de financiamento através de linhas de subvenção, investimentos e crédito.

Tabela 2 – Programas e Produtos disponibilizados pelo FINEP

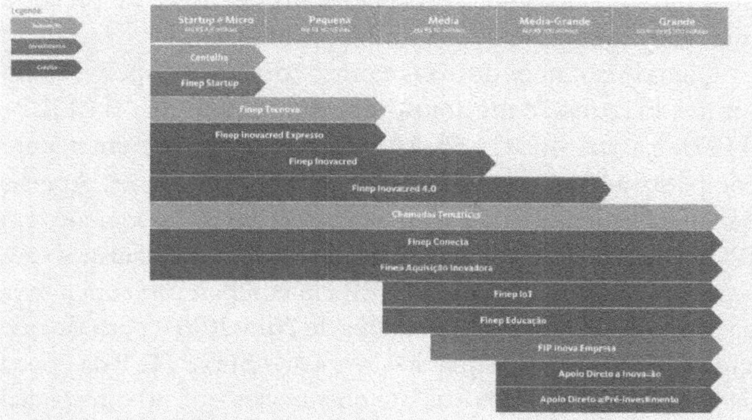

Fonte: FINEP. Disponível em http://download.finep.gov.br/matriz_programas.html. Acessado em 08 de abril de 2021.

Não entraremos no detalhamento de cada uma das linhas pois com apenas alguns dados de prazos e taxas praticadas pelo FINEP já são possíveis de apresentar nosso ponto de uma potencial concorrência se comparada à uma emissão de debêntures 12.431, principalmente no nosso passado recente de taxa de juros em patamares mais elevados. Assim sendo, as três indicadores de taxas trabalhadas pelo órgão são a Taxa de Juros de Longo Prazo (TJLP), SELIC e a Taxa Referêncial (TR). Tais indicadores são comuns em financiamentos de longo prazo, porém já temos uma diferença com relação às debêntures de infraestrutura. Como apresentado na tabela 1, nas debêntures temos a obrigatoriedade de utlizarmos a TR, a taxa pré fixada ou índice de preços (usualmente é utilizado o IPCA), sendo este amplamente utilizada. Das 382 series emitidas 377 foram utilizando o IPCA como indexador. Uma suposição é que tanto empresas quanto investidores estão habituados com esse indicador e pela sua facilidade em entender o ganho real expresso no spread descrito na taxa além de serem emissões de prazos mais longos e por isso, a proteção contra variação de preços é importante, por isso de sua utilização ampla.

Quando tratamos de taxas e prazos praticados apenas como limites máximos e mínimos, temos taxas que vão de TJLP–0.149% a.a. até SELIC + 5% a.a.[14]. Tais taxas são extremamente competitivas com custos chegando próximos de 4% a.a.. Apenas para fins comparativos, a média de taxas das 377 operações em IPCA+ são de IPCA+ 6%a.a. Somado a isso, se utilizarmos essa mesma taxa ofertada pelo FINEP em comparação com a taxa de juros SELIC vigente pelos anos de 2015-2016 – período que a taxa SELIC estava acima dos 14% a.a. – a taxa TJLP da época ficou entre 5.5% e 7.5% a.a.[15]. O que mostra que tal diferencial de taxas já foi muito mais vantajoso para companhias com gastos em PD&I que conseguiam acessar taxas ligadas à TJLP e conseguiam utilizar seus gastos nestas linhas de fomento. Ao falarmos de prazos, o FINEP tem linhas que alcançam 240 meses de prazo total (ou 20 anos) e carência máxima de 48 meses (ou 4 anos). Relembrando, quando falamos das debêntures incentivadas, o único regramento com relação à prazos é o prazo médio mínimo de 4 anos, sendo flexível em forma pagamento de juros e principal, deixando a cargo do mercado e da ótica de risco serem os principais fatores para os prazos máximos de emissão. Nas emissõees de debêntures incentivadas, temos emissões de 4, 5 anos (as de menores prazos) e até 25 anos nas operações de maior prazo. A mediana das emissões analisadas foi de 10.1 anos. Aqui o perfil do projeto é intimamente ligado

[14] FINEP. Disponível em http://www.finep.gov.br/images/a-finep/Condicoes_Operacionais/tabelas_CondicoesOperacionais.pdf. Acessado em 08 de abril de 2021

[15] BNDES. Disponível em https://www.bndes.gov.br/wps/portal/site/home/financiamento/guia/custos-financeiros/taxa-juros-longo-prazo-tjlp. Acessado em 08 de abril de 2021.

dado que as operações mais longas estão ligadas à projetos de infraestrutura em energia elétrica, com fluxos mais claros de recebimentos, baixa volatilidade e uma maior previsibilidade do fluxo financeiro.

Um último ponto importante de reforçarmos, é que não se trata apenas de indexadores, preços e prazos. A burocracia, manuais e editais no FINEP também são relativamente mais simples e com um nível de "auto-serviço" maior para uma independência maior das companhias se comparada com o processo e rito todo de uma emissão de debênture 12.431, desde a sua aprovação até de fato a emissão como já vistos na seção 1 do presente trabalho. A grande discussão ou pergunta que paira então é, se há uma linha relativamente simples de acessar, com editais claros, taxas e prazos super competitivos e 100% dedicado à PD&I, por que ela diferencia em termos de importância e tamanho se comparada ao BNDES? A resposta aqui, de forma prática e comparando exclusivamente com o banco de desenvolvimento, é por conta de um menor nível de capilaridade e repassadores bancários como ocorre com o BNDES, onde todos os grandes bancos locais são repassadores destas linhas, fazendo com o que o sistema seja "irrigado" e fazendo com que o dinheiro chegue de fato na ponta das empresas.

Outro mecanismo que se é bastante utilizado localmente são leis de incentivo com base em desonerações e/ou subsidios com viés de fomentar a produção de pesquisa, desenvolvimento e inovação. Lei do Bem (Lei nº 10.973/2004), Lei de Inovação (Lei no 11.196/2005), criadas na primeira parte da década dos anos 2000 e desonerações específicos tais como o Inovar-Auto e a A Lei de Novos Projetos no Setor Automobilístico de 2011 são algumas das iniciativas que podemos citar que foram criadas com o pensamento de fomento do esforço privado em gastos com PD&I visando um aumento de produtividade local e por fim, um aumento no bem estar da sociedade como um todo. Porém, como foi apresentado no excelente artigo do IPEA escrito por Glauter Rocha e André Rauen:

> Nossos resultados apontam que a desoneração adicional recente, apesar de vultosa, não alterou o comportamento das empresas em relação a P&D e inovação na direção esperada, apenas deu alívio fiscal a uma atividade que já seria executada pelo setor privado. Ademais, parece ter produzido um mix de subsídio (direto versus indireto) pouco eficaz, que, reduzindo a margem para o apoio direto, gerou uma ligeira diminuição do gasto privado, em relação ao que teria sido sem a ocorrência das desonerações adicionais. Em outras palavras, o aumento da isenção à inovação não apenas gerou um efeito substituição como diminuiu o investimento empresarial total em P&D.[16]

Assim sendo, como fechamento da seção é possível afirmar que de fato tais linhas eram concorrentes se comparadas com as emissões privadas porém, dado a redução dos juros como um todo e uma redução desse fomento por vias públicas, a emissão privada torna-se atrativa. Neste atual momento, vale nosso estudo se debruçar na existência ou não deste gasto com pesquisa, desenvolvimento e inovação por parte das empresas para verificarmos se há de fato lastro potencial para que emissões de debêntures incentivadas se justifiquem.

3. Um levantamento preliminar sobre o potencial volume financeiro de emissão de debêntures regidas sob a Lei 12.431/11

No Brasil é senso comum o pensamento de que não temos produção de tecnologia, pesquisa, desenvolvimento e inovação de

[16] Rocha, G.; Rauen, A. Mais desoneração, mais inovação? Uma avaliação da recente estratégia brasileira de intensificação dos incentivos fiscais a pesquisa e desenvolvimento. Brasília: IPEA, 2018. n. 2.393, p. 46. Texto para discussão.

forma local, apenas importamos tecnologias já existentes e as montamos aqui no país. Precisamos aprofundar com dados para verificar tais afirmações dado que essa potencial "crença popular" pode ser também mais um dos fatores para não ter havido emissões de debêntures 12.431 com base em PD&I. Algo culturalmente difundido que impactaria este mercado dado que, sabidamente o Brasil teve seu crescimento fortemente ligado ao processo produtivo de commodities primárias com foco em sua exportação e ao mesmo tempo, segundo afirma Conceição (2015)[17], tem diminuído os esforços ligados à tecnologia de ponta (alta tecnologia).

Trazendo mais insumos para a discussão, o gráfico 8 abaixo nos apresenta, o volume de dispêndio com PD&I desde os anos 2000 até 2018 com a quebra de dispêndio privado (nosso foco) e dispêndio público, além da representatividade total em percentual do PIB daquele ano. Alguns pontos importantes para destacar: o primeiro deles é que o volume de gasto com PD&I é constantemente crescente até 2015, tendo atingido um "platô" de gasto de 2015 até 2018; o segundo ponto de destaque é que o dispêndio privado, na média, representou 47,49% dos gastos totais com PD&I; o terceiro e último ponto é a representatividade dos gastos com relação ao PIB em torno de 1,10% do total do PIB, chegando, na nossa histórica no máximo a 1,34% do PIB.

[17] Conceição, C. S. Desenvolvimento industrial e mudança estrutural: tendências recentes observadas nas indústrias mundial e brasileira. Indicadores Econômicos FEE, v. 43, n. 2, p. 43-60, 2015

Gráfico 8 – Brasil: Dispêndio nacional em pesquisa e desenvolvimento (P&D), em relação ao total de P&D e ao produto interno bruto (PIB), por setor institucional de 2000 até 2018. Valores em R$ bilhões.

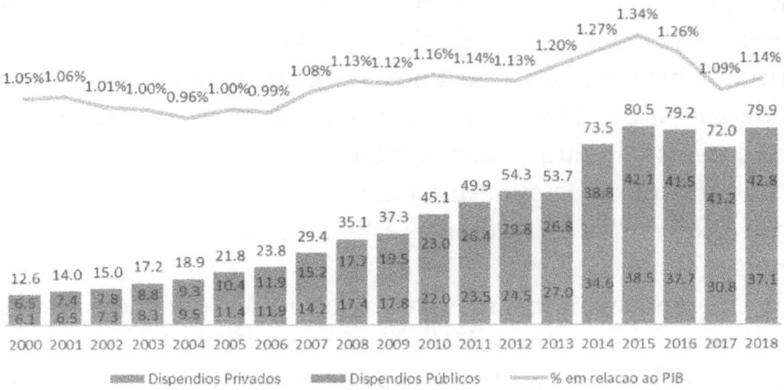

Fonte: Ministério da Ciência, Tecnologia, Inovações e Comunicações (MCTIC). Disponível em https://antigo.mctic.gov.br/mctic/opencms/indicadores/detalhe/recursos_aplicados/indicadores_consolidados/2_1_3.html. Acessado em 09 de abril de 2021. Elaboração do autor.

De forma comparativa com outros países, como apresentado por Rocha e Rauen (2018), o Brasil é periférico em intensidade de gasto com PD&I na sua razão do total do PIB ou mesmo pelo número de patentes concedidas ao longo do tempo, porém isso de nenhuma maneira invalida nossa tese da existência de um volume potencial existente para que haja emissões de debêntures com base na lei 12.431/2011. Assim sendo, o ponto relevante e de destaque para o nosso presente estudo é a existência de mais de R$ 37 bilhões em 2018 de dispêndio anual em PD&I por parte das empresas. Além disso, se extrapolarmos os dados até 2020 com o PIB de R$ 7.4 trilhões reportados pelo IBGE[18] e

[18] IBGE. Disponível em: https://www.ibge.gov.br/explica/pib.php#:~:text=O%20PIB%20do%20Brasil%20em,%24%202%20003%2C5%20bilh%C3%B5es. Acessado em 09 de abril de 2021.

utilizarmos as médias de gasto percentual do PIB com PD&I e a representatividade do privado com relação ao todo, temos aproximadamente R$ 39 bilhões de gasto com o tema no último ano.

Ora, este volume de um ano de gasto de pesquisa, desenvolvimento e inovação por parte das empresas é semelhante ao volume todo emitido em debêntures incentivadas em 2019, como apresentado no gráfico 2. Além disso, de maneira agregada, devemos multiplicar esse valor pelo número mínimo de quatro anos exigidos por lei para a emissão das tais debêntures de tal forma que o volume potencial todo – considerando que, 100% dos gastos fossem passíveis de se tornar lastro das debêntures e que 100% das empresas pudessem emiti-las – fique em torno de R$ 120 até R$ 160 bilhões. Tais volumes, mesmo que estejamos falando apenas de uma fração disso nos dá indícios de que, de maneira macroeconomicamente agregada, há potencial de mercado suficiente para que emissões de debêntures lastreadas em pesquisa, desenvolvimento e inovação sejam emitidas com base na lei 12.431/2011. Isso é super importante termos em mente pois nos dá os limites "máximos e mínimos" deste mercado, porém não é suficiente e vale aprofundarmos no nível micro de empresas. Esta etapa nos será de grande valia como validadora e "guia-mestre" para nossa estimativa por empresa deste potencial, até porque, dados no nível de empresas só estão disponíveis de empresas S.A e de capital aberto, além disso, o gasto com PD&I nem sempre é aberto, dificultando nosso estudo.

3.1. O estudo feito. Strategy&Co e Valor Economico

Para chegarmos no nível micro das empresas, utilizamos com base o anuário "Valor Inovação Brasil" realizado pelo Valor Econômico e pela consultoria internacional Strategy&, ex-Booz&Company e atual companhia parte do grupo PwC. O anuário e premiação já está na sua sexta edição e compõe critérios de participação e metodologia de pesquisa para que os inscritos sejam ranqueados e as 150 empresas mais inovadoras sejam destaque, além de destaques e rankings menores por verticais setoriais.

Os cortes dados como critérios de participação são: "As empresas participantes precisam ter pelo menos 5% de participação privada em seu capital e com receita líquida no Brasil acima de R$ 500 milhões em um dos dois últimos anos fiscais."[19] E, segundo o website dedicado à premiação, "A elaboração do ranking se baseia em cinco pilares da cadeia de inovação: intenção de inovar, esforço para realizar a inovação, resultados obtidos, avaliação do mercado e geração de conhecimento."[20]. Na figura 1 abaixo trazemos um detalhamento dos 5 pilares de inovação analisados pela consultoria.

Figura 1 – Pilares dos critérios de metodologia de avaliação de empresas participantes do ranking "Valor Inovação Brasil" 2020

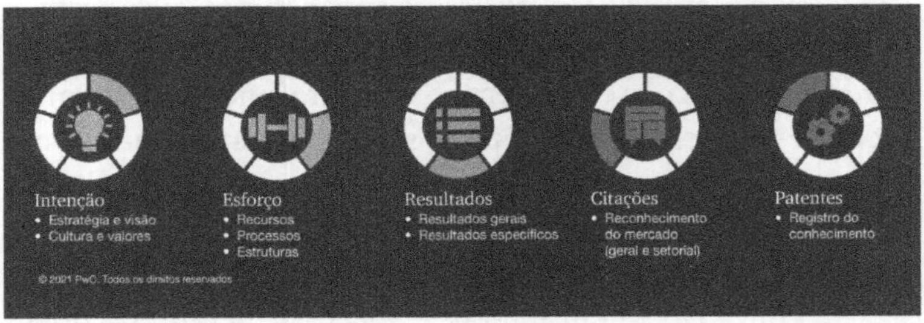

Fonte: Valor Econômico e Strategy&. Disponível em: https://www.strategyand.pwc.com/br/pt/inovacao-brasil-2021.html. Acessado em 24 de abril de 2021.

[19] Valor Econômico e Strategy&. Disponível em: https://www.strategyand.pwc.com/br/pt/inovacao-brasil-2021.html. Acessado em 24 de abril de 2021.

[20] Valor Econômico e Strategy&. Disponível em: https://www.strategyand.pwc.com/br/pt/inovacao-brasil-2021.html. Acessado em 24 de abril de 2021.

Em resumo, grandes empresas com presença local, um nível sólido de governança corporativa e um modelo com indicadores qualitativos e quantitativos para tratar de inovação. Além disso, 23 setores foram categorizados que vão desde setores sabidamente intensivos em inovação como eletroeletrônica, telecomunicações e tecnologia da informação até setores menos óbvios como o setor de energia elétrica, comércio e vestuário e mineração, metalurgia e siderurgia. A quebra e divisão por setores nos será importante para nossa análise potencial feita e que será detalhada no tópico seguinte do presente estudo.

Importante frisarmos aqui os principais dados e volumetrias da pesquisa do ano de 2020 em que 214 empresas se inscreveram e delas, "86% têm receita acima de R$ 1 bilhão. Nos últimos dois anos, o número de inscritas com faturamento acima de R$ 5 bilhões saltou de 33% para 45%. Das novas empresas que ingressaram no ranking, a maior porcentagem (12%) é do setor de Comércio e Vestuário."[21]. este último trecho já é possível afirmar ser reflexo de ações das empresas do setor face a pandemia de coronavírus que vivemos no Brasil desde março de 2020.

Por fim, para nossa estimativa e análise do tamanho do dispêndio em inovação por parte das 150 empresas mais inovadoras que será explorada e aprofundada no tópico a seguir, utilizamos algumas premissas do anuário de 2017 do qual se foi aberto o percentual com relação ao faturamento das top 10 empresas mais inovadoras e o percentual gasto médio daquele setor com inovação com relação à inovação.

[21] Valor Econômico. Disponível em: https://valor.globo.com/inovacao/noticia/2020/09/17/valor-premia-hoje-as-empresas-campeas-da-inovacao-sembarreira.ghtml. Acessado em 24 de abril de 2021

3.2. O mercado potencial e como foi estimado

A análise do mercado potencial se utilizou do gasto percentual médio em inovação daquele setor com relação ao faturamento da companhia. Então, em termos práticos, temos em sua grande maioria das 150 maiores empresas inovadoras um percentual de gasto com inovação entre 1% até 5% do seu faturamento anual. Apenas 2 das empresas que destoam e que temos o percentual de 10% (Embraer e Aché Laboratórios) por conta da abertura empresa a empresa das top 10 no 4ª anuário do Valor de 2017. Algo que foi retirado para os anos seguintes. Assim, temos uma proxy e uma certa defasagem, mas que para fins didáticos de estimativa do mercado potencial de dispêndio com PD&I é interessante. Além disso, o autor foi conservador sempre utilizando o menor percentual da indústria para todas as 150 empresas, sabendo que existem nuanças e diferenças entre as empresas, porém pela não abertura da informação empresa a empresa, decidiu-se por ser conservador e aplicar o menor percentual da indústria para todas as empresas.

Antes de entrarmos na "numerologia" do potencial, outras duas análises feitas e que retomam o item 3.2 do presente trabalho são se: i) as 150 empresas já acessaram anteriormente o mercado de capitais com emissão de debêntures e; ii) se as 150 empresas já acessaram o FINEP. Essas duas informações qualitativas podem nos fornecer dois pensamentos interessantes. O primeiro deles seria a facilidade de uma companhia que já emitiu uma debênture anteriormente, emitir novamente, dada sua experiencia prévia e por já ter passado pelo "rito" documental todo descrito no início deste estudo. O segundo ponto (o acesso prévio ao FINEP) pode nos levar a duas conclusões distintas que, por mais que a cia já conheça o rito interno do FINEP e suas exigências (obrigatórias para também a emissão de uma debênture 12.431 com a portaria ministerial do MCTI), porém esse conhecimento também leva a ser uma competição entre instrumentos – tema debatido no item 3.2.

Por fim, outro ponto relevante prévio foi que, para encontrar os faturamentos das 150 empresas o autor utilizou-se da ferramenta de software "Capital IQ" da Standard & Poors, renomada agência internacional de rating. Quando não foi possível encontrar no Capital IQ, a pesquisa seguiu nos sites das companhias, diários oficiais e anuários jornalísticos como o Estadão Empresas Mais (ranking empresarial). Além disso, sempre se buscou pela última divulgação de resultados – atualmente dezembro de 2020, porém poucos casos utilizou-se o dado do faturamento do encerramento do ano de 2019 e de 2018. Importante ressaltar também que todos os faturamentos estão em reais e as informações tanto do FINEP quanto das emissões de debêntures são datadas de abril de 2021 com base de março de 2021 e, para ciência metodológica, o cruzamento realizado foi do CNPJ "cabeça do grupo econômico" logo, podem existir grupos com mais de um CNPJ e mais de uma empresa que não foi considerada a participação do mercado de capitais e/ou FINEP. Somado a isso, a base utilizada é de debêntures em aberto e não vencidas no mercado[22], isso significa que, caso uma empresa tenha emitido no passado e não está com nenhuma debênture em aberto, consideramos que ela não acessou o mercado de capitais. Além disso, focamos apenas debêntures e não demais instrumentos do mercado de capitais como os certificados de recebíveis do agronegócio ou imobiliários (CRA e CRI respectivamente), fundo de investimentos em direitos creditórios (FIDCs) ou letras financeiras (LFs).

Iniciando a análise, das 150 empresas mais inovadoras segundo a Strategy& e o Valor Econômico, temos que apenas 56 delas já acessaram o mercado de capitais para emissão de

[22] Anbima. Disponível em: http://www.debentures.com.br/exploreosnd/consultaadados/emissoesdedebentures/caracteristicas_r.asp?tip_deb=publicas&op_exc= Acessado em 22 de abril de 2021

debêntures e que possuem o instrumento em aberto e 94 delas ainda não acessaram ou já emitiram debêntures no passado e não estão com nenhuma debênture em aberto no momento. Aprofundando nesta análise, das 94 que ainda não acessaram 41 delas não temos a informação de faturamento. Combinando ambas as informações e analisando o perfil das empresas vemos que grande parte delas são empresas multinacionais com uma presença em formato de companhia limitada localmente (por isso da falta de informação sobre o faturamento e da não presença do mercado de capitais local – seja por uma determinação expressa pela matriz e uma diretriz global, seja pelo porte local ser pouco representativo para uma emissão de debêntures). Exemplos aqui neste caso são: Robert Bosch LTDA e Nestlé Brasil LTDA. Ao analisarmos pelo outro ângulo (empresas que não estão com debêntures em aberto, porém são S.A. e com dado de faturamento) temos 53 empresas. A característica geral são empresas são excelentes empresas (forte geradoras de caixa, setores da economia resilientes e com baixo nível de endividamento) e suas possibilidades de bancarização e tomada de dívida são de capacidade internacional – exemplos aqui são o Hospital Israelita Albert Einstein. Porém não devemos nos ater tanto nesta análise pois, conforme comentado, muitas "concessões metodológicas" foram feitas, pegando apenas uma fotografia atual (operações não vincendas) de parte do mercado de capitais (apenas debêntures).

O segundo ponto qualitativo da análise que deve ser feito é com relação ao acesso ao FINEP. Das 150 empresas, 102 delas (ou 68% da nossa amostra) não acessou o FINEP. Ao analisarmos as 48 que já acessaram existem grandes empresas de capital aberto na B3 inclusive tais como Positivo Tecnologia S.A. (POSI3) e Natura (NTCO3) dos mais variados setores. Esta última reforça nosso ponto de uma linha concorrente com patamares de juros bem menores que os juros praticados pelo mercado pois captou R$ 205 milhões com o FINEP[23] para o plano de investimento em inovação da companhia entre os anos de 2013 e 2015. Pelo volume, prazo e porte da companhia, teriam totais possibilidades de serem fomentados pelo mercado privado de debêntures incentivadas. Apenas para controle metodológico, utilizamos a base de projetos contratados dentro do portal do FINEP[24] e, semelhante feito ao de debêntures, cruzamos o CNPJ "cabeça de grupo".

Dando sequência na análise, agora partiremos para entender se i) existe volume potencial com gasto em pesquisa, desenvolvimento e inovação por parte das 150 empresas mais inovadoras e ii) verificar se este volume está em linha com o nível macro apresentado no gráfico 8 do presente trabalho. Das 150 empresas mais inovadoras segundo metodologia da Strategy& e Valor Econômico, temos informações de faturamento 109 delas. As 41 que não encontramos informações são em sua maioria empresas multinacionais que a subsidiária local é uma LTDA, o que para fins de estimativa potencial de lastro para emissão de debêntures 12.431 não impacta na análise já que a empresa precisa ser antes uma S.A. para acessar o mercado de debêntures. Além disso, apenas como reforço de nota metodológica, utilizamos o último faturamento anual encontrado, não sendo mais antigo que dezembro/18, logo, temos os dados atualizados e recentes de faturamento dessas empresas. Para se ter dimensão, 104 das 150 empresas estamos com os dados de dezembro/19 ou dezembro/20 (último disponível pelos balanços das companhias em abril de 2021). Assim sendo, feitos tais *disclaimers* temos um potencial gasto aplicado total das 109 empresas que temos as informações de faturamento, de 38,2 bilhões de reais

[23] FINEP disponível em: http://finep.gov.br/noticias/todas-noticias/4267-finep-libera-r-205-milhoes-para-inovacao-na-natura. Acessado em 01 de maio de 2021

[24] FINEP disponível em: http://www.finep.gov.br/transparencia-finep/projetos-contratados-e-valores-liberados Acessado em 22 de abril de 2021

e um potencial mínimo de emissão (extrapolando os R$ 38,2 por 4 anos) de R$ 152,75 bilhões. Esses volumes estão muito em linha com o trazido no gráfico 8 – se atualizarmos o volume de 2018 de 37,1 bilhões de reais apenas pela inflação IPCA acumulada até 2020, teríamos o volume de 41,8 bilhões de reais. Logo, importante destacar que, apesar de ser uma estimativa por setor do gasto com PD&I das 150 maiores empresas segundo um ranking privado, nossos pontos "se conversam" sejam em um nível agregado macro, seja em um nível micro. Obviamente, não podemos esquecer de todas as outras empresas que investem em PD&I mas que não participaram do ranking ou não estiveram presentes entre as 150 maiores por algum dos cortes metodológicos realizados pela consultoria e que fariam parte da diferença entre os 38,2 bilhões de reais e os 41,8 bilhões de reais atualizados. Outro fator de destaque é que, essa concentração nos principais 150 nomes é benéfica do ponto de vista de construção e validação de uma emissão de debênture 12.431 com lastro em pesquisa, desenvolvimento e inovação a partir do momento em que existe o interesse da companhia em desbravar e ser "*first mover*" deste mercado. Aqui, o auxílio das companhias e dos entes privados na construção em conjunto e na melhoria e sugestão de leis pode fazer muito bem na modernização do arcabouço jurídico e no bom desenvolvimento dos entes públicos.

Além dos grandes números e do potencial agregado das 150 maiores empresas mais inovadoras, conseguimos extrair importantes informações setoriais que seguem abaixo conforme apresentado no gráfico 9.

Gráfico 9 – Gasto estimado em PD&I por setor

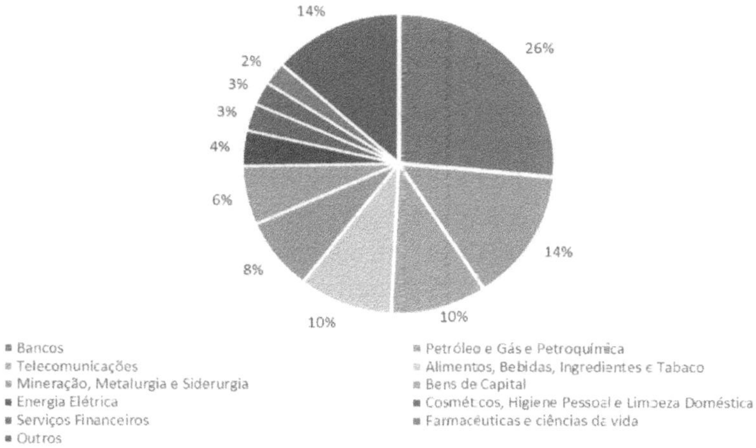

Fonte: Valor Econômico e Strategy& para definição dos setores e estudo e gráfico realizados pelo autor com metodologia previamente descrita.

Uma das primeiras informações que nos saltam aos olhos são que o setor bancário representa 26% (pouco mais que ¼) dos gastos com pesquisa, desenvolvimento e inovação e isso pode ser explicado tanto pelo passado inflacionário que o Brasil teve tanto pelo presente/futuro com o setor sendo altamente atacado por *startups* e *fintechs*, além de inovações dentro do internet banking e de inovações e mudanças de regulamentação como as agendas BC+ e BC#, que por sí só seriam objetos de um trabalho de conclusão de curso. Um terceiro fator que explica o investimento alto em tecnologia por parte dos bancos são mudanças e inovações dentro de linhas de negócios específicas tais como o mercado de meios de pagamentos (quebra do duopólio até pagamentos instantâneos e por aproximação) e no mercado de investimentos (com o avanço do mobile banking e a "explosão" de corretoras digitais independentes de bancos tradicionais dando acesso ao varejo os produtos de investimentos). Tais conceitos e aprofundamento não serão objetos de aprofundamento deste estudo, apesar de serem muito interessantes, eles podem ser explorados no referencial teórico do trabalho de Rodrigo C. Carvalho, "Inovação no sistema financeiro: Estudo de caso de banco de varejo brasileiro" de 2019[25]. Além desse embasamento teórico do setor, importante também trazermos dados da indústria e para tal, o gráfico 10 abaixo nos mostra que o orçamento dos bancos para tecnologia teve 24% de crescimento em 2019 se comparado ao seu ano anterior e com destaque de crescimento nos investimentos – de 48%. As principais categorias que houve acrescimento de orçamento de investimentos foram em ATMs, softwares e ambiente distribuído e mainframes.

[25] Carvalho, Rodrigo C. Inovação no sistema financeiro: Estudo de caso de banco de varejo brasileiro. São Paulo, 2019. Disponível em: https://fia.com.br/wp-content/uploads/2019/05/Rodrigo-Caldoncelli-Carvalho_Vers%C3%A3o-Final_MPROF4.pdf. Acessado em 08 de maio de 2021.

Gráfico 10 – Orçamento em tecnologia em R$ bilhões

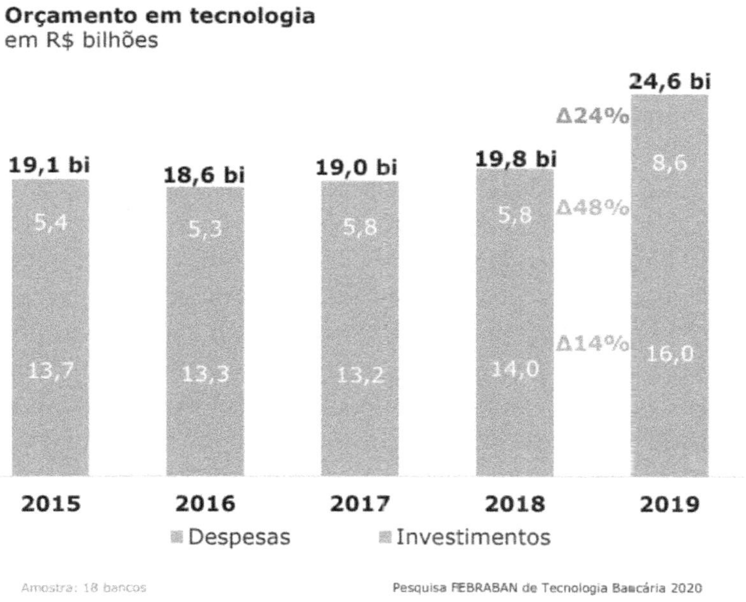

Fonte: Deloitte Touche Tohmatsu e Febraban, disponível em: https://noomis.febraban.org.br/temas/inovacao/investimentos-de-bancos-com-tecnologia-aumentam-48. Acessado em 08 de maio de 2021.

Outra análise interessante que retiramos é que as top 3 indústrias (bancária, petróleo e gás e petroquímica, e telecomunicações) representam 50% dos gastos com pesquisa, desenvolvimento e inovação. Isso faz sentido ao olharmos o histórico recente do Brasil e nos próximos anos. A indústria de óleo e gás é fortemente impactada pela Petrobrás. seja pelo seu tamanho de +240 bilhões de reais em faturamento, seja pelos seus gastos para a contínua exploração do pré sal. Além disso, no próprio site da companhia eles possuem 12 frentes estratégicas ligadas à inovação e tecnologia, que vão desde abertura de novas fronteiras exploratórias até uma transição para matriz de baixo carbono[26]. Sobre a indústria de telecomunicações, temos uma constante evolução e promissor mercado tanto da fibra ótica irrigando as grandes metrópoles e capitais quanto indo para o interior dos estados e do país como um todo com papel tanto das chamadas "big telcos" (Vivo, Oi, Tim, Claro Brasil) quanto das ISPs – empresas de telecomunicações regionais e menores em quantidade de usuários, mas que ainda assim estão se expandindo (tais como: Brisanet, America Net, Sumicity, Vero, entre outras) e sendo inclusive alvo de notícias do mercado de capitais tanto no mercado de debêntures quanto no mercado de IPOs e abertura de capital[27]. Aliado a essa expansão da fibra e seu entendimento como essencial em um mundo cada vez mais conectado, também existe a discussão do 5g e dos leilões de banda larga que deverá ocorrer em julho de 2021 segundo o governo[28] e que terá um potencial disruptivo em internet das coisas e um novo ciclo de PD&I promissor.

Por fim, nesta etapa final do trabalho, conseguimos apresentar dados e estimativas sólidas que referendam os dados macroeconômicos e que refletem um mercado potencial muito "quente" no atual momento e que refletem o que vemos e vivemos no Brasil (forte inovação bancária, petrolífera e de telecomunicações). Além disso, encontrar os potenciais nomes emissores de debêntures 12.431 com base no lastro dos gastos com PD&I pode vir a ser importante para entender também do lado emissor as dificuldades de uma emissão de debêntu-

[26] Petrobras. Disponível em: https://petrobras.com.br/pt/nossas-atividades/tecnologia-e-inovacao/. Acessado em 8 de maio de 2021.

[27] Teletime. Disponível em: https://teletime.com.br/20/04/2021/ipo-da-brisanet-um-caminho-natural-aos-isps-mas-debentures-devem-ser-o-primeiro-passo/. Acessado em 08 de maio de 2021.

[28] Agência Brasil. Disponível em: https://agenciabrasil.ebc.com.br/geral/noticia/2021-05/leilao-do-5G-deve-ocorrer-em-meados-de-julho-diz-secretario. Acessado em 08 de maio de 2021.

res 12.431 e ajudar, em conjunto com os demais atores privados envolvidos em uma operação deste tipo (bancos, securitizadoras e advogados) uma solução para destravar este valor e construir com os entes públicos (FINEP, ministério e legislativo) o arcabouço adequado.

Conclusões

O presente trabalho buscou apresentar de maneira holística as possibilidades de destravamento de valor por meio de um instrumento de mercado de capitais para uma cadeia inteira que não se limita a uma única indústria. Além disso, através de dados macroeconômicos e estimativa no nível microeconômico das firmas, também estimou o que seria este potencial mercado em termos de volume financeiro.

Vimos que o mecanismo criado pela lei 12.431/2011 foi muito bem sucedido e de fato tracionou o mercado de debêntures e o mercado privado de dívidas, principalmente voltado para o investimento em infraestrutura, avançando e amadurecendo muito este mercado que previamente era majoritariamente realizado pelos entes públicos. Porém vimos também que as regras gerais descritas pela lei não se mostram possíveis ou mesmo eficientes quando falamos dos gastos de pesquisa, desenvolvimento e inovação – seja pela obrigatoriedade da criação de uma SPE, seja pelo processo burocrático que inclui mais um ente público, que também tem o papel de financiador, assim sendo torna o processo mais moroso e até potencialmente conflituoso.

Importante ressaltar também as perspectivas futuras são animadoras, seja pelo amadurecimento e um mercado de dívida privada mais consolidada e com mais investidores pelo aumento de corretoras para o varejo, seja pelo cenário de juros em mínimas históricas, o que anima e dá maior previsibilidade para companhias emissoras de dívidas de longo prazo além de tornar taxas de mercado mais competitivas se comparadas com as taxas subsidiadas do governo. Um terceiro ponto animador é o mercado de empresas de tecnologia e startups maior e mais amadurecido e vendo o mercado de capitais como uma excelente alternativa, vide pelo momento do último em que tivemos os IPOs na Bolsa de Valores local (B3) de Locaweb, Meliuz, Neogrid, Mosaico, Mobly, Enjoei, Westwing, Bemobi, Infracommerce e Get Ninjas além de outras que acessaram o mercado estrangeiro.

Por fim, o trabalho atual não tem um fim em sí mesmo ou se esgota aqui dado que existem possibilidades reais do desenvolvimento de mais esse "bolso", como dito no jargão do mercado financeiro, beneficiando investidores, empresas emissoras e até mesmo o próprio governo (seja por uma ótica de redução do dispêndio com taxas subsidiadas – tema também debatido, seja pela ótica do papel de PD&I no desenvolvimento do país impactando de forma positiva a educação, ciências, o ambiente de negócios e obviamente a economia).

Referências

ABRAO, Bernardo Felipe. As Debêntures de Infraestrutura como novo instrumento propiciador do investimento privado no Brasil – Regime jurídico. São Paulo, 2013. Monografia – LLM em Direito Societário. Insper Instituto de Ensino e Pesquisa

AGÊNCIA BRASIL, Brasilia – DF, 05 de maio de 2021. <https://agenciabrasil.ebc.com.br/geral/noticia/2021-05/leilao-do-5G-deve-ocorrer-em-meados-de-julho-diz-secretario>. Acessado em 08 de maio de 2021.

AMARAL, José Romeu Garcia do. Regime jurídico das debêntures, – 2. ed. – São Paulo: Almedina, 2016.

ASSOCIAÇÃO NACIONAL DAS ENTIDADES DOS MERCADOS FINANCEIRO E DE CAPITAIS – ANBIMA Boletim do Mercado de Capitais. Disponível em: <https://www.anbima.com.br/pt_br/informar/relatorios/mercado-de-capitais/boletim-de-mercado-de-capitais/emissoes-no-mercado-de-capitais-em-julho-registram-volume-de-r-34-bilhoes.htm>

ASSOCIAÇÃO NACIONAL DAS ENTIDADES DOS MERCADOS FINANCEIRO E DE CAPITAIS – ANBIMA Tudo sobre debêntures. Disponível em <https://d335luupugsy2.cloudfront.net/cms/files/43228/1551270681e-book_mercado_de_capitais_2019.pdf>. Acesso em 15 de agosto de 2020

ASSOCIAÇÃO NACIONAL DAS ENTIDADES DOS MERCADOS FINANCEIRO E DE CAPITAIS – ANBIMA.: banco de dados Volume e quantidade por Período. Disponível em:<https://www.anbima.com.br/pt_br/informar/estatisticas/mercado-de-capitais/projetos-e-emissoes-incentivadas-lei-12-431-consolidado-historico.htm>. Acessado em: 27 de março de 2021

ASSOCIAÇÃO NACIONAL DAS ENTIDADES DOS MERCADOS FINANCEIRO E DE CAPITAIS – ANBIMA.: Lei nº 12.431/11 Portarias Ministeriais – Requisitos, de 31 de outubro de 2017. Disponível em: < https://www.anbima.com.br/data/files/22/87/4C/18/2511B510CD3B4DA568A80AC2/PortariasMinisteriais12431_Requisitos.pdf>. Acessado em 05 de Abril de 2021.

ASSOCIAÇÃO NACIONAL DAS ENTIDADES DOS MERCADOS FINANCEIRO E DE CAPITAIS – ANBIMA. Emissões de debêntures incentivadas (lei 12.431/2011): banco de dados. Disponível em: <http://www.debentures.com.br/exploreosnd/consultaadados/volume/volumeporperiodo_f.asp>. Acesso em: 06 de março de 2021

ASSOCIAÇÃO NACIONAL DAS ENTIDADES DOS MERCADOS FINANCEIRO E DE CAPITAIS – ANBIMA. Emissões de debêntures: banco de dados. Características das Debêntures Públicas. <http://www.debentures.com.br/exploreosnd/consultaadados/volume/volumeporperiodo_f.asp>. Acesso em: 22 de abril de 2021

BANCO CENTRAL DO BRASIL. Metas para a taxa Selic. <https://www.bcb.gov.br/controleinflacao/taxaselic>. Acessado em 06 de abril de 2021.

BANCO CENTRAL DO BRASIL. Banco de dados Taxas de juros básicas – Histórico: <https://www.bcb.gov.br/controleinflacao/historicotaxasjuros>. Acessado em 06 de abril de 2020.

BANCO NACIONAL DO DESENVOLVIMENTO – BNDES, Evolução do desembolso do BNDES, 2018. <https://www.bndes.gov.br/wps/portal/site/home/transparencia/estatisticas-desempenho/desembolsos/desembolsos-nos-anos-anteriores>. Acessado em 07 de abril de 2021.

BANCO NACIONAL DO DESENVOLVIMENTO – BNDES, Taxa de juros de longo prazo – TJLP, 2021. <https://www.bndes.gov.br/wps/portal/site/home/financiamento/guia/custos-financeiros/taxa-juros-longo-prazo-tjlp>. Acessado em 08 de abril de 2021.

BARBOSA, Fernando de Holanda; CAMELO, Felipe Diogo; JOAO, Igor Custodio. A Taxa de Juros Natural e a Regra de Taylor no Brasil: 2003-2015. Rev.

Bras. Econ., Rio de Janeiro , v. 70, n. 4, p. 399-417, Dez. 2016 . Disponível em <http://www.scielo.br/scielo.php?script=sci_arttext&pid=S0034--71402016000400399&lng=en&nrm=iso>. Acessado em 06 Abril de 2021.

Bercovici, G. Ciência e inovação sob a Constituição de 1988. Revista dos Tribunais – RT, v. 101, n. 916, p. 267-295, fev. 2012.

Borba, José, E T. Das Debêntures. Rio de Janeiro: Renovar, 2005.

BRASIL. (1976). Lei nº6.404, de 15 de dezembro de 1976. Disponível em: < http://www.planalto.gov.br/ccivil_03/leis/l6404consol.htm>

BRASIL. (2011). Lei nº12.431, de 24 de junho de 2011. Disponível em: < http://www.planalto.gov.br/ccivil_03/_ato2011-2014/2011/lei/l12431.htm>

BRASIL, Ministério da Ciência, Tecnologia, Inovações e Comunicações (MCTIC). Brasil: Dispêndio nacional em pesquisa e desenvolvimento (P&D), 2019. <https://antigo.mctic.gov.br/mctic/opencms/indicadores/detalhe/recursos_aplicados/indicadores_consolidados/2_1_3.html>. Acessado em 09 de abril de 2021.

BRASIL, Ministério da Economia, Boletim Informativo das Debêntures Incentivadas. Disponível em: < https://www.gov.br/economia/pt-br/centrais-de-conteudo/publicacoes/boletins/boletim-de-debentures--incentivadas/2020/boletim-de-debentures-incentivadas-julho-2020.pdf>. Acesso em 15 de Agosto de 2020

Carvalho, Rodrigo C. Inovação no sistema financeiro: Estudo de caso de banco de varejo brasileiro. São Paulo, 2019. <https://fia.com.br/wp-content/uploads/2019/05/Rodrigo-Caldoncelli-Carvalho_Vers%C3%A3o--Final_MPROF4.pdf>. Acessado em 08 de maio de 2021.

Conceição, C. S. Desenvolvimento industrial e mudança estrutural: tendências recentes observadas nas indústrias mundial e brasileira. Indicadores Econômicos FEE, v. 43, n. 2, p. 43-60, 2015.

Coutinho, D. R. O direito no desenvolvimento econômico. Revista Brasileira de Direito Público – RBDP, n. 38, p. 31-34, 2012.

Deloitte Touche Tohmatsu e Febraban,: Investimentos de bancos com tecnologia aumentam 48%, São Paulo, 18 de junho de 2020. <https://noomis.febraban.org.br/temas/inovacao/investimentos-de-bancos-com-tecnologia-aumentam-48>. Acessado em 08 de maio de 2021.

FINANCIADORA DE ESTUDOS E PROJETOS – FINEP. Mapa de Programas e Produtos e Programas e Produtos para todos os portes de empresas e etapas do ciclo de inovação. 2021 <http://download.finep.gov.br/matriz_programas.html>. Acessado em 08 de abril de 2021.

FINANCIADORA DE ESTUDOS E PROJETOS – FINEP. ANEXO 1 – Condições Financeiras / Taxa / Participação. 2021 <http://www.finep.gov.br/images/a-finep/Condicoes_Operacionais/tabelas_CondicoesOperacionais.pdf>. Acessado em 08 de abril de 2021.

FINANCIADORA DE ESTUDOS E PROJETOS – FINEP. Finep libera R$ 205 milhões para inovação na Natura, Rio de Janeiro – RJ, 25 de Novembro de 2013, < http://finep.gov.br/noticias/todas-noticias/4267-finep-libera-r-205-milhoes-para-inovacao-na-natura>. Acessado em 01 de maio de 2021.

FINANCIADORA DE ESTUDOS E PROJETOS – FINEP. Base de dados – Projetos contratados e valores liberados. <http://www.finep.gov.br/transparencia-finep/projetos-contratados-e-valores-liberados>. Acessado em 22 de abril de 2021.

INSTITUTO BRASILEIRO DE GEOGRAFIA E ESTATÍSTICA – IBGE.: Produto Interno Bruto – PIB, 2020. <https://www.ibge.gov.br/explica/pib.php#:~:text=O%20PIB%20do%20Brasil%20em,%24%202%20003%2C5%20bilh%C3%B5es>. Acessado em 09 de abril de 2021.

Lisboa, Marcos. O ajuste fiscal e o problema da meia entrada. Veja Online, 5 de Dezembro, 2014. Disponível em: <https://www.insper.edu.br/noticias/marcos-lisboa-o-ajuste-fiscal-e-o-problema-da-meia-entrada/>. Acessado em 6 de abril de 2021.

Lisboa, Marcos. Vamos ajustar as contas públicas e reduzir a taxa de juros?. Folha de São Paulo, 9 de Setembro, 2016. Disponível em: <https://www1.folha.uol.com.br/colunas/marcos-lisboa/2016/10/1821074-vamos-ajustar-as-contas-publicas-e-reduzir-a-taxa-de-juros.shtml>. Acessado em 6 de abril de 2021.

Molina, Fabiana Ricardo. Do Regime Jurídico das Debêntures. São Paulo, 2019. Monografia – Mestrado em Direito. Pontífica Universidade Católica de São Paulo.

Mussnich, Francisco, A.M. As recentes alterações com respeito à competência para emissão de debêntures. In: Direito Empresarial e outros estudos em homenagem ao Professor José Alexandre Tavares Guerreiro. Coord: Castro, Rodrigo, R.M. DE; Warde Júnior, Walfrido, J.; e Guerreiro, Carolina, D.T. São Paulo: Quartier LAtin, 2013. p. 562.

Pereira Filho, Valdir C.: Haensel, Taimi. A Instrução CVM 476 e as ofertas públicas com esforços restritos. Revista de direito bancário e do mercado de capitais, v. 45, 2009.

PETROBRAS, 2021. <https://petrobras.com.br/pt/nossas-atividades/tecnologia-e-inovacao/>. Acessado em 8 de maio de 2021.

Rocha, G.; Rauen, A. Mais desoneração, mais inovação? Uma avaliação da recente estratégia brasileira de intensificação dos incentivos fiscais a pesquisa e desenvolvimento. Brasília: IPEA, 2018. n. 2.393, p. 46. Texto para discussão.

SECURITIES AND EXCHANGE COMISSION – UNITED STATES. Form F-1 Registration Statement, de 29 de junho de 2020. <https://investors.xpinc.com/static-files/fa65c09c-7ce1-4f8c-bab3-c6a97ed314bb>. Acessado em 7 de abril de 2021.

STRATEGY& VALOR ECONÔMICO, "Valor Inovação Brasil 2019", São Paulo, Junho 2019.

STRATEGY& VALOR ECONÔMICO, "Prêmio Valor Inovação Brasil 2020", Metodologia de Pesquisa, São Paulo, 2020.: < https://www.strategyand.pwc.com/br/pt/inovacao-brasil-2020.html>. Acessado em 24 de abril de 2021.

STRATEGY& VALOR ECONÔMICO, "Prêmio Valor Inovação Brasil 2020", Metodologia de Pesquisa, São Paulo, 2020.: <https://valor.globo.com/inovacao/noticia/2020/09/17/valor-premia-hoje-as-empresas-campeas-da-inovacao-sembarreira.ghtml>. Acessado em 24 de abril de 2021

STRATEGY& VALOR ECONÔMICO, "Prêmio Valor Inovação Brasil 2021", Metodologia de Pesquisa, São Paulo, 2021.: <https://www.strategyand.pwc.com/br/pt/inovacao-brasil-2021.html>. Acessado em 24 de abril de 2021.

Stuber, Walter. O novo regime legal das debêntures no Brasil e as mudanças introduzidas no tratamento tributário desses títutos. Revista Tributária e de Finanças Públicas, São Paulo, ano 19, v. 101, nov.- dez./2011, editora Revistas dos Tribunais, 2011.

TELETIME, IPO da Brisanet: um caminho natural aos ISPs, mas as debêntures devem ser o primeiro passo. São Paulo, de 20 de abril de 2021. <https://teletime.com.br/20/04/2021/ipo-da-brisanet-um-caminho-natural-aos-isps-mas-debentures-devem-ser-o-primeiro-passo/>. Acessado em 08 de maio de 2021.

Torres Filho, Ernani Teixeira; Costa, Fernando Nogueira da. BNDES e o financiamento do desenvolvimento. Econ. soc., Campinas , v. 21, n. spe, p. 975-1009, Dez. 2012 . <http://www.scielo.br/scielo.php?script=sci_arttext&pid=S0104-06182012000400011&lng=en&nrm=iso>. Acessado em 07 de abril de 2021.

Obras complementares

DELLOITE, "Pesquisa, Desenvolvimento e Inovação no Brasil", São Paulo, Maio 2020.

CAMINHA, Uinie. Valores mobiliários. Enciclopédia jurídica da PUC-SP. Celso Fernandes Campilongo, Alvaro de Azevedo Gonzaga e André Luiz Freire (coords.). Tomo: Direito Comercial. Fábio Ulhoa Coelho, Marcus Elidius Michelli de Almeida (coord. de tomo). 1. ed. São Paulo: Pontifícia Universidade Católica de São Paulo, 2017. Disponível em: https://enciclopediajuridica.pucsp.br/verbete/216/edicao-1/valores-mobiliarios

INSTITUTO DE PESQUISA ECONÔMICA APLICADA; BANCO MUNDIAL; ORGANIZAÇÃO PARA A COOPERAÇÃO E DESENVOLVIMENTO ECONÔMICO. Conditions for innovation in Brazil: a review of key issues and policy challenges. Disponível em: <https://www.ipea.gov.br/portal/images/stories/PDFs/TDs/ingles/dp_218.pdf>. Acesso em 15 de agosto de 2020

JUNIOR, Janary. Proposta cria novo tipo de debênture para investimento em infraestrutura. Disponível em < https://www.camara.leg.br/noticias/666202-proposta-cria-novo-tipo-de-debenture-para-investimento-em-infraestrutura/>. Acesso em 15 de Agosto de 2020.

MAYRINK, Raquel de Assis; CAVALCANTE, Pedro Luiz Costa. Pesquisa, desenvolvimento e inovação no Brasil: trajetória recente e desafios. IDP Working Paper, Brasília, n. 7, 2020.

MORETTINI, Felipe Tadeu Ribeiro. Financiamento de longo prazo e desenvolvimento: uma análise da regulação das debêntures de infraestrutura no financiamento nacional entre os anos de 2011 e 2016. 2019. Tese (Doutorado em Direito Econômico e Financeiro) – Faculdade de Direito, University of São Paulo, São Paulo, 2019. doi:10.11606/T.2.2019.tde-07082020-020036. Acesso em: 2020-12-10.

SIQUEIRA, M. G. S. Empresa de propósitos específicos: participação minoritária e controle de contas. In: BARBOSA, D. B. (Org.). Direito da inovação: comentários à Lei Federal de Inovação, Incentivos Fiscais à Inovação, Legislação estadual e local, Poder de Compra do Estado (modificações à Lei de Licitações). 2. ed. Rio de Janeiro: Lumen Juris, 2011.

WAJNBERG, Daniel. Debêntures de infraestrutura: Emissões realizadas e perspectivas. Revista do BNDES, São Paulo, n.41, jun. 2014

YAZBEK, Otavio. Regulação do Mercado Financeiro e de Capitais. 2.ed. Rio de Janeiro: Elsevier, 2009.

ILS – *INSURANCE LINKED SECURITIES*: INSTRUMENTO DO MERCADO DE CAPITAIS COMO MECANISMO DE REDUÇÃO DE RISCO E CUSTO DE CAPITAL NAS OPERAÇÕES DE SEGUROS E RESSEGUROS

Alex Oliveira Branco

1. Introdução

A estrutura de capital de seguradoras e resseguradoras, na maioria dos casos, depende das atividades exercidas pelas companhias e das prerrogativas regulatórias no que tange à dinâmica de um mercado regulado. Elas têm a possibilidade de se financiar com capital próprio ou capital de terceiros[1]. Contudo, as vantagens decorrentes desses métodos de financiamento podem não ser tão benéficas, considerando que: a) caso os recursos próprios sejam utilizados para custo de capital, a perda de autonomia da companhia seria iminente e as avaliações de riscos, quando necessárias, poderiam ter como resultado o entendimento sobre dilapidação patrimonial no sentido

[1] De maneira geral, o termo capital significa recursos. O capital próprio, portanto, denota recursos (financeiros ou materiais) dos proprietários (sócios ou acionistas) aplicados na empresa. O capital de terceiros, por seu lado, significa recursos de outras pessoas (físicas ou jurídicas) aplicados na empresa (Marion, José Carlos. **Contabilidade Básica**. São Paulo: Atlas, 2018).

de ingerência do fluxo de caixa[2] para manter a consistência das atividades, sem investimentos adicionais na estrutura operacional ou b) em caso de utilização de recursos de terceiros, haveria o impacto negativo da alavancagem financeira no balanço patrimonial e isso poderia refletir, sobretudo, no consumidor final que, consequentemente, pagaria mais caro por determinado serviço, tendo em vista o alto custo envolvido na captação desses recursos. A referida captação, quando realizada por intermédio do mercado de capitais, não se difere da definição de capital de terceiros, mas pode reduzir consideravelmente o custo de obtenção.

1.1. Problematização da hipótese de estudo

Nesse contexto, o principal objetivo do presente artigo é analisar eventuais hipóteses de redução de custo de capital das seguradoras e resseguradoras brasileiras, mediante uma vasta pesquisa bibliográfica, considerando a implementação, no Brasil, da possibilidade de financiamento comumente adotada em outros países por intermédio do mercado de capitais, proporcionada pela recente regulamentação da Superintendência Privada de Seguros – SUSEP, relativa ao *Insurance Linked Securities* (ou Letra de Risco de Seguros – LRS). A obtenção dos recursos para o financiamento das atividades e alocação eficiente desses recursos na empresa é o principal objetivo dos gestores financeiros:

> As empresas oferecem produtos e serviços em troca da maximização de retorno aos seus acionistas ou donos do negócio. Pode-se dizer que o 'coração' de uma organização é a administração financeira. Por isso, decisões acertadas de investimento e de financiamento são fundamentais para o seu crescimento. Adquirir esse

[2] Fenômeno conhecido no mercado como "queima de caixa".

> recurso (o dinheiro) a um custo aceitável e investi-lo em aplicações que acrescentem valor é, sem dúvida, o principal objetivo dos gestores financeiros (Casado, 2020. p. 14)[3].

Desta forma, a problemática consistirá em explorar o mecanismo do *Insurance Linked Securities* (ou Letra de Risco de Seguros – LRS) sob a perspectiva de redução de custo de capital, além da possibilidade de modernização do setor, de maneira a se obter eficiência operacional e fomentar o mercado securitário brasileiro.

A análise da sistemática do *Insurance Linked Securities* não envolverá estudos sobre normas atuariais, análise econômico-financeira ou fórmulas de cálculos de estrutura de capital, estruturação societária para constituição das seguradoras de propósito específico (SSPE), análise de normas e detalhes regulatórios para operacionalização da securitização dos títulos vinculados às operações de seguros e vantagens ou desvantagens para o investidor que aloca seus recursos nesses títulos. É possível que no decorrer do presente artigo um desses temas seja abordado de maneira superficial, uma vez que não são objetos principais da pesquisa ou análise regulatória.

O plano de trabalho do presente artigo corresponderá à estruturação do item de introdução conceitual e atualidades, no qual se destacará o elemento explicativo do trabalho e acontecimentos recentes sobre o tema, cujo intuito será expor de forma sucinta informações sobre a natureza do ILS em âmbito global. No desenvolvimento, abordar-se-á sobre o processo de implementação da regulamentação da SUSEP e o objetivo principal será demonstrar potenciais soluções no que tange à redução de custo de capital, de maneira a se obter eficiência operacional

[3] Casado, Johny Henrique Magalhães. **Administração – Capital – Giro**. Porto Alegre: SAGAH, 2020.

com objetivo de reduzir custos, aumentar receita, diminuir alavancagem, fomentar o mercado securitário e atrair investidores.

O objeto deste estudo será discutido pressupondo que os leitores, especialistas ou não do mercado de seguros, estejam familiarizados com os conceitos abordados.

1.2. Justificativa da hipótese de estudo e metodologia

O presente trabalho se justifica pela inexistência de precedentes brasileiros sobre o tema, devendo ser considerado que as normas da sistemática do *Insurance Linked Securities* (ou Letra de Risco de Seguros – LRS) foram implementadas no Brasil no decorrer da elaboração deste artigo. Em razão da inexistência de obras acadêmicas e precedentes brasileiros, o presente estudo será elaborado pelo método de pesquisa bibliográfica e mediante consulta a diversos precedentes internacionais, doutrinas sobre seguros e resseguros, artigos acadêmicos internacionais, pareceres de especialistas da indústria de seguros e artigos jornalísticos confiáveis.

> A pesquisa bibliográfica é elaborada com base em material já publicado. Tradicionalmente, esta modalidade de pesquisa inclui material impresso, como livros, revistas, jornais, teses, dissertações e canais de eventos científicos. Todavia, em virtude da disseminação de novos formatos de informação, estas pesquisas passaram a incluir outros tipos de fontes, como discos, fitas magnéticas, CDs, bem como o material disponibilizado pela Internet. Praticamente toda pesquisa acadêmica requer em algum momento a realização de trabalho que pode ser caracterizado como pesquisa bibliográfica. Tanto é que, na maioria das teses e dissertações desenvolvidas atualmente, um capítulo ou seção é dedicado à revisão bibliográfica, que é elaborada com o propósito de fornecer fundamentação teórica ao trabalho, bem como

a identificação do estágio atual do conhecimento referente ao tema (GIL, 2017, p. 28)[4].

2. O *Insurance Linked Securities*

O *Insurance Linked Securities* ("ILS") é a denominação de um título de dívida lastreado em riscos do mercado securitário.

O ILS foi criado a partir de um modelo de securitização desenvolvido por especialistas em 1997, em consequência de grandes perdas e danos que a indústria de seguros suportara no início daquela década.

No início dos anos noventa, muito embora as seguradoras já estivessem em estado de alerta sobre possíveis eventos catastróficos, os subscritores de riscos não contavam com um dos maiores eventos catastróficos que estava prestes a acontecer e causaria o primeiro grande prejuízo do mercado securitário.

Em meados de 1992, o furacão Andrew atingiu os Estados Unidos e, inesperadamente, causou aproximados U$$ 28.000.000.000,00[5] (vinte e oito bilhões de dólares) em perdas e danos para indústria de seguros, distribuídos em mais de 700.000 reclamações de sinistro. As perdas foram tão consideráveis que diversas seguradoras não honraram as indenizações e foram forçadas a declarar falência.

Em decorrência desse acontecimento, muitas seguradoras estavam relutantes em oferecer o mesmo nível de cobertura e diversos resseguradores foram impossibilitados de disponibilizar a mesma capacidade de resseguro para riscos catastróficos, inclusive por força do aumento da população em áreas propensas a desastres, impulsionando a alta da concentração de risco

[4] GIL, Antonio Carlos. **Como elaborar projetos de pesquisa**. São Paulo: Atlas, 2018.

[5] American Academy of Actuaries – Annual Meeting and Public Policy Forum 2019. Disponível em: https://www.actuary.org/sites/default/files/2019-11/Insurance-Linked-Securities.pdf. Acesso em: 15 de março de 2021.

nessas áreas. O resseguro serviria, naquela ocasião, para equalizar os riscos em diversas entidades do mercado securitário, de modo que houvesse capacidade suficiente para cobrir eventuais prejuízos decorrentes das coberturas contratadas.

> O resseguro é por definição clássica "a transferência de parte ou de toda a responsabilidade do segurador para o ressegurador", ou, ainda, de forma simplista, "que o resseguro é o seguro do seguro". (SCHALCH. 2010. P. 105[6])

Dessa forma, com a capacidade de seguros e resseguros limitada, os especialistas da indústria securitária se depararam com a necessidade de inovar e suprir uma demanda que era existente e crescente naquele momento, dado o aumento da população em áreas propensas a desastres e a crescente previsão de eventos catastróficos. A partir disso, pensou-se em estruturar as operações de resseguro pela transferência dos riscos securitários ao mercado de capitais com emissão de dívidas e oferta desses títulos aos investidores. Os recursos captados serviriam como garantia à capacidade de resseguro disponibilizada pelos resseguradores.

Por conseguinte, considerando que a falta de capacidade de resseguro foi inicialmente identificada após o acontecimento de um grande evento catastrófico, que causara sérios danos à indústria de seguros, o ILS seria desenvolvido e estruturado nos anos seguintes com viés para cobertura de catástrofes. Por esse motivo, a principal abrangência do ILS pertenceu aos *Cat Bonds*.

Nesta perspectiva e de modo a ilustrar o fato motivador da principal abrangência do ILS, o gráfico a seguir mostra a quantidade de perdas causadas pelas catástrofes naturais e provo-

[6] SCHALCH, Debora. **Seguros e Resseguros**: aspectos técnicos, jurídicos e econômicos. São Paulo: Saraiva; Virgília. 2010. p. 187 – 188

cadas pelo homem no mundo nos últimos 30 anos. Mas esses montantes de perdas não refletem as perdas sofridas pelo setor de seguros. Na verdade, todas as propriedades não eram seguradas. O ataque terrorista do *World Trade Center* (WTC) em 2001 representa a maior catástrofe provocada pelo homem nunca vista na indústria de seguros[7].

Gráfico 1: Perdas por catástrofes naturais e causadas pelo homem.

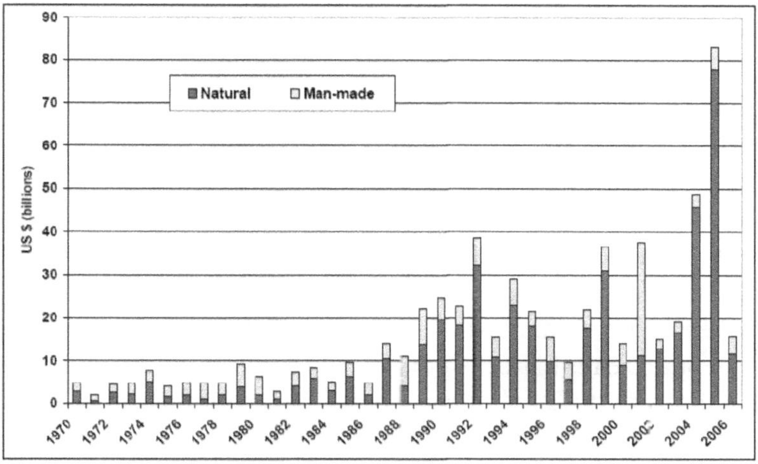

Fonte: Zuchchi (2008)

Todavia, o ILS não se limitou apenas às coberturas para desastres meteorológicos ou climatológicos e, com o desenvolvimento do mercado, passou a ser utilizado para garantir diversos tipos de riscos, como, por exemplo, desastres biológicos, humanitários e geológicos.

[7] Zuchchi, Florian. **Are Insurance Linked Securities the most efficient solution to cover top layer property catastrophe risks?** Insurance Instituto Of France. 2008.

2.1. Desenvolvimento do ILS

A securitização dos títulos de dívidas lastreados em riscos de seguros catastróficos ("*Cat Bonds*"), tornou-se um método atrativo de fonte de capacidade para a indústria de seguros, sobretudo, no que tange à fonte de capital alternativo para financiar as atividades das seguradoras e resseguradoras.

Oficialmente, em 1997, as agências de classificação de crédito desenvolveram metodologias, as quais permitiram classificar com segurança a oferta dos *Cat Bonds*. Entre 1997 e 2007, 116 transações de *Cat Bonds* foram concluídas, representando o equivalente a U$$ 22.400.000.000,00 (vinte e dois bilhões e quatrocentos milhões de dólares) em riscos securitários transferidos ao mercado de capitais[8]. Com isso, o ILS se tornou uma das principais alternativas de estabilização de riscos entre seguradoras e resseguradoras.

O risco securitizado em uma embalagem de resseguro é equivalente à transferência de risco por meio de um contrato de resseguro tradicional (slip) em termos de alívio de capital econômico e regulatório, porém, com baixo custo operacional. A vantagem do ILS é que a cedente pode eliminar quase que totalmente a retenção do risco referente ao objeto segurado, uma vez que esse risco está totalmente financiado por meio de capitação de recursos no mercado de capitais.

O ILS também começou a contribuir com o fomento da indústria securitária, servindo como *funding*[9] para entidades supervisionadas, considerando que o custo dos títulos securitizados é substancialmente inferior ao resseguro tradicional,

[8] BOURIAUX, Sylvie; MACMINN, Richard. Securitization of Catastrophe Risk: New Developments in Insurance Linked Securities and Derivatives. **Journal of Insurance Issues**, January 2009.

[9] *Funding* em tradução livre significa financiamento. O financiamento ao qual esse texto se refere é a captação de recursos financeiros para um investimento específico pré-acordado de uma empresa.

embora os custos de operacionalização continuem altos. No entanto, como os custos de operacionalização são amortizados no período de vigência da operação, acabam fazendo parte da precificação do produto como um custo necessário.

Sob a ótica de investimento, os títulos de dívida lastreados em riscos securitários e negociados no mercado secundário passaram a oferecer aos investidores retornos interessantes e uma oportunidade adicional para diversificar ativos. Os chamados *Cat Bonds*, ainda, tendem a oferecer um desempenho favorável se comparado aos títulos de dívidas corporativas (i.e., debentures)[10], principalmente pelo fato de não estarem ligados aos eventos do cenário macroeconômico e depender, única e exclusivamente, do não acontecimento de eventos climatológicos cobertos pelas operações securitárias que serviram como lastro para a emissão do título de dívidas.

Alguns dos tipos de *Cat Bonds* disponíveis são os seguintes, na definição de DINIS (2009, p. 18)[11]:

> *Parametric Index* – o *Cat Bond* é arquitetado tendo por base os parâmetros físicos associados ao evento catastrófico, como por exemplo, a velocidade do vento e a localização de um furacão ou a magnitude e localização de um sismo, que determinam assim, a evolução do índice;
>
> *Industry-Loss Index* – o *Cat Bond* é arquitetado com base num índice que mede as perdas totais que a indústria regista com a ocorrência de um evento catastrófico. As estimativas das perdas realizadas são divulgadas em relatórios de empresas especialis-

[10] THE FUNDAMENTALS OF INSURANCE-LINKED SECURITIES. 2011. ILS Department of SWISS Reinsurance Company LTD.

[11] A TRANSFERÊNCIA DE RISCO DE SEGUROS PARA O MERCADO DE CAPITAIS. DINIS, Gonçalo Moura Alves. 2009. Disponível em: https://repositorio.iscte-iul.pt/bitstream/10071/1830/1/TESE%20GoncaloDinis_Final.pdf. Acesso em: 01/07/2021.

tas nesta matéria, como é exemplo a empresa *ISO's Property Claim Services* (PCS);

Modelled-Loss Index – o *Cat Bond* é arquitetado com base num modelo que mede o impacto de uma catástrofe na indústria tendo por base um conjunto de parâmetros físicos. Caso seja verificado um evento catastrófico, são estimadas as perdas totais da indústria que fazem com que o índice seja alterado.

Hybrid Triggers – o *Cat Bond* que combina os diversos tipos de índices referidos supra. Pode-se assim verificar num mesmo produto, dois riscos a serem medidos de formas distintas, como por exemplo, um *Cat Bond* que comporta furacões nos Estados Unidos, medidos através do *Industry-Loss Index* utilizando os dados da PCS e sismos no Japão medidos através de procedimentos de um *Parametric Index*.

De modo a exemplificar as características desses tipos de *Cat Bonds*, as tabelas seguintes apresentarão uma síntese de desvantagens e vantagens que foram divulgadas por Guy Carpenter (2007)[12]:

[12] CARPENTER, Guy. **The Catastrophe Bond Market at Year-end 2006**. 2007. Disponível em: https://reinsurancefocus.com/uploads/GuyCarpentercatreport2007.pdf. Acesso em: 01/07/2021.

Tabela 1: Tipos de Cat Bond – óptica do (re)segurador

	Vantagens	Desvantagens
Indemnity Triggers	- Risco base nulo / limitado atendendo a que reflecte as perdas do patrocinador.	- Divulgação de informação; - Preços mais elevados; - Análise de risco mais detalhada; - Processo de atribuição de *rating* mais longo; - Longo período de recuperação das perdas; - Possibilidade do Problema de "*Moral Hazard*".
Parametric Index	- Processo de simples de execução; - Possibilidade de vantagens a nível de custos para grandes investimentos; - Não é necessário divulgar informação confidencial ao investidor; - Processo de pagamento do evento mais célere.	- Risco Base. As perdas do veículo podem ser menores que as registadas pelos parâmetros do modelo;
Industry-Loss Index	- Processo de simples de execução; - Possibilidade de vantagens a nível de custos para grandes investimentos; - Não é necessário divulgar informação confidencial.	- Risco Base. As perdas do veículo podem ser menores que as registadas pela indústria; -Processo de pagamento mais longo; -Possibilidade de necessidade de ajustamento do portfolio ao crescimento da indústria.
Modeled-Loss Index	- Processo de simples de execução; - Possibilidade de vantagens a nível de custos para grandes investimentos; - Não é necessário divulgar informação confidencial; - Processo de pagamento do evento mais célere.	- Risco Base. As perdas do veículo podem ser menores que as registadas pelo modelo; - Possibilidade de necessidade de ajustamento do portfolio ao crescimento da indústria; - Investidores podem sentir alguma falta de conforto na transparência dos modelos utilizados que estimam perdas para a indústria.
Hybrid Triggers	- Muito flexível atendendo aos diversos tipos de pagamentos associados a diferentes riscos; - Risco base mais baixo relativamente aos três *Index Triggers*.	- Ainda que mais reduzido que os restantes, o risco base persiste pelas mesmas razões enunciadas acima; - Os investidores podem sentir-se desconfortáveis com o mecanismo para avaliar o *trigger*.

Fonte: Guy Carpenter (2007)

Tabela 1: Tipos de *Cat Bond* – óptica do investidor

	Vantagens	Desvantagens
Indemnity Triggers	- Risco base nulo/limitado.	- Tempo prolongado para verificação do total de custos decorrentes dos eventos catastróficos; - Problema de "*Moral Hazard*".
Parametric Index	- Não existe o Problema de "*Moral Hazard*"; - Possibilidade de ser um produto com maior liquidez; - Processo de pagamento do evento mais célere.	- Sem desvantagens a destacar.
Industry-Loss Index	- Não existe o Problema de "*Moral Hazard*"; - Possibilidade de ser um produto com maior liquidez; - O processo de verificação do *trigger* mais célere que no caso dos *Indemnity Triggers*; - Maior transparência no facto de se ter acesso a um relatório publico que divulga as perdas registadas com a ocorrência de um evento.	- Tempo prolongado para verificar os valores divulgados nos relatórios de empresas especialistas.
Modeled-Loss Index	- Não existe o Problema de "*Moral Hazard*"; - Possibilidade de ser um produto com maior liquidez; - O processo de verificação do *trigger* mais célere que no caso dos *Indemnity Triggers*.	- Possibilidade de existir uma falta de conforto no modelo utilizado.
Hybrid Triggers	- Não existe o Problema de "*Moral Hazard*"; - Por depender de componentes hibridas, o processo de verificação do *trigger* poderá ser mais célere que no caso do *Industry-Loss Index*.	- Complexidade associada ao modelo pode dificultar a percepção da transacção.

Fonte: Guy Carpenter (2007)

2.2. Atualidades

Em 2020, os *ILS Investment Funds* atingiram um total de U$$ 104,100,000,000.00 (cento e quatro bilhões e cem milhões de dólares) em ativos sob gestão[13], sendo que 58% desses ativos ficaram concentrados nos 10 principais *ILS Investment Funds* e gestores de capital de resseguro, de acordo com levantamento realizado pela Artemis[14].

Tendo em vista que existe uma tendência econômica global de reflação, conforme sinais de recuperação da crise oriunda da pandemia causada pelo COVID-19, gestores da *Twelve Capital*[15],

[13] Insurance Linked Securities Investment Managers & Funds Directory (ARTEMIS, 2021).

[14] Third-party capital & ILS assets rise in 2020 as market shows signs of recovery (ARTEMIS, 2021).

[15] *Twelve Capital é um gestor independente especializado em investimentos de seguros.*

que possuem cerca de U$$ 3,700,000,000.00 (três bilhões e setecentos milhões de dólares) de ativos de ILS sob gestão[16]*, acreditam que a tendência reflacionária pós-pandemia, possivelmente, será uma das premissas de investimento mais significativas. Os gestores esperam, também, que o impacto da reflação seja positivo para os fundamentos do setor de seguros, embora o possível cenário de aumento da inflação e aumento da taxa básica de juros sinalizem uma mudança nas expectativas de consenso do mercado para as condições econômicas em curto e médio prazo*[17]*.*

Diante desse cenário, os fundos estão menos otimistas nas suas expectativas de crescimento do mercado nos próximos cinco anos, mas ainda permanecem positivos, sendo que dos 92% dos fundos de ILS que pensaram, em 2018, que o crescimento do mercado ultrapassaria 10%, caiu para 60% em 2020. Um fator emergente nessas percepções é a mudança climática[18]*. Na pesquisa realizada pela Willis Towers Watson*[19]*, 80% dos entrevistados esperam que as mudanças climáticas possam criar ameaças e oportunidades significativas para o mercado de ILS ao longo nos próximos cinco anos.*

2.3. Mercado global

Os *Insurance Linked Securities*, cuja tradução literal significa Títulos Lastreados em Operações de Seguros e no Brasil é conhecido como Letra de Risco de Seguros, é uma alternativa utilizada para estabilizar o risco que seguradoras e resseguradoras possuem nas suas operações, conforme abordado no tópico

[16] Insurance Linked Securities Investment Managers & Funds Directory. Artemis, 2021. Disponível em: https://www.artemis.bm/ils-fund-managers/. Acesso em: 01 de maio de 2021.

[17] GLOBAL reflation positive for re/insurance, ILS & cat bonds: Twelve Capital. Artemis, 2021. Disponível em: https://www.artemis.bm/news/global-reflation-positive-insurance-reinsurance-ils-cat-bonds/. Acesso em: 15 de março de 2021.

[18] After Big Tests, ILS Market Shows Resilience – 2020 Global Insurance-Linked Securities Market Survey Report. (WILLIS TOWERS WATSON, 2020).

[19] After Big Tests, ILS Market Shows Resilience – 2020 Global Insurance-Linked Securities Market Survey Report (WILLIS TOWERS WATSON, 2020).

anterior. Ao optar pela emissão de um ILS, a seguradora ou o ressegurador escolhe emitir um título de dívida lastreado em um risco securitário que poderá servir como método de financiamento das suas atividades, ao invés de se financiar com capital próprio, como tradicionalmente é feito.

À vista disso, o crescimento da demanda global por seguros ultrapassou o crescimento da capacidade de resseguro tradicional e o mercado de capitais contribuiu para que essa demanda fosse suprida e as seguradoras e resseguradores, em nível global, continuassem crescendo as suas receitas, paulatinamente, e gerenciando os seus riscos de maneira categórica e eficiente[20].

Em ampla pesquisa realizada pela *Willis Towers Watson*[21], constatou-se que a emissão global de ILS permaneceu estável nos últimos dois anos, com 56% das seguradoras e resseguradores acessando o mercado de capitais. Desses 56%, estima-se que apenas 17% originam do ILS mais de 20% do seu limite total de capacidade e 74% contratam ILS para menos de 10% do seu limite total de capacidade.

Dos entrevistados internacionais, 83% concordam que a disponibilidade de capacidade é a principal vantagem do ILS, mas as seguradoras e resseguradoras internacionais também acreditam amplamente que o aspecto de eficiência operacional, inovação e papel social possam ser os fatores mais importantes pelos quais eles optam pela prática de capital alternativo, conforme explicação a seguir:

> Eficiência Operacional: No ambiente corporativo, a eficiência operacional está relacionada a ideia de aprimorar processos para que a empresa alcance seus propósitos. Todavia, para atingi-la,

[20] *Insurance-Linked Securities: Seeking Returns Beyond Traditional Assets* (PIMCO, 2019).

[21] *2020 Global Insurance-Linked Securities Market Survey Report* (WILLIS TOWERS WATSON, 2020).

as organizações devem buscar a redução de custos vinculados às suas atividades. Um dos principais benefícios do ILS em termos de eficiência é a diminuição dos riscos concentrados em balanços patrimoniais, juntamente com a redução de custo de capacidade de resseguro, o que possibilita uma gama de novas iniciativas ao setor de seguros e viabiliza menores preços ao consumidor final.

Inovação: O crescimento do capital alternativo pode impulsionar a criação de novos modelos de negócios. Quando se tem métodos de redução de custo de capital, o mercado se mostra mais participativo no que tange às novas iniciativas. No setor de seguros, por exemplo, diversos produtos podem ter o ILS como ponto de partida na sua estruturação, pois certos riscos são mais propícios à transferência ao mercado de capitais do que uma retenção no balanço patrimonial[22]. No Brasil, o risco cibernético pode ser um bom exemplo, já que o seguro com esse tipo de cobertura se encontra em uma demanda crescente impulsionada pela nova Lei Geral de Proteção de dados (LGPD)[23]. Considerando que o risco deste tipo de seguro pode ser facilmente classificado, pela avaliação das políticas de privacidade e estrutura tecnológica do proponente à contratação, um título de investimento lastreado em riscos securitário cibernéticos poderia se tornar um investimento de grande relevância aos investidores que buscam proteger o seu capital de riscos inesperados.

Environmental, Social and Governance (ESG): O papel social do ILS pode ser um dos fatores mais importantes pelos quais as entidades optam pela prática de financiamento pelo capital alternativo ao redor do mundo. Nesse sentido, segundo Alex Bernhardt, *Head*

[22] How alternative capital is driving innovation in risk finance (EY, 2019).
[23] Mercado segurador para riscos cibernéticos cresce com LGPD. FenSeg 2019. Disponível em: https://fenseg.org.br/noticias/mercado-segurador-para-riscos-ciberneticos-cresce-com-lgpd.html. Acesso em: 20 de junho de 2021.

of Responsible Investment da Mercer Investments, além dos benefícios sociais claros, o ILS tem capacidade de apoiar a resiliência financeira de indivíduos, empresas e governos em face da mudança climática[24]. Desta forma, um exemplo de papel social é a estruturação de *Cat Bonds* para cobrir riscos relativos às mudanças climáticas no continente da África, um dos mais ameaçados em termos de alterações climatológicas e desastres naturais, segundo a ONU[25].

Acerca disso, um dos *Cat Bonds* mais importante foi estruturado pelos Estados Africanos por intermédio da *African Risk Capacity* (ARC), agência especializada da União Africana, criada para auxiliar os governos africanos a se planejarem para os eventos meteorológicos extremos e desastres naturais. O *Extreme Climate Facility* (XCF) é o mecanismo proposto pela ARC, com o objetivo de emitir títulos de catástrofes e captar recursos privados para apoiar as nações africanas no combate à destruição causada por eventos climáticos – como, por exemplo, pequenos agricultores que sofrem com a seca, que é cada vez mais intensa, e a desigualdade social entre os países africanos, oriunda de desastres naturais em consequência da posição geográfica de determinados territórios. O XCF funciona a partir de uma modelagem de risco específica estruturada pelo *Extreme Climate Index* (ECI), que será capaz de rastrear mudanças na frequência ou magnitude de eventos climáticos em território

[24] ILS can be a socially & environmentally responsible investment: Experts. (ARTEMIS, 2017). Disponível em: https://www.artemis.bm/news/ils-can-be-a-socially-environmentally-responsible-investment-experts/. Acesso em: 01 de julho de 2021.

[25] NAÇÕES UNIDAS. Cresce ameaça da mudança climática no continente africano. 2020. Disponível em: https://news.un.org/pt/story/2020/10/1730612#:~:text=BR&text=As%20na%C3%A7%C3%B5es%20do%20leste%20e,ao%20clima%20nos%20%C3%BAltimos%20anos.&text=Essa%20%C3%A9%20a%20principal%20conclus%C3%A3o,do%20Clima%20na%20%C3%81frica%202019. Acesso em: 31 de março 2021.

africano, indicando futuras alterações no regime climático de determinada região, fato pelo qual os países elegíveis poderão receber apoio financeiro para ajudá-los a construir uma espécie de resiliência climática e estarem financeiramente preparados para eventuais efeitos decorrentes de alterações climatológicas e desastres naturais[26].

3. Implementação do ILS no Brasil

A Superintendência de Seguros Privados ("SUSEP"), com objetivo de fomentar o crescimento do mercado de resseguros brasileiro e proteger o sistema contra métodos alternativos não regulados, disponibilizou, em julho de 2020, a consulta pública da minuta da resolução que regulamentaria as atividades do Ressegurador de Propósito Exclusivo ("RPE"), entidade que seria constituída exclusivamente para a emissão de dívidas vinculadas aos riscos de seguros e resseguros.

A minuta da resolução foi discutida por cerca de dois anos pelo órgão regulador, e, no entendimento do mercado securitário brasileiro, a iniciativa da SUSEP se mostrou bastante proativa, sobretudo, no aspecto de inovação. Especialistas de resseguros ficaram otimistas com a modernização do mercado e acreditaram que o aumento da competitividade, após a implementação de novas iniciativas, beneficiaria, principalmente, o consumidor final[27].

Após a realização da consulta pública, que é o período pelo qual as sociedades integrantes do mercado podem encaminhar sugestões e comentários à SUSEP para as propostas normativas, a Resolução CNSP nº 396 – considerada pelo mercado securi-

[26] EXTREME Climate Facility (XCF). African Risk Capacity. Disponível em: https://www.africanriskcapacity.org/wp-content/uploads/2018/04/XCF-Policy-Brief-Summary.pdf. Acesso em: 01 de maio de 2021.

[27] A expectativa é de recuperação de perdas com modernização (VALOR ECONÔMICO, 2020).

tário brasileiro um grande avanço em busca da modernização e eficiência das operações de seguros e resseguros[28] – foi publicada no dia 11 de dezembro de 2020, cujo principal objetivo era dispor sobre as diretrizes para constituição do ressegurador local de propósito exclusivo e a aceitação de riscos por meio de operações de resseguro ou retrocessão, bem como, seu financiamento por meio de dívida vinculada a riscos de (res)seguro

Todavia, em 2022, foi editada a Medida Provisória 1.103/2022 que instituiu o novo marco legal da securitização do Brasil. Além de alterar as regras para a emissão de certificados de recebíveis, que trata-se de títulos de crédito, de livre negociação, emitidos de forma escritural exclusivamente por companhias securitizadoras, a referida medida provisória criou também a Letra de Risco de Seguro (LRS), um título de crédito, transferível e de livre negociação, representativo de promessa de pagamento em dinheiro lastreado em um risco securitário.

Posteriormente, a Medida Provisória 1.103/2022 foi convertida na Lei 14.430/2022, que dispôs definitivamente sobre a emissão da Letra de Risco de Seguros, bem como, sobre a competência do Conselho Nacional de Seguros Privados (CNSP) para estabelecer, em ato próprio, as diretrizes, limites e restrições das Letras de Riscos de Seguros (LRS).

Com tal prerrogativa, o Conselho Nacional de Seguros Privados (CNSP) regulamentou, por meio da Resolução CNSP nº 453/2022, a emissão da Letra de Risco de Seguro por meio de Sociedade Seguradora de Propósito Específico (SSPE) e revogou a Resolução CNSP nº 396/2020.

Na nova regulamentação, a estrutura da SSPE seria semelhante à de uma Securitizadora[29], que possui como objetivo

[28] A expectativa é de recuperação das perdas com modernização (Valor Econômico, 2020).

[29] Instituição financeira responsável por transformar direitos creditórios em títulos negociáveis no mercado de capitais.

principal a emissão de valores mobiliários para a distribuição no mercado de capitais, cujos recursos captados são utilizados para a aquisição de novos direitos creditórios e, assim, para fomentar as atividades e majorar os retornos financeiros dos FIDCs (Fundos de Investimento em Direitos Creditórios). No entanto, a diferença entre as estruturas consistiria no fato de que a SSPE, ao emitir a dívida, captaria os recursos não para adquirir novos direitos creditórios, mas sim para garantir a posição de risco relativa à determinada operação de Letra de Risco de Seguro (LRS) estipulada no lastro do título de dívida, proporcionando remuneração correspondente ao prêmio recebido pela SSPE e remuneração sobre os ativos garantidores da reserva técnica referente ao patrimônio independente da operação, já que os recursos captados pela SSPE, no mercado de capitais, têm como destinação a cobertura dos riscos e cumprimento das obrigações representadas na Letra de Risco de Seguros (LRS) emitida, conforme preceitua o inciso VIII, do artigo 2º da Resolução CNSP nº 453/2022.

A SSPE, diferentemente de uma seguradora comum, poderá ter como capital base o valor mínimo de R$ 1.200.000,00 (um milhão e duzentos mil reais), que deve ser somado à parcela variável de R$ 100.00,00 (cem mil reais) por operação de Letra de Risco de Seguro vigente, conforme parágrafo 1º, do artigo 31, da Resolução CNSP nº 453/2022.

No mais, de acordo com a regulamentação, torna-se possível, ainda, não somente os riscos vinculados às operações de seguro e resseguro, mas também a securitização de riscos atrelados aos certificados de previdência complementar e saúde[30].

[30] Consulta Pública da SUSEP, que cria a Securitização de Riscos de Seguro e Nova Modalidade de Ressegurador.

3.1. Vantagens para o mercado securitário brasileiro

Nesse contexto, no mercado brasileiro, assim como em outros países, as entidades supervisionadas tradicionalmente financiam as suas operações e investimentos empresariais com capital próprio ou de terceiros.

No âmbito das operações de seguros e resseguros, as entidades supervisionadas assumem a obrigação de alocar em conta de provisão técnica ativos próprios e livres de riscos para garantir a suficiência das obrigações assumidas em favor dos segurados e ressegurados. Contudo, essas entidades não detêm capital equivalente a 100% das importâncias seguradas e resseguradas. Desse modo, existe o processo de alavancagem de capital, pelo qual as entidades supervisionadas alocam ativos na conta da reserva técnica, que é composta por ativos financeiros depositados em uma conta de garantia, cujo cálculo de suficiência é realizado com base nas regras de dimensionamento das provisões técnicas e dos ativos redutores. No Brasil, essas regras são reguladas substancialmente pela Resolução nº 4.993 de 24 de março de 2022 e Circular SUSEP 648 de 12 de novembro de 2021. Esse dimensionamento significa quantificar o montante de capital necessário que as entidades supervisionadas precisam manter livre de ônus em seu balanço, de modo que elas tenham solvência equivalente para cumprirem com os seus compromissos perante os segurados.

> As provisões técnicas são valores constituídos pelas empresas ou organizações ("empresas") cujo produto é o "risco". Estas empresas podem ser seguradoras, entidades de previdência privada aberta ou fechada, empresas de capitalização etc. e as Provisões Técnicas correspondem aos diversos compromissos financeiros futuros dessas empresas para com os seus clientes/participantes.
>
> Esses valores de provisões técnicas são, portanto, alocados no passivo dessas empresas e formados pelo excesso de valores

> pagos pelos clientes em relação aos riscos/custos assumidos pelas empresas.
>
> Esses compromissos futuros podem corresponder a valores já conhecidos ou, como acontece na maioria das vezes, corresponder a estimativas. Dessa forma, o cálculo das provisões técnicas deve ser feito necessariamente por um atuário, profissional que estabelece os limites de segurança na gestão de riscos a partir do uso das teorias financeiras de das probabilidades (FERREIRA. MANO. 2009. p. 3)[31].

Neste contexto, o ILS (ou LRS) será o mecanismo pelo qual as entidades supervisionadas terão a faculdade de explorar uma estrutura inovadora na composição do capital para financiamento das operações. Um título de dívida com lastro em determinados riscos securitários será emitido e ofertado aos investidores no mercado de capitais. Em operações mais vultosas e estruturadas, evidentemente, o referido título poderia ter uma destinação pré-definida, como, por exemplo, um *ILS Investment Fund* constituído, especificamente, para comportar esse tipo de operação, figurando, inclusive, como um investimento diversificador para contrapartes que não optariam por investir diretamente em um título de ILS.

Os recursos captados em decorrência da emissão do ILS (ou LRS) serviriam como ativos garantidores do risco das SSPEs e seriam alocados na conta de garantia da reserva técnica e, desta forma, essas entidades não precisariam onerar seus ativos livres em balanço patrimonial.

A SSPE, segundo preceitua o inciso I, do artigo 1º da Resolução CNSP nº 453 de 19 de dezembro de 2022, é a entidade constituída exclusivamente para a emissão de dívidas vinculadas

[31] FERREIRA, Paulo Pereira. MANO, Cristina Cantanhede Amarante. **Aspectos Atuariais e contábeis das provisões técnicas**. Rio de Janeiro: Funenseg. 2009.

aos riscos de seguros ou resseguros. Por intermédio da SSPE, as entidades supervisionadas do mercado securitário brasileiro podem estruturar o ILS (ou LRS) e emitir o título de dívida, cujos recursos captados serviriam para financiar as atividades da SSPE, que, por conseguinte, estariam atreladas ao objeto do contrato de resseguro, no qual houve a intenção de se formalizar o ILS e a transferência do risco das operações emitidas por entidades supervisionadas à SSPE.

De maneira a exemplificar, a imagem abaixo extraída de uma apresentação do *American Academy of Actuaries*[32] ilustra bem a equiparação entre uma entidade alavancada e uma entidade que utiliza estrutura de capital alternativo.

Quadro 1: Convergência

	(Re)Segurador Tradicional	(Re)Segurador com Capital Alternativo
Alavancagem	**Balanço com alta alavancagem**	**Pouca ou nenhuma alavancagem**
Capital	**Baixo montante de capital próprio disponível**	**Alto montante de capital próprio disponível**
Retorno	**Alta taxa de retorno necessária**	**Baixa taxa de retorno necessária**
Resultado	**Alavancagem de capital próprio para diminuir taxa de retorno das operações emitidas**	**Alavancagem de capital alternativo para diminuir o montante de capital próprio requerido para emitir riscos securitários**

Fonte: American Academy of Actuary (2019)

32 American Academy of Actuaries – Annual Meeting and Public Policy Forum 2019. Disponível em: https://www.actuary.org/sites/default/files/2019-11/Insurance-Linked-Securities.pdf. Acesso em: 15 de março de 2021.

Por outro lado, sob o aspecto de investimento, conforme definição realizada pela SWISS[33], os *"Cat bonds* são títulos cujos pagamentos de cupom e principal dependem da não ocorrência de um evento catastrófico predefinido, mas do desempenho de uma carteira de seguros ou do valor de um índice de riscos de catástrofes naturais". Isso é, os *Cat Bonds* são títulos de dívidas transformados em investimento, cujo desempenho depende da performance de determinada carteira de seguros com riscos catastróficos. Além disso, o ILS é considerado apenas como mais uma classe de ativos diversificadores, que não está correlacionado aos movimentos do mercado de ações, já que ele é afetado apenas pelos eventos de sinistro vinculados ao objeto do risco transferido[34].

O Quadro 2 abaixo mostra os retornos anuais do calendário para o Índice Swiss Re Global Cat Bond. Esse índice tem preços com base no mercado e um histórico relativamente longo. No entanto, não reflete todo o mercado de ILS, porque não inclui títulos do mercado privado. O índice também tem uma concentração mais alta para riscos de zona de pico, em decorrência dos anos em que ocorreram eventos significativos para os *Cat Bonds*. Eventos notáveis que impactaram os retornos dos investidores foram o furacão Katrina (2005), o terremoto e tsunami no Japão (2011), o furacão Sandy (2012), o furacão Irma (2017), o furacão Maria (2017) e o furacão Harvey (2017), o tufão Jebi e o California Wildfires (2018) e Typhoon Hagibis (2019). Nos anos seguintes a esses eventos, o prêmio necessário para subscrever esses riscos aumentou. O retorno de 1,8% em 2008 ficou abaixo das expectativas em um ano com eventos catastróficos limitados. O desempenho foi afetado pela dinâmica de oferta/

[33] THE FUNDAMENTALS OF INSURANCE-LINKED SECURITIES. 2011. ILS Department of SWISS Reinsurance Company LTD.

[34] Insurance Linked Securities Provide Another Reinsurance Option for Captives (MARSH, 2021).

demanda relacionada à volatilidade mais ampla do mercado de capitais durante a crise financeira:

Quadro 2: Retornos Anuais

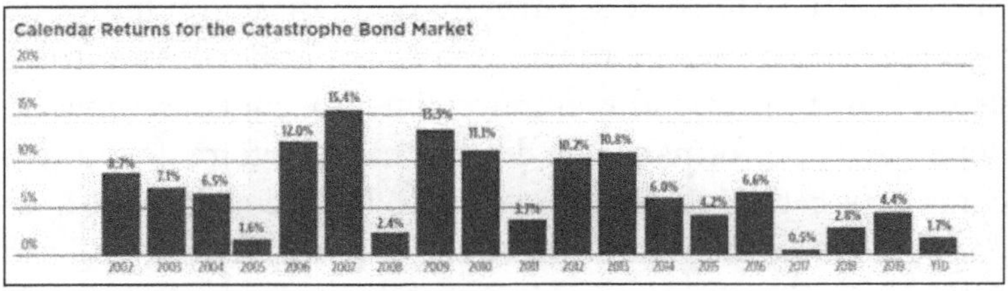

Fonte: Swiss Re Global Cat Bond Index (2020)

Nesse sentido, o ILS pode ser interessante aos investidores porque oferece uma fonte diversificadora de investimentos por não ter relação com o mercado financeiro. Uma prova dessa natureza diversificadora do ILS é uma comparação de eventos de perdas relevantes para o mercado financeiro com eventos de perdas consideráveis para o mercado de ILS. Durante a crise financeira de 2008, quando as ações do mercado financeiro caíram em média 54%, o ILS deu como retorno aos investidores cerca de 5,01%, conforme o painel a seguir, na subdivisão *Financial Market Crises*[35], que ilustra margens de retorno de um ILS emitido pela SWISS (*Swiss Re Cat Bond Index*) e as taxas de performance do marcado financeiro em eventos que causaram grandes prejuízos.

[35] Tradução livre: Crises do Mercado Financeiro.

Quadro 3: Comparativo

Event	Period	Swiss Re Cat Bond Index	MSCI World Index
Financial market crises			
Global financial crisis	Nov 2007 – Feb 2009	5.1%	-54.0%
European debt crisis + Black Monday	May – Sep 2011	5.1%	-19.6%
Greece bailout	May – Aug 2010	2.6%	-9.1%
Natural disasters			
Hurricane Maria	Sep 2017	-6.5%	2.2%
Japan Tōhoku earthquake	Mar 2011	-3.9%	-1.0%
Hurricanes Katrina, Rita, Wilma	Aug – Oct 2005	-3.3%	0.9%

Fonte: Bloomberg (2019)

No painel acima, pela subdivisão *Natural Disasters*[36], também é possível entender que o título de ILS gera, em caso de eventos que deram origem ao sinistro do risco vinculado ao título de dívida, uma taxa de retorno negativa relativamente inferior às taxas de retorno negativas oriundas dos eventos que causaram prejuízo ao mercado financeiro, se comparado com as taxas negativas demonstradas pela MSCI Inc.[37], na subdivisão *Financial Market Crises*[38] do painel acima.

A título exemplificativo, o quadro a seguir demonstra a performance do ILS entre os anos de 2004 e 2019, se comparado a alguns ativos tradicionais:

[36] Tradução Livre: Desastres Naturais.

[37] MSCI Inc. empresa financeira americana que atua como fornecedora global de ferramentas de análise de portfólio de múltiplos ativos.

[38] Tradução livre: Crises do Mercado Financeiro.

Quadro 4: Comparativo

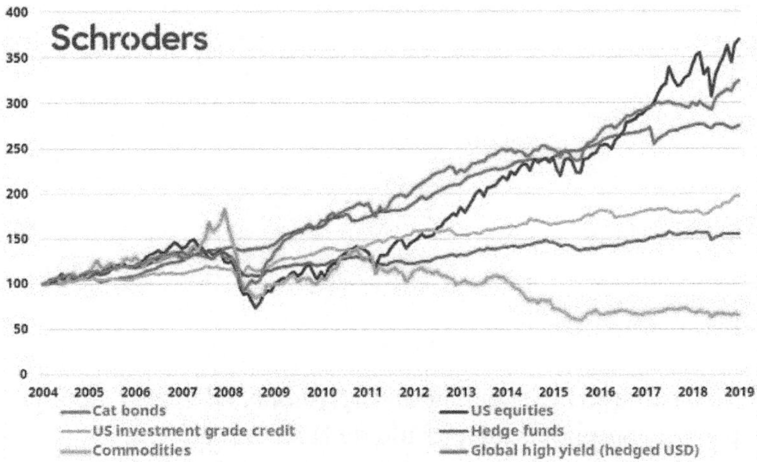

Fonte: Schroders, Bloomberg (2019)

De maneira geral, o ILS está vinculado a um título de renda fixa, que proporcionará cerca de 2% a 8%, em média, de retorno ao investidor e que está atrelado a um risco securitário, ao invés de títulos públicos ou qualquer outro título considerado mais estável e seguro. Em caso de sinistro, o investidor perde parte ou até 100% do seu investimento. Por outro lado, caso não ocorra o sinistro, o investidor receberá de volta o seu capital, mais os juros de compensação pelo risco assumido. Para o acadêmico brasileiro Rodrigo Botti, membro da Academia Nacional de Seguro e Previdência e executivo do mercado financeiro e de resseguros, "para o investidor institucional que busca a diversificação, esse ativo tem grande valor"[39].

[39] ANSP debate Investimentos Ligados a Seguros – ILS pela Revista Segurador (2020).

3.2. Fomento da indústria securitária brasileira

Com a implementação do ILS no Brasil, por meio da Letra de Risco de Seguro, o mercado de seguros e resseguros brasileiro começa a andar de mãos dadas com o mercado de capitais, evidenciando, dessa maneira, o crescente amadurecimento do setor[40].

Ao longo de algumas décadas, o mercado de seguros no Brasil viveu sob a égide do monopólio do resseguro exercido pelo Instituto de Resseguros do Brasil (IRB).

> Há 70 anos, o resseguro no nosso país esteve sob o controle do Estado, cujo monopólio era exercido pelo Instituto de Resseguros do Brasil S.A. (IRB), que prestou as suas funções finalísticas, com extremo louvor, no que se refere às competências legais a ele atribuídas e, também, ao desenvolvimento do mercado de seguros.
>
> A abertura do mercado de resseguros – possibilitada pela Lei Complementar 126, de 15 de janeiro de 2007 – estabeleceu, como política geral, a construção de um mercado competitivo de seguros no país, transferindo as funções de regulamentação e fiscalização das operações de resseguros, até então exercidas pelo IRB para a Superintendência de Seguros Privados (Schalch. 2010. p. 265)[41].

O IRB foi criado em 1939 pelo então presidente Getúlio Vargas, com objetivo de fomentar a indústria e reter no país riscos securitários que eram transferidos ao exterior por seguradoras nacionais[42]. Tal monopólio foi bastante eficaz na otimização da

[40] Consulta Pública da SUSEP Cria Securitização de Riscos de Seguro e Nova Modalidade de Ressegurador (DEMAREST, 2020).

[41] Schalch, Debora. **Seguros e Resseguros**: aspectos técnicos, jurídicos e econômicos. São Paulo: Saraiva; Virgília. 2010.

[42] Disponível em: https://ri.irbre.com/a-companhia/sobre-a-companhia/. Acesso em: 01 de junho de 2021.

retenção de riscos securitários no Brasil, pela capacidade de retenção do próprio IRB[43].

No entanto, se por um lado o monopólio contribuiu para uma maior retenção de riscos e lucros no Brasil, por outro lado prejudicou o desenvolvimento do mercado de seguros e resseguros no que tange às técnicas de *underwriting*, que por sua vez já estavam sendo praticadas nas economias mais desenvolvidas do mundo. Outros fatores também contribuíram para o atraso no desenvolvimento das técnicas de *underwriting*, tais como a imposição pelo órgão regulador de tarifas e comissões mínimas e as elevadas taxas de inflação que diminuíam a importância do resultado de *underwriting*.

3.2.1. Urderwrinting

Para que uma operação de seguros seja realizada com uma boa estrutura de risco e eficiência operacional, diversos fatores são necessários, sendo alguns deles, por exemplo, o desenvolvimento de produtos, *marketing*[44], vendas, tecnologia da informação, investimento e gestão estratégica e de pessoal. Determinados aspectos são específicos da atividade seguradora, tais como processamento de apólices, processamento de gestão dos sinistros e o *urdewriting*.

Para fins desse subcapítulo, o *underwrinting* significa o processo de avaliação de riscos, seleção de seguros, transferência de riscos, determinação de condições e cláusulas de apólices de seguros e precificação[45]. Esse estudo de modelagem é um ponto chave porque determina a probabilidade de perda, custo da cobertura e a receita das companhias.

[43] SCHALCH, Debora. **Seguros e Resseguros**: aspectos técnicos, jurídicos e econômicos. São Paulo: Saraiva; Virgília. 2010. p. 187 – 188.

[44] Marketing: estratégia empresarial que recorre às pesquisas de mercado, *design* e campanhas publicitárias. (OXFORD LANGUAGES, 2021).

[45] SCHALCH, Debora. **Seguros e Resseguros**: aspectos técnicos, jurídicos e econômicos. São Paulo: Saraiva; Virgília. 2010. p. 189

Abaixo estão algumas seguintes diretrizes de subscrição que um segurador pode seguir para tomar sua decisão de adquirir um produto de resseguro ILS, Florian Zucchi (2008)[46]:

- *Do the full underwriting and loss history review of the portfolio*[47];
- *Well-define the peril exposure*[48];
- *Determine the retention and maximum earnings exposure*[49];
- *Determine the amount of coverage the company needs*[50];
- *Determine the cost and recovery*[51];
- *Determine the expected enhanced return on capital*[52];
- *Determine the probability of loss (burn cost) of the event*[53];
- *Determine the rate online*[54].

Seguindo o resultado dessas diretrizes, as companhias estarão aptas a decidir sobre qual seria a solução mais eficiente no que tange à transferência de risco vinculado a seguros: resseguro tradicional com transferência de risco a outro ressegurador ou emissão de dívida subordinada com a transferência do risco ao mercado de capitais.

[46] ZUCHCHI, Florian. **Are Insurance Linked Securities the most efficient solution to cover top layer property catastrophe risks?** Insurance Instituto Of France. 2008.

[47] Tradução livre: Faça a revisão completa do histórico de subscrição e perda da carteira;

[48] Tradução livre: Definir bem a exposição ao perigo;

[49] Tradução livre: Determinar a retenção e exposição máxima dos lucros;

[50] Tradução livre: Determinar a quantidade de cobertura de que a empresa necessita;

[51] Tradução livre: Determinar o custo e recuperação;

[52] Tradução livre: Determinar o aumento esperado do retorno sobre o capital;

[53] Tradução livre: Determinar a probabilidade de perda (custo de queima) do evento;

[54] Tradução livre: Determine a taxa online;

3.2.2. Desenvolvimento de Produtos

Um diferencial importante para as resseguradoras, conforme dissertado por Paulo Pereira Ferreira (2010) na obra "Seguros e Resseguros: aspectos técnicos, jurídicos e econômicos", principalmente em relação às seguradoras de pequeno porte, é a capacitação no desenvolvimento de produtos. A experiência acumulada nos diversos segmentos de riscos operados e a atuação em nível global ajudam no desenvolvimento de novos produtos para os quais as seguradoras de pequeno porte – além de não terem informações com credibilidade estatística suficiente para precificação – não possuem capacidade econômica para assumir a totalidade dos riscos envolvidos.

Diante disso, para que o mercado securitário possa aproveitar as prerrogativas trazidas pelo ILS, os responsáveis pelas técnicas de *underwrintg* serão os agentes responsáveis por identificar as necessidades e, com isso, contribuir para criação de novos produtos, sob a égide do ILS.

3.3. A importância do processo regulatório da atividade seguradora na implementação do mecanismo do ILS no Brasil

O presente estudo adota o termo "Regulação" como atividade estatal equivalente ao condicionamento, coordenação e disciplina da atividade privada, excluindo-se, dessa maneira, a atuação direta do Estado na Economia. A regulação estatal, geralmente, é exercida por entes da Administração Pública Indireta (como as agências reguladoras) e as principais prerrogativas inerentes à atividade regulatória são: a) a edição de normas, b) a implementação concreta das normas e c) a fiscalização do cumprimento das normas e punição das infrações[55].

[55] Oliveira, Rafael Carvalho Rezende. **Nova perfil da Regulação Estatal** – Administração Pública de Resultados e Análise de Impacto Regulatório. Rio de Janeiro: Forense, 2015.

A evolução da regulação e o papel do estado regulador pode ser definido da seguinte maneira:

a) **Escola do Interesse Público:** a regulação deve ser intensificada e justificada pela necessidade de satisfação do interesse público ou do bem comum; e

b) **Escola de Chicago (econômica ou neoclássica):** a regulação tem por objetivo garantir o adequado funcionamento do mercado, corrigindo as suas falhas, quais sejam:

b.1) ***monopólio e poder de mercado:*** o monopólio é o cenário em que existe apenas uma empresa responsável pelo fornecimento do produto ou do serviço, sem qualquer concorrência, que poderá determinar unilateralmente os preços com o objetivo de maximizar seus lucros;

b.2) ***externalidades:*** os custos e os benefícios gerados pelo desempenho de atividades econômicas não são absorvidos integralmente pelos agentes econômicos (produtores e consumidores) que se relacionam no mercado, mas também por terceiros que não fazem parte diretamente das transações econômicas;

b.3) ***"bens coletivos":*** de acordo com o conceito econômico (e não jurídico), bens públicos seriam bens não rivais (o consumo por um indivíduo não impede o consumo do mesmo bem ou serviço por outro consumidor) e não exclusivos (pessoas que não pagam pelo bem ou serviço, denominadas "caroneiros" ou *free riders*, usufruem das suas utilidades);

b.4) ***assimetrias de informações:*** desequilíbrio de informações entre as partes em determinada transação que fomenta condutas oportunistas anteriores (seleção adversa) ou posteriores à compra do bem ou à prestação do serviço. Os defensores da Escola de Chicago, adeptos do liberalismo econômico, sustentam a ausência ou a diminuição da intervenção do Estado na economia, uma vez que a eficiência econômica seria alcançada pelo próprio mercado ('mão invisível do mercado') (Oliveira, 2015, p. 137).

Com o passar dos anos, o processo de regulação sofrera algumas modificações naturais de acordo com a realidade social e econômica do momento, como, por exemplo, no período pós Primeira Guerra Mundial e Crise Econômica de 1929, ocasião pela qual o intervencionismo estatal foi significantemente implementado, com intuito de suprir as falhas do mercado, bem como satisfazer os objetivos sociais, em decorrência da constatação da insuficiência da autorregulação[56].

Após a ampla interferência da Administração Pública Direta, constatou-se que o excesso de intervenção estatal acarretou a ineficiência das atividades administrativas, devido à ampliação do "paternalismo estatal" ("Estado Baba"), ocasionado pela redução significativa da autonomia dos indivíduos, abrindo, portanto, o caminho para a única alternativa trivial de ajuste desse cenário que seria a desregulação da economia. A partir de 1980, em alguns países, com destaque para a Grã-Bretanha, Estados Unidos e Nova Zelândia, um movimento de ajuste fiscal e de privatizações originou a reformulação do Papel do Estado, com a redução da sua interferência direta na prestação de serviços públicos (Estado Prestador) e nas relações econômicas, implementando a forma de intervenção indireta, pela regulação ("Estado Regulador"). Especificamente no Brasil, a repaginação do papel e tamanho do Estado foi implementada na década de 1990, pelas alterações legislativas importantes que liberalizaram a economia e efetivaram a desestatização[58].

Segundo Rafael Carvalho Rezende Oliveira, o aparelho estatal foi diminuído e a "Administração Pública burocrática" foi substituída pela "Administração Pública gerencial" a partir da Reforma Administrativa instituída pela Emenda Constitucional

[56] OLIVEIRA, Rafael Carvalho Rezende. **Nova perfil da Regulação Estatal** – Administração Pública de Resultados e Análise de Impacto Regulatório. Rio de Janeiro: Forense, 2015.

nº 19/1998. Enquanto a Administração Pública burocrática se preocupara com os processos, a Administração Pública gerencial teria como objetivo a obtenção de resultados (eficiência), sendo reconhecida pela descentralização das atividades estatais e pela avaliação de desempenho por indicadores da reformulação estatal[58].

Nesse sentido, constata-se uma mudança importante para a sociedade, com a substituição da intensidade, pela qualidade da regulação. Ao invés de diminuir os planos de regulação, a ideia que norteia o princípio da eficiência da administração pública é calcada na efetivação da melhor regulação e obtenção dos resultados eficientes, eficazes e positivos.

Nessa perspectiva, muito embora o início da atividade de seguros no Brasil tenha tido início no século XIX, mais especificamente em 1808 com a abertura dos portos ao comércio internacional, a função reguladora do Estado somente surgiu no início século XX, quando, pelo Decreto nº 4.270, de 10 de dezembro de 1901, a Superintendência Geral de Seguros, subordinada ao Ministério da Fazenda, foi instituída. A jurisdição da Superintendência abrangia todo o território nacional e nela foram concentradas todas as questões relacionadas às atividades inerentes à fiscalização de seguros, no que tange ao funcionamento das companhias seguradoras já existentes no país ou que viessem a se organizar no território nacional[57].

Após a instituição da Superintendência, um novo marco regulatório acontecera na década de 1930, ocasião pela qual, após a promulgação da Constituição de 1937, fora estabelecido o Princípio da Nacionalização do Seguro, já apresentado na Constituição de 1934. O estabelecimento do referido princí-

[57] SUPERINTENDÊNCIA DE SEGUROS PRIVADOS (SUSEP). **História do Seguro**. Disponível em: http://www.susep.gov.br/menu/a-susep/historia-do-seguro. Acesso em: 01 de junho de 2021.

pio foi o fato motivador da criação dos seguros obrigatórios para comerciantes, indústrias e concessionárias de serviços públicos, pessoas físicas ou jurídicas, contra riscos de incêndios e transportes[60] (ferroviário, rodoviário, aéreo, marítimo, fluvial ou lacustre[58]).

Concomitantemente, pelo Decreto-lei nº 1.186, de 3 de abril de 1939, o Instituto de Resseguros do Brasil (IRB), conforme já abordado no item 3.2 deste estudo, foi criado com objetivo de determinar às sociedades seguradoras sediadas no Brasil que ressegurassem ao IRB as responsabilidades que excedessem sua capacidade de retenção própria. Com isso, o Governo Federal buscou evitar que grupos seguradores, com sedes no exterior, transferissem para as suas matrizes os prêmios relativos às operações de seguros e que mantivessem suas reservas técnicas no Brasil, visando proteger os interesses econômicos do país[59].

No decorrer das suas atividades, o IRB implementou dois procedimentos no mercado, considerados eficazes pela SUSEP, no intuito de estabelecer condições de competitividade para o surgimento e desenvolvimento de seguradoras com capital brasileiro, quais sejam: o estabelecimento de baixos limites de retenção e a criação do chamado excedente único. Pela adoção de baixos limites de retenção e do mecanismo do excedente único, empresas pouco capitalizadas e menos instrumentadas tecnicamente – como era o caso das empresas de capital nacional – passaram a ter condições de concorrer com as seguradoras estrangeiras, uma vez que tinham assegurada a automaticidade da cobertura de resseguro[60].

Com o passar dos anos, contudo, o IRB começara a ultrapassar os limites das suas funções principais, não atendendo ple-

[58] "Relativo a lago" no Dicionário Online de Português (Dicio).

[59] A História do Seguro. **Blog Tudo Sobre Seguros**, 2020. Disponível em: https://www.tudosobreseguros.org.br/a-historia-do-seguro/. Acesso em: 01 de junho de 2021.

namente às novas exigências do mercado e assumindo o papel de órgão regulador, fato pelo qual o modelo monopolista e centralizador começou a evidenciar o esgotamento da relação entre o IRB e os integrantes do mercado de seguros[60].

No ano de 1966, pelo Decreto-lei nº 73, de 21 de novembro de 1966, foram reguladas todas as operações de seguros e resseguros e instituído o Sistema Nacional de Seguros Privados, composto pelo Conselho Nacional de Seguros Privados (CNSP), Superintendência Nacional de Seguros Privados (SUSEP), IRB, sociedade autorizadas a operar em seguros privados e corretores habilitados[60].

O IRB, que até antes da criação da SUSEP exercera funções soberanas sobre o *modus operandi* das operações de seguros no Brasil, passa a dividir com o novo órgão regulador atribuições que por três décadas foram muito importantes para o mercado de seguros.

A divisão de atribuições fiscalizadoras entre o IRB e a SUSEP começou a ser reduzida da década de 1980, quando a SUSEP deu início a um ciclo de relevantes modificações, que começaram pela sua reorganização interna, com o intuito de exterminar a cultura burocratizante e paternalista, como era reconhecida publicamente.

> Na realidade, uma das consequências ocorridas com a abertura do resseguro está na regulação do mercado que até então era competência do IRB, empresa controlada pelo Governo Federal, com participação de seguradoras, que passou a ser do Conselho Nacional de Seguros Privados (CNSP) e da Susep, como órgãos regulador e fiscalizador, respectivamente.

[60] SUPERINTENDÊNCIA DE SEGUROS PRIVADOS (SUSEP). **História do Seguro**. Disponível em: http://www.susep.gov.br/menu/a-susep/historia-do-seguro. Acesso em: 01 de junho de 2021.

Antes, o IRB centralizava as operações e escolhia o que repassar ao mercado ressegurador internacional. No novo modelo para o resseguro o maior leque de opções impõe uma operação mais complexa e maiores riscos e tem como premissa básica a livre competição de mercado, com poucas salvaguardas, quais sejam: a oferta preferencial ao mercado ressegurador local, sendo 60% nos três primeiros anos e 40% nos anos subsequentes; os seguros de vida por sobrevivência ou previdência complementar só podem ser ressegurados com resseguradores locais; o limite anual de cessão a resseguradores eventuais; a vedação ao registro, como ressegurador eventual, de resseguradores sediados em paraísos fiscais.

Essas salvaguardas, na realidade, objetivam viabilizar um mercado nacional de resseguros competitivo, incrementando o desenvolvimento de know-how, e mitigar a dependência do mercado de resseguros internacional, mitigar o risco de crédito nas operações internacionais de resseguro e preservar a solvência do mercado ressegurador.

Portanto, os principais benefícios esperados com a abertura do mercado de resseguros são: a redução de custo para o consumidor final, a maior capacidade na subscrição de riscos, a oferta de produtos mais abrangentes e o incremento da competição entre seguradoras, com favorecimento à livre concorrência.

Ainda em relação ao IRB, um aspecto relevante e positivo é o fato de ele permanecer forte como o principal ressegurador. Deve ser ressaltado, apesar do ingresso de novos concorrentes, que o IRB reteve consigo, durante esse primeiro ano de abertura do resseguro, cerca de 90% da fatia de mercado, segundo estimativas de analistas do mercado, que hoje representa, aproximadamente, R$ 3.500.000,00 (três bilhões e quinhentos milhões de reais).

Evidentemente, com a abertura do resseguro, uma nova fase de relação entre resseguradores, seguradores e clientes foi estabelecida: muita negociação de condições comerciais e de clausulado de contratos de seguros e de variações significativas de preços (SCHALCH. 2010. p. 269-270)[61].

Ao assumir a plenitude das funções reguladoras no início da década de 1990, em consonância com a Emenda Constitucional nº 19/1998, a SUSEP implementou o sistema de audiência pública e aberta a todos os segmentos, para a formulação de medidas gerais e tomadas de decisões.

Dessa maneira, a SUSEP promoveu a desregulação gradual da atividade seguradora no Brasil e estabeleceu a autonomia para criação de novos produtos, sobretudo, com base nos desejos e sugestões das empresas integrantes do mercado segurador, que pediam mais liberdade em suas operações. Com isso, foram criadas as condições de realismo e liberdade contratual, que possibilitariam o crescimento do mercado de seguros num ambiente de justa e desejável concorrência.

3.4. O Plano Diretor do Sistema de Seguros e a sua relevância no processo de desregulamentação do setor no Brasil

A Assembleia Nacional Constituinte de 1987 teve uma atuação das empresas seguradoras de modo pouco articulado e excessivamente cauteloso, quase equiparadas ao papel de apenas observadoras.

Todavia, ainda que as empresas seguradoras ficassem divididas quanto às questões que lhes eram essenciais, o seguro havia adquirido um novo status pós Constituição Federal de 1988, conforme previsto no seu artigo 21:

> Art. 21. Compete à União:
>
> VIII – administrar as reservas cambiais do País e fiscalizar **as operações de natureza financeira**, especialmente as de cré-

[61] SCHALCH, Debora. **Seguros e Resseguros**: aspectos técnicos, jurídicos e econômicos. São Paulo: Saraiva; Virgília. 2010.

dito, câmbio e capitalização, **bem como as de seguros** e de previdência privada;

Com isso, o seguro ultrapassou os limites estritos da seguridade e evoluiu para o status de investidor institucional, integrando, dessa maneira, o sistema nacional financeiro[62].

Quatro anos após a promulgação da Constituição Federal de 1988, em uma cerimônia de posse da nova Presidência da Federação Nacional das Empresas de Seguros Privados, de Capitalização e de Previdência Complementar Aberta (FENASEG), houve a publicação de uma declaração de princípios norteadores da atividade seguradora, a Carta de Brasília. Essa seria a primeira manifestação conjunta e consensual das empresas de seguros, publicamente apresentada como plataforma de demandas e propostas ao Governo, a qual se norteava com base em três princípios: a) compromisso com a economia de mercado e a livre competição, b) responsabilidade econômica e social do setor de seguros diante dos agentes produtivos e da população brasileira e c) opção pela modernidade que se baseia na experiência do próprio mercado, cuja voz deve ser mais ouvida[47]. Como proposta, a Carta de Brasília defendia a necessidade da ampliação da imagem pública do seguro, a desregulamentação do setor, a colaboração com o Governo em assuntos e operacionalização de previdência no Brasil, dentre outras reivindicações não tão relevantes ao presente estudo.

Dois meses após a publicação da Carta de Brasília, numa ação conjunta do IRB, SUSEP e Secretaria de Política Econômica, é lançado o Plano Diretor de Sistema de Seguros, Capitalização e Previdência Complementar, no qual se reafirmava a importância da desregulamentação do setor e apresentava propostas de

[62] CNSEG. **História do Seguro no Brasil**: do Século XVI ao Regulamento Murtinho. Disponível em: https://cnseg.org.br/conheca-a-cnseg/mercado/historia-do-seguro.html. Acesso em: 01 de junho de 2021.

modernização da atividade seguradora, tais como: políticas de liberação de tarifas, controle de solvência das empresas, abertura do setor ao capital estrangeiro, redefinição do papel do corretor, reestruturação do IRB com a gradual redução do monopólio do resseguro, retorno do seguro de acidente de trabalho ao setor privado, e regulamentação de novas modalidades de seguros.

Como consequência da Carta de Brasília e do Plano Diretor do Sistema de Seguros, Capitalização e Previdência Complementar, duas importantes medidas, de natureza regulatória, marcaram a história do seguro no Brasil: a) consubstanciada num parecer da Advocacia Geral da União, em resposta à consulta do Ministro da Fazenda sobre a possibilidade de autorização para o funcionamento de empresa seguradora estrangeira nos ramos vida/previdência, houve a liberação da entrada de empresas estrangeiras no mercado e b) nos termos da Emenda Constitucional nº 13, foi declarado o acolhimento pelo Governo, com o apoio da FENASEG, do fim ao monopólio do resseguro pelo IRB.

Nesse contexto, a abertura do mercado brasileiro às seguradoras estrangeiras foi crucial para a implementação no Brasil de tendência globais de produtos de seguros, sobretudo em relação ao surgimento de um novo quadro de relações produtivas, em que o capital a cada dia se torna menos político e mais financeiro[48]. Estudos na literatura apontaram a importância do mercado segurador para o crescimento econômico, principalmente, pelo fato das principais contribuições da atividade segurado na economia serem a) a mobilização da poupança, b) estabilização da situação financeira dos indivíduos e empresas, pelo pagamento de indenização e incentivo à mitigação de perdas, c) alternativa aos programas de seguridade social e d) gerenciamento de risco de maneira mais eficiente[63].

[63] CNSEG. **História do Seguro no Brasil**: do Século XVI ao Regulamento Murtinho. Disponível em: https://cnseg.org.br/conheca-a-cnseg/mercado/historia-do-seguro.html. Acesso em: 01 de junho de 2021.

Dessa forma, do ponto de vista do processo regulatório contemporâneo de seguros, conclui-se que as reformulações ocorridas entre as décadas de 1980 e 1990, conforme mencionadas ao longo deste capítulo, foram essenciais no sentido de proporcionar ao mercado brasileiro de seguros a implementação de tendências globais, de maneira a incentivar o crescimento econômico do país, sobretudo o desenvolvimento das empresas seguradoras nacionais. Por conseguinte, o ILS seria fruto dessa tendência global utilizada como método de redução de custo de capital e diversificação de risco aos investidores do mercado de capitais, que somente fora permitida a sua implementação no Brasil em decorrência das referidas transformações ocorridas no ambiente regulatório de seguros.

3.5. A redução de risco e custo de capital

Companhias que crescem com os próprios recursos podem encontrar mais dificuldades pelo caminho e demorar mais tempo para atingir a expectativa de crescimento estimada. A opção de ter um capital adicional, portanto, poderia alavancar e acelerar o processo de crescimento do negócio[64]. Nesta perspectiva, o conceito de capital poderia ser compreendido por dois tipos de estrutura: capital próprio ou capital de terceiros.

O capital próprio está relacionado ao patrimônio líquido da companhia, isso é, recursos oriundos da sua atividade econômica, que podem ser denominados como reserva de lucros ou recursos inerentes aos aportes dos sócios e acionistas.

Por outro lado, o capital de terceiros está relacionado ao passivo real ou passivo exigível que representa, dentre outras dívidas, os empréstimos e financiamentos tomados com bancos e

[64] CAMARGO Renata Freitas de. **Custo de Capital**: o guia completo para decidir entre Capital Próprio e Capital de Terceiros. 2016. Disponível em: https://www.treasy.com.br/blog/custo-de-capital-capital-proprio-x-capital-de-terceiros/. Acesso em: 25 de junho de 2021.

instituições financeiras. Além disso, companhias com grandes passivos tendem a ter uma reputação de alto risco entre potenciais investidores e credores[65].

> Passivo significa as obrigações exigíveis da empresa, ou seja, as dívidas que serão cobradas, reclamadas a partir da data de seu vencimento. É denominado também Passivo Exigível, procurando-se neste caso dar mais ênfase ao aspecto exigibilidade. O Passivo Exigível é conhecido no mercado financeiro como dívidas com terceiros, ou recursos (dinheiro) de terceiros, ou capital de terceiros. A palavra terceiro abrange o conjunto de pessoas físicas e jurídicas com quem a empresa tem dívidas: fornecedores (de mercadorias), funcionários (salários), governo (impostos), bancos (empréstimos bancários), encargos sociais (FGTS, Previdência Social), encargos financeiros (financiamentos) etc.
>
> O Passivo Exigível evidencia o endividamento da empresa; seu crescimento de forma desmedida pode levar a empresa ao instituto da recuperação judicial ou até à falência (Marion. 2018. P. 41)[66].

Para a obtenção de capital adicional, a companhia arcará com o custo de capital, que é a taxa de retorno mínima exigida por credores e acionistas para determinar a viabilidade de um investimento ou concessão de um empréstimo ou financiamento. Em termos econômicos, o custo de capital para determinado investimento é um custo de oportunidade ou prêmio de risco.

[65] SILVA, Fabiana Lopes da *et al.* Evolução do Mercado Segurador e Crescimento Econômico no Brasil. **Revista Eletrônica do Departamento de Ciências Contábeis & Departamento de Atuária e Métodos Quantitativos da FEA-PUC/SP**, https://revistas.pucsp.br/index.php/redeca/article/download/28561/20048#:~:text=Conforme%20Tabela%201%2C%20observa%2Dse,662%25%20no%20per%C3%ADodo%20em%20an%C3%A1lise. Jul- Dez. 2015.

[66] MARION, José Carlos. Contabilidade Básica. São Paulo: Atlas, 2018.

Do ponto de vista de dívida, o custo de capital pode ser considerado como encargos decorrentes da concessão de um financiamento ou empréstimo, que são cobrados com base em análise de solvência, sobretudo, análise de Retorno sobre Investimento (ROI), utilizada para medir o potencial resultado econômico e financeiro gerados ou que serão gerados, em decorrência dos investimentos realizados ou a serem realizados.

Nessa lógica, Pratt define o custo de capital da seguinte maneira[67]:

> O custo de capital é uma função da taxa livre de risco do mercado acrescida de um prêmio para o risco associado ao investimento ou ao financiamento. Risco é o grau de incerteza em relação à realização dos retornos esperados do investimento ou adimplemento.
>
> A maioria dos investidores, por exemplo, opta por usar um título governamental de longo prazo com taxa livre de risco. Presume-se que essa taxa esteja livre de risco de inadimplência, mas a relação entre Risco e Custo de Capital desse título inclui risco de taxa de juros; ou seja, o valor de mercado do principal com alterações no nível geral das taxas de juros (PRATT, 2002, p. 38).

A definição de risco mais amplamente aceita no contexto de negócios é o grau de incerteza quanto ao acontecimento de evento de futuro esperado ou inesperado, nesse caso, seja no âmbito do investimento, seja no âmbito da dívida[68].

> Em um sentido econômico, o mercado se distingue entre risco sistemático e risco não sistemático. O risco sistemático é a sensibi-

[67] PRATT, Shannon P. **Cost of Capital** – Estimation and Applications. 2. ed. Hoboken, New Jersey: John Wiley & Sons, Inc, 2002.

[68] PRATT, Shannon P. **Cost of Capital** – Estimation and Applications. 2. ed. Hoboken, New Jersey: John Wiley & Sons, Inc, 2002

> lidade dos retornos sobre o investimento em questão aos retornos no mercado geral. O risco não sistemático é exclusivo da empresa em questão ou indústria em oposição ao mercado como um todo.
>
> O risco impacta o custo de cada um dos componentes do capital: dívida, patrimônio sênior, e patrimônio líquido. Porque o risco tem um impacto em cada componente de capital, ele também tem impacto no custo médio ponderado de capital. À medida que o risco aumenta, o custo do capital aumenta e o crescimento diminui (Pratt, 2002, p. 38).

Diante disso, a redução do risco na estrutura de capital, automaticamente, reduz o custo de capital, o que viabiliza, dentre outros fatores, o crescimento das companhias, a entrada de novos investidores com expectativas positivas de crescimento, sobretudo, redução de custo na captação de recursos.

Desta forma, torna-se notório que a utilização do ILS por companhias seguradoras brasileiras pode reduzir os riscos retidos em seus balanços patrimoniais e diminuirá a necessidade de capital próprio para constituição de provisões técnicas, principalmente, para pagamento de despesas de indenização de sinistros e despesas inerente às operações de resseguro tradicional, ocasionando o efeito de redução de risco na estrutura operacional e redução de custo de capital, tendo em vista que a captação de recursos por meio do mercado de capitais é substancialmente mais benéfica do que a obtenção de financiamentos e empréstimos ou capacidade de resseguro no mercado tradicional, conforme demonstrado no presente estudo.

Conclusões

Os negócios no mercado de capitais têm sido de importância estratégica para resseguradoras e seguradoras e representam um investimento significativo tanto para as companhias, quanto para o investidor. Além daquele tradicional método de resseguros com custos de oportunidade superiores, o mercado encontrou meios alternativos para assumir grandes riscos, transferindo-os por meio de várias novas classes de investidores.

Além disso, após vários anos de previsão, o mercado de ILS mostrou sua eficiência e passou no teste em 2007, validando a hipótese de que os produtos inerentes ao ILS não estão correlacionados com outras classes de ativos e por isso poderiam ser considerados como ativos diversificadores de risco. As obrigações de dívida subordinada podem oferecem maior segurança aos investidores, permitindo uma melhor eficiência no retorno do investimento ou menores perdas, tendo em vista a distribuição do risco.

Todavia, o desenvolvimento de produtos de títulos vinculados a seguros é impossível na indústria de resseguros sem uma regulamentação favorável sobre o tratamento desses instrumentos de transferência de risco. Uma regulamentação mais clara e eficiente torna-se necessária para o desenvolvimento desse mercado.

Não obstante, como demonstrado no presente estudo, um processo longo e técnico de *Underwrinting* será necessário para operacionalizar um ILS. Muitas análises estão envolvidas e a avaliação do risco para obtenção de uma classificação da transação deve ser realizada com bastante cautela.

Ademais, do ponto de vista do ILS como uma estrutura de capital alternativo no Brasil, o risco inerente à atividade principal das companhias seguradoras será diminuído, considerando o mecanismo de transferência de obrigações ao mercado de capitais, que pulverizará a proporção do risco assumido pelas companhias, na forma de emissão de dívida subordinada a riscos de seguros, sujeito a custos inferiores aos métodos de financiamento e empréstimos tradicionais, fato pelo qual acredita-se que o impacto será positivo no custo de capital das companhias seguradoras brasileiras. Além disso, é importante ressaltar que os recursos advindos dessa captação não representam aos investidores do título de dívida subordinada o direito como acionistas da companhia.

Por conseguinte, considerando que a redução de custo de capital e a redução dos riscos inerentes à atividade seguradora serão plenamente possíveis com a utilização do capital alternativo viabilizado pelo ILS, estima-se que as vantagens do ILS no mercado brasileiro estarão calcadas na redução de riscos e, consequentemente, na diminuição dos custos operacionais, possibilitando a liberação de capacidade para a geração de novos negócios e incentivando, sobretudo, a redução de preços ao consumidor final e a concorrência entre companhias seguradoras, favorecendo, inclusive, a inovação e o desenvolvimento do mercado brasileiro.

Por fim, sem prejuízo de eventuais dificuldades operacionais inerentes ao processo de regulamentação da norma, tendo em vista que a análise da regulamentação não seria abordada no presente estudo, no geral, conclui-se que a presente pesquisa bibliográfica alcançou o seu objetivo, no sentido de proporcionar ao leitor, de maneira explicativa e com base em diversos fundamentos a) qual seria a contribuição do processo regulatório brasileiro na implementação da regulamentação do ILS no Brasil e b) os impactos na redução de riscos e custo de capital, de maneira a se obter eficiência operacional com objetivo de reduzir custos, aumentar receita, diminuir alavancagem, atrair investidores e fomentar o mercado de seguros brasileiro como um todo.

Referências

MARION, José Carlos. **Contabilidade Básica**. São Paulo: Atlas, 2018.

CASADO, Johny Henrique Magalhães. **Administração – Capital – Giro**. Porto Alegre: SAGAH, 2020.

GIL, Antonio Carlos. **Como elaborar projetos de pesquisa**. São Paulo: Atlas, 2018.

SCHALCH, Debora. **Seguros e Resseguros**: aspectos técnicos, jurídicos e econômicos. São Paulo: Saraiva; Virgília. 2010. p. 187 – 188.

OLIVEIRA, Rafael Carvalho Rezende. **Nova perfil da Regulação Estatal** – Administração Pública de Resultados e Análise de Impacto Regulatório. Rio de Janeiro: Forense, 2015.

PRATT, Shannon P. **Cost of Capital** – Estimation and Applications. 2. ed. Hoboken, New Jersey: John Wiley & Sons, Inc, 2002.

SILVA, Fabiana Lopes da *et al.* Evolução do Mercado Segurador e Crescimento Econômico no Brasil. **Revista Eletrônica do Departamento de Ciências Contábeis & Departamento de Atuária e Métodos Quantitativos da FEA-PUC/SP**, https://revistas.pucsp.br/index.php/redeca/article/download/28561/20048#:~:text=Conforme%20Tabela%201%2C%20observa%2Dse,662%25%20no%20per%C3%ADodo%20em%20an%C3%A1lise. Jul- Dez. 2015.

CAMARGO Renata Freitas de. **Custo de Capital**: o guia completo para decidir entre Capital Próprio e Capital de Terceiros. 2016. Disponível em: https://www.treasy.com.br/blog/custo-de-capital-capital-proprio-x-capital-de-terceiros/. Acesso em: 25 de junho de 2021.

BOURIAUX, Sylvie; MACMINN, Richard. Securitization of Catastrophe Risk: New Developments in Insurance Linked Securities and Derivatives. **Journal of Insurance Issues**, January 2009.

American Academy of Actuaries – **Annual Meeting and Public Policy Forum 2019**. Disponível em: https://www.actuary.org/sites/default/files/2019-11/Insurance-Linked-Securities.pdf. Acesso em: 15 de março de 2021.

The Fundamentals of Insurance-Linked Securities. 2011. ILS Department of SWISS Reinsurance Company LTD.

Insurance Linked Securities Investment Managers & Funds Directory (ARTEMIS, 2021).

Third-party capital & ILS assets rise in 2020 as market shows signs of recovery (ARTEMIS, 2021).

Insurance Linked Securities Investment Managers & Funds Directory. Artemis, 2021. Disponível em: https://www.artemis.bm/ils-fund-managers/. Acesso em: 01 de maio de 2021.

GLOBAL reflation positive for re/insurance, ILS & cat bonds: Twelve Capital. Artemis, 2021. Disponível em: https://www.artemis.bm/news/global-reflation-positive-insurance-reinsurance-ils-cat-bonds/. Acesso em: 15 de março de 2021.

After Big Tests, ILS Market Shows Resilience – 2020 Global Insurance-Linked Securities Market Survey Report. (WILLIS TOWERS WATSON, 2020).

Insurance-Linked Securities: Seeking Returns Beyond Traditional Assets (PIMCO, 2019).

2020 Global Insurance-Linked Securities Market Survey Report (WILLIS TOWERS WATSON, 2020).

How alternative capital is driving innovation in risk finance (EY, 2019).

NAÇÕES UNIDAS. **Cresce ameaça da mudança climática no continente africano.** 2020. Disponível em: https://news.un.org/pt/story/2020/10/1730612#:~:text=BR&text=As%20na%C3%A7%C3%B5es%20do%20leste%20e,ao%20clima%20nos%20%C3%BAltimos%20anos.&text=Essa%20%C3%A9%20a%20principal%20conclus%C3%A3o,do%20Clima%20na%20%C3%81frica%202019. Acesso em: 31 de março 2021.

Mercado segurador para riscos cibernéticos cresce com LGPD. FenSeg 2019. Disponível em: https://fenseg.org.br/noticias/mercado-segurador-para-riscos-ciberneticos-cresce-com-lgpd.html. Acesso em: 20 de junho de 2021.

EXTREME Climate Facility (XCF). African Risk Capacity. Disponível em: https://www.africanriskcapacity.org/wp-content/uploads/2018/04/XCF-Policy-Brief-Summary.pdf. Acesso em: 01 de maio de 2021.

A expectativa é de recuperação de perdas com modernização (VALOR ECONÔMICO, 2020). Acesso em Março de 2021.

Insurance Linked Securities Provide Another Reinsurance Option for Captives (MARSH, 2021). Acesso em Março de 2021.

Consulta Pública da SUSEP Cria Securitização de Riscos de Seguro e Nova Modalidade de Ressegurador (DEMAREST, 2020). Acesso em Março de 2021.

SUPERINTENDÊNCIA DE SEGUROS PRIVADOS (SUSEP). **História do Seguro**. Disponível em: http://www.susep.gov.br/menu/a-susep/historia-do-seguro. Acesso em: 01 de junho de 2021.

A História do Seguro. **Blog Tudo Sobre Seguros**, 2020. Disponível em: https://www.tudosobreseguros.org.br/a-historia-do-seguro/. Acesso em: 01 de junho de 2021.

CNSEG. **História do Seguro no Brasil**: do Século XVI ao Regulamento Murtinho. Disponível em: https://cnseg.org.br/conheca-a-cnseg/mercado/historia-do-seguro.html. Acesso em: 01 de junho de 2021. Acesso em Março de 2021.

Insurance- Linked Securities. Alternative Risk Transfer. Institute of Insurance Economics. University of St. Gallen. Acesso em Março de 2021.

ILS Impact on Capital Markets and Their Risk Management. ALI, Syed Danish. 2011. Acesso em Março de 2021.

New United Kingdom Insurance Linked Securities (ILS) Regime, Norton Rose Fulbright (a Global Law Firm). Acesso em Março de 2021.

Insurance Linked Securities – Cyber Risk, Insurers and The Capital Markets, BNY Mellow 2016. Acesso em Março de 2021.

Resseguro e Desenvolvimento: Entre Estado e mercado, Lei e Contrato. Escola de Direito FGV. André Orengel Dias. Acesso em Março de 2021.

O LEGÍTIMO INTERESSE DO CONTROLADOR OU DE TERCEIROS PARA O TRATAMENTO DE DADOS PESSOAIS PREVISTO NA LEI N. 13.709/2018 E A PRESTAÇÃO DE SERVIÇOS DE PAGAMENTO

Karine Evangelista Araujo Oliveira

Introdução

O início do século 21 tem como uma de suas características mais marcantes a consolidação de um cenário com uma quantidade exponencialmente crescente de dados gerados e disponibilizados, bem como, paralelamente, o crescimento da capacidade de processamento desses dados[1].

A título ilustrativo, é possível mencionar alguns números: no ano de 2020, a cada minuto, mais de 40 milhões de mensagens são enviadas via Whatsapp, mais de 1 milhão de chama-

[1] Apenas para fins exemplificativos, cabe destacar o computador quântico desenvolvido pelo Google, que conseguiu descrever os prováveis resultados de um código criado por um gerador de números aleatórios em pouco mais de 3 minutos, quando um computador comum levaria cerca de 10 mil anos. (Viggiano, Giuliana. Google atinge "supremacia quântica", que promete revolucionar a computação. **Galileu**, 23 out. 2019. Disponível em https://revistagalileu.globo.com/Tecnologia/noticia/2019/10/google-atinge-supremacia-quantica-que-promete-revolucionar-computacao.html. Acesso em 14 dez. 2020.)

das de vídeo e de voz são realizadas, um milhão de dólares são gastos online e cerca de 4 mil dólares são gastos em aplicativos móveis, de acordo com levantamento publicado pela empresa Domo, especializada em *cloud computing*[2].

Essa maior facilidade em se criar e disponibilizar dados tem suas implicações. Em razão da evolução tecnológica recente, que permite encurtar distâncias e tempo, sedimentou-se uma nova forma de organização social – a chamada Sociedade da Informação – em que a informação é o elemento nuclear para o desenvolvimento da economia, substituindo os recursos que um dia estruturaram as sociedades agrícola (terra), industrial (produção fabril) e pós-industrial (serviços ofertados), de acordo com Bruno Ricardo Bioni[3].

Como era de se esperar, dados se tornaram matéria prima de toda uma economia (a "economia de dados" ou "*data economy*") sendo, portanto, reconhecidos como verdadeiros ativos de empresas. De acordo com a revista *The Economist*[4], o recurso mais valioso do mundo deixou de ser o petróleo, passando a ser dados.

Conforme ressaltam Ricardo Oliveira e Márcio Cots, ao conhecer melhor seu público, mediante o tratamento de dados pessoais, especialmente no que diz respeito a seus hábitos de consumo, as empresas podem ofertar seus produtos e serviços de forma mais assertiva, refletir sobre novos negócios e oportunidades e obter para si diferenciais competitivos. Além disso, o

[2] DOMO, INC. **Data never sleeps 8.0.** Domo, 2020. Disponível em https://www.domo.com/learn/data-never-sleeps-8. Acesso em 06 dez. 2020.

[3] BIONI, Bruno Ricardo. **Proteção de dados pessoais**: a função e os limites do consentimento. 2ª ed. Rio de Janeiro: Forense, 2020. p. 3-4.

[4] THE ECONOMIST. The world's most valuable resource is no longer oil, but data. **The Economist.** 06 maio 2017. Disponível em https://www.economist.com/leaders/2017/05/06/the-worlds-most-valuable-resource-is-no-longer-oil-but-data. Acesso em 06 dez. 2020.

tratamento de dados pessoais permite a customização do atendimento ao consumidor, o que agrega valor às marcas[5].

O tratamento intensivo de dados pessoais tornou necessário resgatar e reestabelecer os termos do compromisso das instituições com os indivíduos, no que diz respeito à proteção e à garantia dos direitos humanos fundamentais, entre os quais a privacidade, já celebrados desde a Declaração Universal dos Direitos Humanos, de 1948, como salienta Patricia Peck Pinheiro[6].

Conforme destaca Rony Vainzof, a busca do equilíbrio "entre interesses sociais e econômicos, entre o público e o privado, entre liberdade, proteção e segurança" é, desde sempre, o maior desafio e elemento fundamental da atividade regulatória[7].

A par dessas mudanças, diversos países iniciaram seus movimentos no sentido de regular a utilização de dados ou aprimorar a regulação já existente – destacando-se o Regulamento Geral de Proteção de Dados da União Europeia – RGPD, mais conhecido como GDPR (do inglês *General Data Protection Regulation*).

A norma, aprovada em abril de 2016, teve efeitos que extrapolaram as fronteiras da União Europeia, uma vez que estabelece que "empresas europeias somente poderiam contratar empresas estrangeiras se estas estivessem localizadas em países que possuíssem grau de proteção igual ou superior ao estabelecido em seu território", como ressaltam Ricardo Oliveira e Marcio Cots[8].

[5] OLIVEIRA, Ricardo; COTS, Márcio. **O legítimo interesse e a LGPDP**: Lei Geral de Proteção de Dados Pessoais. 1ª ed. São Paulo: RT, 2020. p. 28.

[6] PINHEIRO, Patrícia Peck. **Proteção de dados pessoais**: comentários à Lei 13.709/2018 (LGPD). 2ª ed. São Paulo: Saraiva Educação, 2020. p. 17.

[7] VAINZOF, Rony. Dados pessoais, tratamento e princípios. In: MALDONADO, Viviane Nobrega; BLUM, Renato Opice (Coord.). **Comentários ao GDPR – Regulamento Geral de Proteção de Dados da União Europeia**, 2ª ed. São Paulo: RT, 2019. p. 34.

[8] OLIVEIRA, Ricardo; COTS, Márcio. **O legítimo interesse e a LGPDP**: Lei Geral de Proteção de Dados Pessoais. 1ª ed. São Paulo: RT, 2020. p. 30.

Este foi um fator acelerador para a atividade legislativa nacional, haja vista que o Brasil não poderia se dar ao luxo de enfrentar dificuldades para fazer negócios com os países europeus.

Um outro fator, apontado por Pietra Daneluzzi Quinelato[9], foi o escândalo da *Cambridge Analytica*, noticiado no início de 2018, que trouxe à baila discussões a respeito dos limites ao tratamento de dados pessoais – de acordo com o apurado, o tratamento indevido de dados pessoais e direcionamento de propaganda eleitoral pode ter afetado o resultado das eleições americanas de 2016.

Após longas discussões no Congresso e debates calorosos, com a participação da sociedade civil, em agosto de 2018, a Lei nº 13.709, mais conhecida como Lei Geral de Proteção de Dados Pessoais ou LGPD, fortemente inspirada no GDPR, foi sancionada pelo então Presidente Michel Temer.

Até então, o ordenamento jurídico brasileiro não contava com uma normativa sistemática e transversal, que reconhecesse a proteção de dados como um direito autônomo, aplicável de forma ampla a entes públicos e privados, de todos os setores econômicos, atuantes tanto no meio digital quanto no meio físico, como salienta Felipe Schvartzman[10].

Isto, contudo, não significa que o ordenamento jurídico pátrio não regulava a proteção de dados pessoais. Embora, de fato, não houvesse uma legislação geral sobre o tema, havia uma série de normas esparsas que em certa medida traziam, direta ou indiretamente, disposições que tutelavam informações pessoais (o que sempre exigia um considerável esforço de interpre-

[9] QUINELATO, Pietra Daneluzzi. A proteção de dados pessoais no âmbito das *startups*. In: OIOLI, Erik Frederico (Coord.). **Manual de direito para startups**. 2ª ed. São Paulo: RT, 2020. p. 251.

[10] SCHVARTZMAN, Felipe. Lei Geral de Proteção de Dados Pessoais e riscos cibernéticos: coexistência de normas no mercado de meios de pagamento. In: COHEN, Gabriel Luiz Schvartzman (Coord.). **Direito dos Meios de Pagamento**. São Paulo: Quartier Latin, 2020, p. 379-380.

tação, como salientam Danilo Leme Crespo e Dalmo Ribeiro Filho[11]). Entre tais normas, é possível destacar tanto normas de amplo escopo e quanto normas setoriais.

Entre as normas de amplo escopo, vale mencionar a Constituição Federal[12]; o Código Civil[13]; normas de proteção aos direitos do consumidor como o Código de Defesa do Consumi-

[11] CRESPO, Danilo Leme; FILHO, Dalmo Ribeiro. A evolução legislativa brasileira sobre a proteção de dados pessoais: a importância da promulgação da Lei Geral de Proteção de Dados Pessoais. **Revista de Direito Privado**. v. 98, p. 1-20. mar – abr 2019. Disponível em https://revistadostribunais.com.br/maf/app/resultList/document?&src=rl&srguid=i0ad6adc600000179f81daabd6fc295cb&docguid=I98c1d5d04a0611e9b1d8010000000000&hitguid=I98c1d5d04a0611e9b1d8010000000000&spos=2&epos=2&td=102&context=136&crumb-action=append&crumb-label=Documento&isDocFG=false&isFromMultiSumm=&startChunk=1&endChunk=1. Acesso em 10 jun. 2021. p. 9. (Paginação da versão eletrônica difere da versão impressa).

[12] O texto constitucional estabelece em seu art. 5º, X, que são invioláveis a intimidade, a vida privada, a honra e a imagem das pessoas, assegurado o direito a indenização pelo dano material ou moral decorrente de sua violação, protegendo assim "a esfera privada do indivíduo em diversas dimensões, inclusive na dimensão da privacidade de seus dados pessoais e na autodeterminação de suas informações", de acordo com Laura Schertel Mendes. (MENDES, Laura Schertel. O direito fundamental à proteção de dados pessoais. **Revista de Direito do Consumidor**, v. 79, p. 1-26, 2011. Disponível em: https://revistadostribunais.com.br/maf/app/resultList/document?&src=rl&srguid=i0ad6adc60000017a5a98d7c0a617e29d&docguid=I1977b2a0008911e1968d00008558bdfc&hitguid=I1977b2a0008911e1968d00008558bdfc&spos=7&epos=7&td=7&context=294&crumb-action=append&crumb-label=Documento&isDocFG=false&isFromMultiSumm=&startChunk=1&endChunk=1. Acesso em 02 jun. 2021. p. 11. (Paginação da versão eletrônica difere da versão impressa).

[13] A proteção consagrada no texto constitucional é transposta no Capítulo II do Código Civil, que trata dos direitos da personalidade, os quais, de acordo com Nelson Nery Junior, compreendem "tudo aquilo que disser respeito à natureza do ser humano, como por exemplo, a vida, liberdade, proteção de dados pessoais, integridade física e moral, honra, imagem, vida privada, privacidade, intimidade, intangibilidade da família, autoestima, igualdade, segurança". (NERY JUNIOR, Nelson; Nery, Rosa Maria de Andrade. **Código Civil anotado e legislação extravagante**. 2. ed. rev. e ampl. São Paulo: Ed. RT, 2004, p. 157.)

dor[14], a Lei nº 12.414/2011 (mais conhecida como "Lei do Cadastro Positivo")[15] e o Decreto nº 7.962/2013[16]; e, por fim, a Lei nº 12.965/2014, mais conhecida como Marco Civil da Internet[17], e

[14] A norma contém uma seção específica a respeito dos bancos de dados e cadastro de consumidores, que estabelece uma série de salvaguardas para os consumidores e obrigações para as entidades responsáveis por tais bancos de dados e cadastros. Trata-se de dispositivo que, segundo Bruno Ricardo Bioni, consubstancia a intenção do legislador de regular todos os bancos de dados que poderiam afetar o livre desenvolvimento da personalidade dos consumidores. (BIONI, Bruno Ricardo. **Proteção de dados pessoais**: a função e os limites do consentimento. 2ª ed. Rio de Janeiro: Forense, 2020. p. 121.)

[15] A norma, que disciplina a formação e consulta a bancos de dados com informações de adimplemento de pessoas naturais ou de pessoas jurídicas, para formação de histórico de crédito, contém disposições complementares às do CDC, proibindo a anotação de informações excessivas (assim consideradas aquelas que não estiverem vinculadas à análise de risco de crédito ao consumidor) e de informações sensíveis (assim consideradas aquelas pertinentes à origem social e étnica, à saúde, à informação genética, à orientação sexual e às convicções políticas, religiosas e filosóficas), bem como o uso das informações para finalidades estranhas à atividade de análise de crédito. Em sua redação original, privilegiava o consentimento, estabelecendo que a abertura de cadastro pressupunha autorização prévia (*opt-in*) do potencial cadastrado mediante consentimento informado por meio de assinatura em instrumento específico ou em cláusula apartada e que o compartilhamento de informação de adimplemento somente seria permitido se autorizado expressamente pelo cadastrado, por meio de assinatura em instrumento específico ou em cláusula apartada. Após a promulgação da Lei Complementar nº 166/2019, a norma foi modificada de forma que a autorização prévia passou a ser dispensada, ficando assegurado ao consumidor o direito de solicitar a retirada de seu nome do banco de dados (*opt-out*). Ademais, o compartilhamento de informações pelo gestor do banco de dados com outros bancos de dados passou a ser autorizado, sendo transferidas ao gestor receptor as obrigações e as responsabilidades do gestor que originariamente anotou a informação.

[16] Norma que regulamenta o CDC, para dispor sobre a contratação no comércio eletrônico, que determinou a obrigatoriedade de utilização de mecanismos de segurança eficazes para pagamento e para tratamento de dados do consumidor, conforme art. 4º, VII.

[17] Diploma legal que regula o uso da Internet no Brasil, estabelecendo princípios para sua disciplina (entre os quais estão a proteção da privacidade e a proteção

o Decreto nº 8.771/2016, que o regulamenta[18]. Entre as normas setoriais, para os fins deste artigo, merecem destaque a Lei nº 12.865/2013[19]; a Lei Complementar nº 105/2013, mais conhecida como Lei de Sigilo Bancário[20]; e a Circular BCB nº 3.681/2013[21].

dos dados pessoais), garantias, direitos e deveres, criando uma moldura de direitos e liberdades civis, que pretendeu traduzir os princípios constitucionais fundamentais para a Internet, conforme salienta Ronaldo Lemos. (LEMOS, Ronaldo. O Marco Civil como símbolo do desejo por inovação no Brasil. In: LEITE, George Salomão; LEMOS, Ronaldo (Coord.). **Marco Civil da Internet**. São Paulo: Atlas, 2014, p. 3-11.)

[18] Entre outras disposições, referido decreto estabelece regras específicas para a proteção aos registros, aos dados pessoais e às comunicações privadas.

[19] Marco regulatório do setor de pagamentos, introduziu no ordenamento jurídico brasileiro as figuras dos arranjos e das instituições de pagamentos, atribuindo competência ao Banco Central do Brasil ("BCB") para regulá-las e supervisioná-las, conforme diretrizes estabelecidas pelo Conselho Monetário Nacional ("CMN"). No exercício desta competência, e em observância ao princípio previsto no art. 7º, IV, da Lei nº 12.865/2013, que estabelece que os arranjos e instituições de pagamento devem atender "às necessidades dos usuários finais, em especial liberdade de escolha, segurança, proteção de seus interesses econômicos, tratamento não discriminatório, privacidade e proteção de dados pessoais, transparência e acesso a informações claras e completas sobre as condições de prestação de serviços", o BCB e o CMN editaram regras que disciplinam pontos que tangenciam a proteção de dados pessoais

[20] Por força da Resolução nº 4.282/2013, do CMN, que estabelece as diretrizes que devem ser observadas na regulamentação, na vigilância e na supervisão das instituições de pagamento e dos arranjos de pagamento integrantes do Sistema de Pagamentos Brasileiro, os instituidores de arranjos de pagamento e as instituições de pagamento ficam sujeitos ao disposto na Lei de Sigilo Bancário, que trata do sigilo das operações de instituições financeiras, estabelecendo que em regra, salvo se houver ordem judicial ou solicitação de comissão parlamentar de inquérito para revelação de informações, as instituições financeiras conservarão sigilo em suas operações ativas e passivas e serviços prestados.

[21] Referido ato normativo dispõe sobre o gerenciamento de riscos, os requerimentos mínimos de patrimônio, a governança de instituições de pagamento, a preservação do valor e da liquidez dos saldos em contas de pagamento, e dá outras providências, sendo que, no que diz respeito a elementos de controle operacional, a norma determina que as instituições de pagamento devem criar

A LGPD foi editada justamente com o objetivo de centralizar em um único diploma legal as principais determinações relativas ao tratamento de dados referentes a pessoas naturais, acarretando consequências extensíveis a todos os setores da economia, contemplando as atividades de entes públicos e privados, independentemente de o tratamento ser realizado por meio eletrônico ou não.

Dessa forma, considerando-se que as atividades da indústria de meios de pagamento como um todo e das instituições de pagamento[22], especificamente, desenvolvem-se em um cenário de intensa coleta, processamento e compartilhamento de dados pessoais[23], é pertinente examinar as hipóteses de tratamento

mecanismos que lhe permitam prever os riscos inerentes a suas atividades, conforme destaca Fabio de Almeida Braga, o qual ressalta ainda que "esse propósito está presente, também, na regra do art. 4º da citada Circular, que determina que a estrutura de gerenciamento de riscos deve prever mecanismos de proteção e segurança de dados armazenados, processados ou transmitidos, além de procedimentos para monitorar, rastrear e restringir acesso a dados sensíveis, redes, sistemas, bases de dados e módulos de segurança, e ainda, revisão das medidas de segurança e de sigilo de dados". (BRAGA, Fabio de Almeida. Aplicabilidade da Lei de Sigilo Bancário na Atuação dos Instituidores de Arranjos e das Instituições de Pagamento. In: COHEN, Gabriel Luiz Schvartzman (Coord.). **Direito dos Meios de Pagamento**. São Paulo: Quartier Latin, 2020, p. 447.)

22 Pessoa jurídica que, aderindo a um ou mais arranjos de pagamento, tenha como atividade principal ou acessória, alternativa ou cumulativamente: (a) disponibilizar serviço de aporte ou saque de recursos mantidos em conta de pagamento; (b) executar ou facilitar a instrução de pagamento relacionada a determinado serviço de pagamento, inclusive transferência originada de ou destinada a conta de pagamento; (c) gerir conta de pagamento; (d) emitir instrumento de pagamento; (e) credenciar a aceitação de instrumento de pagamento; (f) executar remessa de fundos; (g) converter moeda física ou escritural em moeda eletrônica, ou vice-versa, credenciar a aceitação ou gerir o uso de moeda eletrônica; e (h) outras atividades relacionadas à prestação de serviço de pagamento, designadas pelo Banco Central do Brasil, conforme art. 6º, III, da Lei nº 12.865/2013.

23 A este respeito, Fabio de Almeida Braga esclarece que, ao permitirem a realização de pagamentos independentemente de relacionamentos com bancos

de dados pessoais previstas na LGPD, para se identificar quais seriam as bases legais para o tratamento realizado no âmbito das atividades de tais instituições.

A norma estabelece que o tratamento de dados pessoais somente pode ser realizado quando configuradas as hipóteses listadas em seu art. 7º, quais sejam: (i) mediante o consentimento do titular; (ii) para o cumprimento de obrigação legal ou regulatória; (iii) pela administração pública, para o tratamento e uso compartilhado de dados necessários à execução de políticas públicas previstas em leis e regulamentos ou respaldadas em contratos, convênios ou instrumentos congênere; (iv) para a realização de estudos por órgão de pesquisa; (v) quando necessário para a execução de contrato ou de procedimentos preliminares relacionados a contrato do qual seja parte o titular, a pedido do titular dos dados; (vi) para o exercício regular de direitos em processo judicial, administrativo ou arbitral; (vii) para a proteção da vida ou da incolumidade física do titular ou de terceiro; (viii) para a tutela da saúde, exclusivamente, em procedimento realizado por profissionais de saúde, serviços de saúde ou autoridade sanitária; (ix) quando necessário para atender aos interesses legítimos do controlador ou de terceiros, exceto no caso de prevalecerem direitos e liberdades fun-

e outras instituições financeiras, possibilitando, até mesmo, a realização de transações de pagamento mediante o uso de telefones celulares, as instituições de pagamento lidam diretamente com os dados e informações financeiras dos usuários. O autor salienta que, assim sendo, tais instituições têm acesso não só a informações e a valores transferidos entre pagadores e recebedores, mas também a inúmeras informações e dados referentes à identidade e diversas peculiaridades de perfil dos usuários – sejam eles remetentes pagadores ou destinatários e beneficiários do fluxo de recursos financeiros. (Braga, Fabio de Almeida. Aplicabilidade da Lei de Sigilo Bancário na Atuação dos Instituidores de Arranjos e das Instituições de Pagamento. In: Cohen, Gabriel Luiz Schvartzman (Coord.). **Direito dos Meios de Pagamento**. São Paulo: Quartier Latin, 2020, p. 435).

damentais do titular que exijam a proteção dos dados pessoais; ou (x) para a proteção do crédito.

A redação da maioria das bases de tratamento previstas na legislação é bastante precisa e objetiva, mas isto não pode ser dito a respeito do interesse legítimo. A terminologia adotada é ampla e carregada de subjetividade, o que torna um desafio o adequado manejo desta base legal de tratamento de dados pessoais.

Assim, pretende-se analisar os limites do legítimo interesse do controlador ou de terceiros para o tratamento de dados pessoais previsto na Lei nº 13.709/2018, para que se possa identificar os casos em que o tratamento de dados pessoais pelas instituições de pagamento poderá justificar-se pelo legítimo interesse – ficando dispensada a obtenção do consentimento dos titulares de tais dados (as pessoas físicas às quais os dados dizem respeito).

O tema possui grande potencial de gerar debate, tendo em vista que a LGPD entrou em vigor no mês de setembro de 2020 (ainda sem a possibilidade de aplicação de sanções administrativas[24], que serão aplicáveis apenas a partir de agosto de 2021), após sucessivas mudanças na data de início de sua vigência e a

[24] De acordo com o art. 52 da norma, podem ser aplicadas as penalidades de advertência, com indicação de prazo para adoção de medidas corretivas; multa simples, de até 2% (dois por cento) do faturamento da pessoa jurídica de direito privado, grupo ou conglomerado no Brasil no seu último exercício, excluídos os tributos, limitada, no total, a R$ 50.000.000,00 (cinquenta milhões de reais) por infração; multa diária, observado o limite total de R$ 50.000.000,00 (cinquenta milhões de reais) por infração; publicização da infração após devidamente apurada e confirmada a sua ocorrência; bloqueio dos dados pessoais a que se refere a infração até a sua regularização; eliminação dos dados pessoais a que se refere a infração; suspensão parcial do funcionamento do banco de dados a que se refere a infração pelo período máximo de 6 (seis) meses, prorrogável por igual período, até a regularização da atividade de tratamento pelo controlador; suspensão do exercício da atividade de tratamento dos dados pessoais a que se refere a infração pelo período máximo de 6 (seis) meses, prorrogável por igual

superação da inércia governamental quanto à criação da Autoridade Nacional de Proteção de Dados ("ANPD").

O órgão iniciou suas atividades em dezembro de 2020, com a publicação de seu sítio eletrônico (canal oficial de comunicação com o público externo) e já adotou algumas medidas importantes, tais como a publicação da agenda regulatória 2021/2022, a tomada de subsídios para regulamentação da aplicação da LGPD para microempresas e empresas de pequeno porte, a publicação do planejamento estratégico 2021/2023, a disponibilização de canal para encaminhamento de dúvidas sobre a interpretação da norma, a tomada de subsídios para regulamentação da notificação de incidentes de segurança[25] e a abertura de consulta pública sobre a norma que regulará o processo de fiscalização e aplicação de sanções pelo órgão[26].

Contudo, as atividades ainda são bastante incipientes e há diversas incertezas a respeito da interpretação da LGPD, sendo uma delas os limites do legítimo interesse do controlador ou de terceiros para o tratamento de dados pessoais. Como utilizar esta base legal com bom grau de segurança jurídica, de forma a viabilizar o desenvolvimento da livre iniciativa e de novos negócios, sem expor os titulares dos dados a riscos extraordinários?

No decorrer das atividades de uma instituição de pagamentos, tais como a criação dos termos e condições de uso dos produtos ofertados, a criação de sua política de privacidade, o

período; e até mesmo a proibição parcial ou total do exercício de atividades relacionadas a tratamento de dados.

[25] AUTORIDADE NACIONAL DE PROTEÇÃO DE DADOS. Confira linha do tempo sobre principais ações da ANPD. 14 abr. 2021. Disponível em https://www.gov.br/anpd/pt-br/assuntos/noticias/confira-linha-do-tempo-com-as-principais-acoes-da-anpd. Acesso em 01 jun. 2021.

[26] AUTORIDADE NACIONAL DE PROTEÇÃO DE DADOS. ANPD abre consulta pública sobre norma de fiscalização. 28 maio. 2021. Disponível em https://www.gov.br/anpd/pt-br/assuntos/noticias/confira-linha-do-tempo-com-as-principais-acoes-da-anpd. Acesso em 01 jun. 2021.

desenvolvimento de novos produtos, a definição do processo de *onboarding* de clientes para cada produto, a definição da estratégia de comunicação com *prospects* e abordagem de *leads*, a elaboração de diversos contratos com fornecedores e parceiros, entre outras, verifica-se que a execução de tais atividades depende do tratamento de dados pessoais e as perguntas "Preciso de consentimento?" e "Pode ser legítimo interesse?" surgem com frequência.

Buscar a resposta desta pergunta é de grande importância, pois as penalidades administrativas previstas para os casos de tratamento irregular de dados pessoais incluem multas que podem chegar a R$ 50.000.000,00 (cinquenta milhões de reais) por infração – isso sem mencionar o potencial prejuízo à imagem da empresa. Trata-se de um desafio considerável, tendo em vista que a LGPD entrou em vigor há pouco tempo e não existe um consenso a respeito de como a norma deve ser interpretada.

Em atenção a este cenário, este trabalho possui o objetivo de analisar os requisitos para utilização da base legal do legítimo interesse do controlador ou de terceiros para o tratamento de dados pessoais pelas instituições prestadoras de serviços de pagamento, de forma a maximizar a segurança jurídica.

Para sua elaboração, será realizada a análise de textos legais e infralegais relevantes, bem como o estudo de doutrina nacional e estrangeira relativas à temática escolhida – notadamente, materiais a respeito do entendimento adotado pelas autoridades de proteção de dados europeias para utilização da base legal do legítimo interesse do controlador ou de terceiros, uma vez que a o GDPR inspirou a LGPD, em grande medida.

Inicialmente, o trabalho tratará da LGPD em si, apresentando os principais conceitos e as bases legais relevantes, considerando as atividades desenvolvidas por instituições de pagamento.

O legítimo interesse será tratado em um capítulo específico, subsequente ao primeiro. Nele são apresentadas considerações sobre a forma como o tema é tratado no direito comunitário europeu, discorre-se sobre o tratamento do tema no ordenamento jurídico brasileiro e trata-se, ainda, do teste de proporcionalidade do legítimo interesse. Ao longo do capítulo, ressalta-se a semelhança entre a LGPD e o GDPR, bem como a possibilidade de utilização das orientações das autoridades de proteção de dados europeias como referência para interpretação de questões controversas a respeito desta base legal, até que haja orientações da ANPD sobre o tema.

Por fim, trata-se especificamente do uso do legítimo interesse do controlador ou de terceiros para o tratamento de dados pessoais no âmbito da prestação de serviços de pagamento.

Naturalmente, não se pretende esgotar o tema, tendo em conta que analisar a aplicação da LGPD a indústria de pagamentos é uma atividade que envolve o estudo de uma nova norma, que entrou em vigor há pouco, que está sujeita à atuação da ANPD. Assim, este trabalho tem o propósito descritivo e, em certa medida, também prescritivo, diante das expectativas em relação à aplicação do texto legal.

1. Lei Geral de Proteção de Dados Pessoais: conceitos e bases legais relevantes para a compreensão do tema

A Lei Geral de Proteção de Dados representa não só uma mudança legislativa, mas "o marco de uma nova cultura de tutela da privacidade e dos dados pessoais no Brasil", segundo Mario Viola e Chiara Spadaccini de Teffé[27], fazendo com que os indivíduos tenham a seu dispor instrumentos mais específicos e adequados para zelar pelas informações que lhes dizem respeito – sem deixar de reconhecer a importância de fomentar

[27] VIOLA, Mario; TEFFÉ, Chiara Spadaccini de. Tratamento de dados pessoais na LGPD: estudo sobre as bases legais dos artigos 7º e 11º. In: BIONI, Bruno et al (Coords.). **Tratado de Proteção de Dados Pessoais**. Rio de Janeiro: Grupo GEN, 2020, p. 159.

o desenvolvimento econômico e tecnológico e a inovação, vale ressaltar.

Neste sentido, a norma estabelece que a disciplina da proteção de dados pessoais possui como fundamentos:

a) o respeito à privacidade;
b) a autodeterminação informativa;
c) a liberdade de expressão, de informação, de comunicação e de opinião;
d) a inviolabilidade da intimidade, da honra e da imagem;
e) o desenvolvimento econômico e tecnológico e a inovação;
f) a livre iniciativa, a livre concorrência e a defesa do consumidor; e
g) os direitos humanos, o livre desenvolvimento da personalidade, a dignidade e o exercício da cidadania pelas pessoas naturais.

Feitas estas considerações iniciais sobre a norma, apresenta-se, a seguir, seus principais conceitos e as bases legais relevantes para compreensão do tema deste artigo.

1.1. Dados pessoais

Conforme aponta Rony Vainzof, a LGPD adotou o conceito expansionista de dado pessoal[28], haja vista que, de acordo seu art. 5º, I, dado pessoal é qualquer "informação relacionada a pessoa natural identificada ou identificável". Assim, são considerados dados pessoais não apenas aquelas informações que identificam um indivíduo de forma direta, mas também aquelas que possuem o potencial de identificá-lo, ainda que mediante sua combinação com outras informações.

[28] VAINZOF, Rony. Comentários ao art. 5º. In: MALDONADO, Viviane Nobrega; BLUM, Renato Opice (Coord.). **LGPD**: Lei Geral de Proteção de Dados comentada, 2ª ed. São Paulo: RT, 2019. p. 89.

A definição adotada pela LGPD, que já havia sido utilizada anteriormente, quando da edição do Decreto nº 8.771/2016, que regulamentou o Marco Civil da Internet, é semelhante à do GDPR, segundo o qual dado pessoal é "qualquer informação relativa a uma pessoa natural identificada ou identificável" – o normativo europeu, contudo, vai um pouco além, detalhando em seu atr. 4º, 1, o que considera ser uma pessoa natural identificável (o que não ocorre na lei brasileira)[29]:

> é considerada identificável uma pessoa singular que possa ser identificada, direta ou indiretamente, em especial por referência a um identificador, como por exemplo um nome, um número de identificação, dados de localização, identificadores por via eletrônica ou a um ou mais elementos específicos da identidade física, fisiológica, genética, mental, econômica, cultural ou social dessa pessoa singular;

Vale ressaltar que, para os fins da LGPD, dados anonimizados não são considerados dados pessoais, salvo quando o processo de anonimização for revertido, utilizando exclusivamente meios próprios, ou quando, com esforços razoáveis[30], puder ser revertido, conforme determina o art. 12 da norma.

Neste sentido, podem ser considerados como dados pessoais, para os fins da LGPD, as informações utilizadas para formação

[29] UNIÃO EUROPEIA. Regulamento (UE) nº 2016/679 do Parlamento Europeu e do Conselho, de 23 de abril de 2016, relativo à proteção das pessoas singulares no que diz respeito ao tratamento de dados pessoais e à livre circulação desses dados e que revoga a Diretiva 95/46/CE (Regulamento Geral sobre a Proteção de Dados). **Jornal Oficial da União Europeia**, Bruxelas, 04 maio 2016. Disponível em: https://eur-lex.europa.eu/legal-content/PT/TXT/PDF/?uri=OJ:L:2016:119:FULL&from=PT. Acesso em: 17 jun. 2021.

[30] Conforme §1º de tal dispositivo legal, a determinação da razoabilidade deve levar em consideração critérios objetivos, tais como custo e tempo necessários para reverter o processo de anonimização, de acordo com as tecnologias disponíveis, e a utilização exclusiva de meios próprios.

do perfil comportamental de determinada pessoa natural, se identificada.

1.2. Dados pessoais sensíveis

A LGPD introduz no ordenamento jurídico brasileiro a definição de dado pessoal sensível: dado pessoal sobre origem racial ou étnica, convicção religiosa, opinião política, filiação a sindicato ou a organização de caráter religioso, filosófico ou político, dado referente à saúde ou à vida sexual, dado genético ou biométrico, quando vinculado a uma pessoa natural.

O conceito contempla um conjunto de dados pessoais cujo tratamento pode implicar algum tipo de discriminação, acarretando "riscos e vulnerabilidades potencialmente mais gravosas aos direitos e liberdades fundamentais dos titulares", conforme aponta Rony Vainzof.[31] – por esta razão, tais dados exigem uma proteção específica.

Em relação a tais dados, é importante destacar dois pontos de atenção para o mercado de pagamentos, como salienta Felipe Schvartzman[32]:

> Primeiro, os dados financeiros, por si, não são considerados dados sensíveis. Embora possa haver algum senso popular de que informações como salários, transações bancárias, dados transacionais e lançamentos na fatura do cartão de crédito seriam dados "sensíveis", a LGPD não os reconhece com esse status em princípio.
>
> Em segundo lugar, vale registrar que os dados biométricos compõem o rol de dados sensíveis previsto na lei. Assim, à medida

[31] VAINZOF, Rony. Comentários ao art. 5º. In: MALDONADO, Viviane Nobrega; BLUM, Renato Opice (Coord.). **LGPD**: Lei Geral de Proteção de Dados comentada, 2ª ed. São Paulo: RT, 2019. p. 92.

[32] SCHVARTZMAN, Felipe. Lei Geral de Proteção de Dados Pessoais e riscos cibernéticos: coexistência de normas no mercado de meios de pagamento. In: COHEN, Gabriel Luiz Schvartzman (Coord.). **Direito dos Meios de Pagamento**. São Paulo: Quartier Latin, 2020, p. 389.

que alguns serviços lançam mão de soluções de pagamento com o uso de biometria, tais situações passam a atrair o conjunto de regras mais protetivas para o tratamento de dados sensíveis.

A LGPD estabelece uma proteção especial em relação a tais dados, ao determinar hipóteses mais limitadas para seu tratamento (inexistindo, por exemplo, a possibilidade de tratamento de dados pessoais sensíveis com base em legítimo interesse do controlador ou de terceiros) e ao exigir que, nos casos em que a base legal para tratamento de tais dados seja o consentimento, este seja específico e destacado.

1.3. Agentes de tratamento de dados pessoais

A norma define, ainda, duas categorias de agentes de tratamento de dados pessoais: o controlador (a pessoa natural ou jurídica, de direito público ou privado, a quem competem as decisões sobre o tratamento de dados pessoais) e o operador (a pessoa natural ou jurídica, de direito público ou privado, que realiza o tratamento de dados em nome do controlador).

Como não poderia deixar de ser, é sobre o controlador que recai a maior parte do ônus regulatório estabelecido pela LGPD, haja vista que este é o agente responsável pela tomada de decisões sobre o tratamento de dados – entre as quais vale destacar a decisão quanto ao enquadramento de cada operação de tratamento de dados em pelo menos uma das bases legais previstas na norma.

Não obstante, a norma também impõe certas obrigações para os operadores, sendo que a principal é realizar o tratamento em consonância com as normas de proteção de dados e apenas nos limites das determinações do controlador.

1.4. Tratamento de dados pessoais

Para fins da LGPD, tratamento é toda e qualquer operação realizada com dados pessoais, adotando-se, mais uma vez, um conceito expansionista. Assim, a norma não traz um rol taxativo de operações de tratamento de dados, mas exemplifica algumas hipóteses de tratamento, quais sejam: coleta, produção, recepção, classificação, utilização, acesso, reprodução, transmissão, distribuição, processamento, arquivamento, armazenamento, eliminação, avaliação ou controle da informação, modificação, comunicação, transferência, difusão ou extração de dados pessoais.

Novamente, a definição adotada é bastante semelhante àquela constante no GDPR, que define tratamento como "operação ou conjunto de operações efetuada sobre dados pessoais ou sobre conjuntos de dados pessoais, por meios automatizados ou não automatizados", passando, então a um rol exemplificativo de operações de tratamento.

Ainda, a LGPD dispõe que as atividades de tratamento de dados pessoais devem observar a boa-fé e uma série de princípios, quais sejam:

a) finalidade, segundo o qual o tratamento somente pode ocorrer para propósitos legítimos, específicos, explícitos e informados ao titular, sem possibilidade de tratamento posterior de forma incompatível com essas finalidades;
b) adequação, exigindo-se que o tratamento seja compatível com as finalidades informadas ao titular, de acordo com o contexto do tratamento;
c) necessidade, devendo o tratamento limitar-se ao mínimo necessário para a realização de suas finalidades, com abrangência dos dados pertinentes, proporcionais e não excessivos em relação às finalidades do tratamento de dados;
d) livre acesso, sendo garantido aos titulares a consulta facilitada e gratuita sobre a forma e a duração do tratamento, bem como sobre a integralidade de seus dados pessoais;

e) qualidade dos dados, de acordo com o qual deve ser garantida aos titulares a exatidão, clareza, relevância e atualização dos dados, de acordo com a necessidade e para o cumprimento da finalidade de seu tratamento;
f) transparência, sendo necessário garantir aos titulares informações claras, precisas e facilmente acessíveis sobre a realização do tratamento e os respectivos agentes de tratamento, observados os segredos comercial e industrial;
g) segurança, exigindo-se a utilização de medidas técnicas e administrativas aptas a proteger os dados pessoais de acessos não autorizados e de situações acidentais ou ilícitas de destruição, perda, alteração, comunicação ou difusão;
h) prevenção, sendo necessário adotar medidas para prevenir a ocorrência de danos em virtude do tratamento de dados pessoais;
i) não discriminação, ficando vedada a realização do tratamento para fins discriminatórios ilícitos ou abusivos; e
j) responsabilização e prestação de contas, de acordo com o qual o agente de tratamento de dados fica obrigado a demonstrar a adoção de medidas eficazes e capazes de comprovar a observância e o cumprimento das normas de proteção de dados pessoais e, até mesmo, da eficácia dessas medidas.

1.5. Bases legais para tratamento

A história nos mostra que a proteção de dados pessoais tem sido interpretada como o direito de o titular das informações autodeterminar seus dados pessoais, como aponta Bruno Ricardo Bioni[33]. A este respeito, Felipe Schvartzman destaca que:

[33] Bioni, Bruno Ricardo. **Proteção de dados pessoais**: a função e os limites do consentimento. 2ª ed. Rio de Janeiro: Forense, 2020. p. XXVIII

Ao longo do tempo, a perspectiva de que o próprio titular deve ter controle sobre os seus dados pessoais, durante todo o fluxo da informação, tornou-se a tônica das leis de proteção de dados pessoais pelo mundo, o que se traduziu, em regra, pela técnica de se exigir o consentimento para que os dados sejam coletados, armazenados, processados e compartilhados. A partir de então, adotou-se como parâmetro normativo a ciência do usuário, seguida da sua escolha em permitir ou barrar a coleta, tratamento, uso e transmissão de dados pessoais, sob pena de tal prática ser ilícita.[34]

No ordenamento jurídico brasileiro pré-LGPD, as normas que tangenciavam o tema da proteção de dados pessoais também se centravam no consentimento como a base legal que autorizava o tratamento de dados pessoais, "relegando algumas situações à margem da lei, mesmo quando o consentimento não deveria ser necessário ou mesmo desejável", como salienta o já mencionado Felipe Schvartzman[35].

Não se pode esquecer que a força motriz de nossa economia é a atividade empresária e que, ao reduzirmos seu desempenho, por qualquer razão, impacta-se toda uma cadeia de *stakeholders* – assim, a implementação de uma norma geral de proteção de dados pessoais não deve ser um entrave ao empreendedorismo e sim um mecanismo para que a atividade empresarial se desenvolva com maior segurança jurídica, como ressaltam Ricardo Oliveira e Márcio Cots[36].

[34] SCHVARTZMAN, Felipe. Lei Geral de Proteção de Dados Pessoais e riscos cibernéticos: coexistência de normas no mercado de meios de pagamento. In: COHEN, Gabriel Luiz Schvartzman (Coord.). **Direito dos Meios de Pagamento**. São Paulo: Quartier Latin, 2020, p. 392.

[35] SCHVARTZMAN, Felipe. Lei Geral de Proteção de Dados Pessoais e riscos cibernéticos: coexistência de normas no mercado de meios de pagamento. In: COHEN, Gabriel Luiz Schvartzman (Coord.). **Direito dos Meios de Pagamento**. São Paulo: Quartier Latin, 2020, p. 393.

[36] OLIVEIRA, Ricardo; COTS, Márcio. **O legítimo interesse e a LGPDP**: Lei Geral de Proteção de Dados Pessoais. 1ª ed. São Paulo: RT, 2020. p. 24.

A LGPD reconhece este cenário, ao acolher como um dos princípios da disciplina da proteção de dados pessoais no Brasil o desenvolvimento econômico e tecnológico e a inovação, bem como a livre iniciativa e a livre concorrência e ao prever uma série de bases legais que autorizam o tratamento de dados pessoais sem a necessidade de obtenção do consentimento do titular.

Ao todo, além do consentimento, a norma prevê nove outras hipóteses para o tratamento de dados pessoais e sete outras para o tratamento de dados pessoais sensíveis.

Vale ressaltar que, conforme salienta Marcel Leonardi, é muito importante compreender que não existe hierarquia entre as bases legais, uma vez que todas possuem a mesma importância e podem ser utilizadas, sem a prevalência ou sobreposição de qualquer uma delas em relação às outras. Dessa forma, cabe ao controlador avaliar as bases legais disponíveis e definir aquela que é mais apropriada em cada caso, considerando as finalidades do tratamento[37].

A correta definição da base legal mais adequada para cada operação de tratamento de dados pessoais possui grande relevância, haja vista que optar por uma base legal quando outra seria mais apropriada pode gerar ônus indesejados pelo controlador. Por esta razão, é necessário compreender o escopo de cada uma das bases legais disponíveis.

Passa-se, então, a discorrer sobre aquelas que são consideradas as bases legais de maior interesse para as instituições de pagamento, quais sejam: o consentimento, o cumprimento de obrigação legal ou regulatória, a execução de contrato ou de procedimentos preliminares a pedido do titular e o legítimo interesse do controlador ou de terceiros, sendo que esta última base legal será tratada em um capítulo específico.

[37] LEONARDI, Marcel. Legítimo Interesse. In: **Revista do Advogado**, nº 144. Novembro, 2019, Lei Geral de Proteção de Dados Pessoais, p. 69.

1.5.1. Consentimento

De acordo com a definição constante no art. 5º, XII, da LGPD, o consentimento é a manifestação livre, informada e inequívoca por meio da qual o titular concorda com o tratamento de seus dados pessoais, para uma finalidade determinada.

Conforme salienta Caio César Carvalho Lima, a norma não especifica o que se deve compreender como "livre, informado e inequívoco", mas é possível fazê-lo, com fundamento, especialmente, na interpretação de tais conceitos a partir do GDPR[38] – especificamente das Diretrizes 05/2020 do Comitê Europeu para a Proteção de Dados, que tratam do consentimento[39].

Segundo tais diretrizes, "livre" implica que efetivamente haja escolha e manifestação do controle dos dados pessoais pelo titular, sem vícios de vontade, sendo possível recusá-lo ou revogá-lo sem que isso lhe cause prejuízo – caso o consentimento esteja vinculado a uma parte não negociável de um contrato, presume-se que este não foi livre.

Para que o consentimento seja "informado", é necessário fornecer informações aos titulares dos dados antes de se obter o consentimento, para que estes possam tomar decisões informadas, cientes daquilo com que estão a concordar e exercer os direitos que lhe são assegurados, tais como o de revogar o consentimento posteriormente – para fins da LGPD, Caio César Carvalho Lima indica que devem ser apresentadas, no mínimo, as informações listadas nos incisos do art. 9º: finalidade específica do tratamento; forma e duração do tratamento, observados

[38] LIMA, Caio César Carvalho. Do tratamento de dados pessoais. In: MALDONADO, Viviane Nobrega; BLUM, Renato Opice (Coord.). **Comentários ao GDPR**: Regulamento Geral de Proteção de Dados da União Europeia, 2ª ed. São Paulo: RT, 2019. p. 179-180.

[39] COMITÊ EUROPEU PARA A PROTEÇÃO DE DADOS. Diretrizes 05/2020 relativas ao consentimento na aceção do Regulamento 2016/679. 04 maio 2020. Disponível em: https://edpb.europa.eu/sites/default/files/files/file1/edpb_guidelines_202005_consent_pt.pdf. Acesso em: 20 jun. 2021.

os segredos comercial e industrial; identificação do controlador; informações de contato do controlador; informações referentes ao uso compartilhado de dados pelo controlador e a finalidade; responsabilidades dos agentes que realizarão o tratamento; e direitos do titular[40]."Inequívoco", por sua vez, é aquele consentimento manifestado por meio de uma clara declaração de vontade – a qual pode ser demonstrada por escrito ou por qualquer outro meio, conforme art. 8º da LGPD, sendo que caso o consentimento seja fornecido por escrito, este deve constar de cláusula destacada das demais cláusulas contratuais, nos termos do § 1º de tal artigo – havendo a obrigação de consentimento destacado e específico também em relação ao consentimento para o tratamento de dados pessoais sensíveis, conforme art. 11, I, que ressalta ainda a necessidade de definição de finalidades específicas.

Devido aos requisitos definidos pela norma para que o consentimento seja válido, esta é a base legal que mais exige a interação entre o controlador e o titular dos dados – usualmente mediante a aceitação de termos de uso, contratos, políticas de privacidade, avisos de coleta de *cookies* e outros documentos, como destaca Felipe Schvartzman. Sem prejuízo, esta base legal também pode ser utilizada para autorizar o tratamento de dados pessoais nos casos em que o controlador não possuir uma relação direta com o titular dos dados, na hipótese de um segundo controlador utilizar o consentimento específico para compartilhamento de dados pessoais coletado pelo controlador originário, conforme salienta o autor[41].

[40] LIMA, Caio César Carvalho. Do tratamento de dados pessoais. In: MALDONADO, Viviane Nobrega; BLUM, Renato Opice (Coord.). **Comentários ao GDPR**: Regulamento Geral de Proteção de Dados da União Europeia, 2ª ed. São Paulo: RT, 2019. p. 181.

[41] SCHVARTZMAN, Felipe. Lei Geral de Proteção de Dados Pessoais e riscos cibernéticos: coexistência de normas no mercado de meios de pagamento. In:

Embora esta seja uma base legal de grande relevância, nem sempre o consentimento será a base legal mais adequada, uma vez que pode haver outra mais apropriada para o tratamento em questão, como ressaltam Mario Viola e Chiara Spadaccini de Teffé[42].

Para avaliar qual a base legal mais adequada para determinada operação de tratamento de dados, o controlador deve levar dois pontos em consideração, segundo Felipe Schvartzman:

> Em primeiro lugar, diante da adjetivação que acompanha o conceito de consentimento na LGPD (*livre, informado e inequívoco*), o descumprimento dos requisitos legais pode tornar a autorização do titular inválida. De forma específica, a lei prevê que o consentimento deve referir-se a finalidades determinadas, de modo que as autorizações genéricas serão consideradas nulas (art. 8º, § 4º). Como a LGPD, portanto, impõe requisitos e exige uma qualificação necessária para o consentimento não ser considerado nulo, é natural que despontem discussões em torno da validade das autorizações obtidas por titulares de dados.
>
> Em segundo lugar, mesmo que o consentimento seja válido, ele pode ser revogado a qualquer tempo, mediante manifestação expressa do titular dos dados, por procedimento que deve ser gratuito e facilitado (art. 8º, §5º). Ainda que possa haver eventual abuso do titular, a ser avaliado por ocasião da revogação, a retirada da manifestação de vontade do titular pode impedir o controlador de dados de realizar uma atividade de tratamento baseada no consentimento[43].

COHEN, Gabriel Luiz Schvartzman (Coord.). **Direito dos Meios de Pagamento**. São Paulo: Quartier Latin, 2020, p. 394-395.

[42] VIOLA, Mario; TEFFÉ, Chiara Spadaccini de. Tratamento de dados pessoais na LGPD: estudo sobre as bases legais dos artigos 7º e 11º. In: BIONI, Bruno et al (Coords.). **Tratado de Proteção de Dados Pessoais**. Rio de Janeiro: Grupo GEN, 2020, p. 133.

[43] SCHVARTZMAN, Felipe. Lei Geral de Proteção de Dados Pessoais e riscos cibernéticos: coexistência de normas no mercado de meios de pagamento.

Assim, a escolha do consentimento como base legal para o tratamento implica ônus ao controlador, que deverá implementar uma sistemática de governança de dados que lhe permita demonstrar que foi obtido um consentimento válido (o que, em certos casos, pode não ser possível), e também uma certa insegurança jurídica, haja vista que uma eventual revogação do consentimento poderia causar dificuldades operacionais, chegando a, em determinados casos, obstar a execução de um serviço ou o cumprimento de uma obrigação regulatória.

Por estas razões, existem situações em que o consentimento não deve ser a base legal adotada para o tratamento de dados pessoais.

1.5.2. Cumprimento de obrigação legal ou regulatória

A segunda base legal constante no rol do art. 7º da LGPD, o cumprimento de obrigação legal ou regulatória pelo controlador, é de grande importância para instituições de pagamento, que, conforme salienta Felipe Schvartzman[44], estão sujeitas a intensa regulação, devido à qual uma série de deveres lhes são impostos, sendo que muitas vezes o cumprimento de referidos deveres pressupõe o tratamento de dados pessoais[45].

Este é caso, por exemplo, da Circular BCB nº 3.978/2020, que dispõe sobre a política, os procedimentos e os controles internos a serem adotados pelas instituições autorizadas a funcionar pelo BCB visando à prevenção da utilização do sistema

In: Cohen, Gabriel Luiz Schvartzman (Coord.). **Direito dos Meios de Pagamento**. São Paulo: Quartier Latin, 2020, p. 395-396.

[44] Schvartzman, Felipe. Lei Geral de Proteção de Dados Pessoais e riscos cibernéticos: coexistência de normas no mercado de meios de pagamento. In: Cohen, Gabriel Luiz Schvartzman (Coord.). **Direito dos Meios de Pagamento**. São Paulo: Quartier Latin, 2020, p. 397.

[45] Caso seja necessário tratar dados pessoais sensíveis, esta base legal também poderá ser utilizada, considerando o disposto no art. 11, II, da LGPD.

financeiro para a prática dos crimes de "lavagem" ou ocultação de bens, direitos e valores, de que trata a Lei nº 9.613, de 3 de março de 1998, e de financiamento do terrorismo, previsto na Lei nº 13.260, de 16 de março de 2016.

A norma estabelece, entre outras, a obrigação de adoção, pelas instituições autorizadas, de procedimentos destinados a conhecer seus clientes, mediante procedimentos de identificação, qualificação e classificação realizados a partir da coleta, verificação e validação de informações, de acordo com o perfil de risco do cliente e com a natureza da relação de negócio – devendo armazenar tais informações e mantê-las à disposição do BCB por no mínimo uma década. Há, ainda, disposições semelhantes referentes a procedimentos destinados a conhecer os funcionários, parceiros e prestadores de serviços terceirizados contratados pelas instituições autorizadas.

1.5.3. Execução de contrato ou procedimentos preliminares

Há situações em que certos dados pessoais devem necessariamente ser tratados para que o controlador possa executar obrigações assumidas contratualmente perante o titular dos dados, ou ainda para que possa realizar um procedimento preliminar.

Na indústria de pagamentos, por exemplo, uma instituição de pagamentos emissora de instrumentos de pagamentos pós-pagos necessitará tratar dados pessoais para avaliar a possibilidade de emitir um cartão de crédito para uma determinada pessoa física interessada em contratar seus serviços e definir o limite de crédito que será disponibilizado (um procedimento preliminar à execução do contrato) e, após a celebração do contrato, para a adequada execução dos serviços, o tratamento será necessário para realizar o processamento das transações, encaminhar a fatura para pagamento, entre outras atividades.

Para tais casos, o controlador pode valer-se de uma terceira hipótese que autoriza o tratamento de dados pessoais sem a necessidade de obtenção do consentimento do usuário, prevista no art. 7º, V, da LGPD, que admite a possibilidade de tratamento quando este for necessário para a execução de contrato ou de procedimentos preliminares relacionados a contrato do qual seja parte o titular, a pedido do titular dos dados.

Esta base legal, de acordo com Mario Viola e Chiara Spadaccini de Teffé[46], possui certa semelhança com a hipótese do consentimento, mas há um elemento distintivo marcante, qual seja: o titular dos dados não poderá revogar o seu consentimento e solicitar a exclusão de seus dados, uma vez que o controlador estará autorizado pela LGPD a mantê-los e tratá-los enquanto durar a execução do contrato – na medida em que isto seja necessário para referida execução, sendo certo que, se o contrato ou os procedimentos preliminares puderem ser executados de outra forma e outros meios, menos intrusivos, estiverem disponíveis, outras bases legais devem ser avaliadas, como salienta Felipe Schvartzman[47].

2. O legítimo interesse do controlador ou de terceiros para o tratamento de dados pessoais

A quarta e última base legal especialmente relevante para as atividades das instituições de pagamento prevista na LGPD é o legítimo interesse do controlador ou de terceiros para o tratamento de dados pessoais.

Antes de debruçarmo-nos sobre a previsão constante na norma, vale trazer à baila a observação de Bruno Ricardo Bioni,

[46] VIOLA, Mario; TEFFÉ, Chiara Spadaccini de. Tratamento de dados pessoais na LGPD: estudo sobre as bases legais dos artigos 7º e 11º. In: BIONI, Bruno et al (Coords.). **Tratado de Proteção de Dados Pessoais**. Rio de Janeiro: Grupo GEN, 2020, p. 149.

[47] SCHVARTZMAN, Felipe. Lei Geral de Proteção de Dados Pessoais e riscos cibernéticos: coexistência de normas no mercado de meios de pagamento. In: COHEN, Gabriel Luiz Schvartzman (Coord.). **Direito dos Meios de Pagamento**. São Paulo: Quartier Latin, 2020, p. 399.

Mariana Rielli e Marina Katayama, que destacam que o legítimo interesse, no ordenamento jurídico brasileiro, advém dos debates ocorridos durante os trabalhos preparatórios da LGPD, sendo que até então, este conceito era completamente inédito[48].

Foi somente na fase da segunda consulta pública ao Anteprojeto de Lei de Proteção de Dados Pessoais que despontaram as discussões sobre esta base legal, prevista nas melhores práticas internacionais, como salientam tais autores[49].

Por esta razão, serão apresentadas considerações sobre o legítimo interesse no direito comunitário europeu, cujas normas (entre as quais o GDPR) são, em grande medida, tidas como as melhores práticas internacionais de proteção de dados pessoais. Isto fornecerá um contexto que permitirá a melhor compreensão do legítimo interesse na LGPD – sendo possível a utilização das orientações das autoridades de proteção de dados europeias como referência para interpretação de questões controversas a respeito desta base legal, até que haja orientações da ANPD sobre o tema.

2.1. O legítimo interesse no direito comunitário europeu

O legítimo interesse foi consagrado enquanto base legal para o tratamento de dados pessoais, no âmbito do direito comunitário europeu, quando da edição da Diretiva 95/46/EC do Parlamento Europeu e Conselho da União Europeia, como ressaltam os já mencionados autores Bruno Ricardo Bioni, Mariana Rielli

[48] BIONI, Bruno; KITAYAMA, Marina; RIELLI, Mariana. **O Legítimo Interesse na LGPD**: quadro geral e exemplos de aplicação. São Paulo: Associação Data Privacy Brasil de Pesquisa, 2021. Disponível em: https://conteudo.dataprivacy.com.br/ebook-legitimo-interesse. Acesso em 26 jun. 2021. p. 6.

[49] BIONI, Bruno; KITAYAMA, Marina; RIELLI, Mariana. **O Legítimo Interesse na LGPD**: quadro geral e exemplos de aplicação. São Paulo: Associação Data Privacy Brasil de Pesquisa, 2021. Disponível em: https://conteudo.dataprivacy.com.br/ebook-legitimo-interesse. Acesso em 26 jun. 2021. p. 16-17.

e Marina Katayama[50]. Assim, quando da entrada em vigor do GDPR, em 2018, a figura do legítimo interesse já existia no direito comunitário europeu há décadas.

Entre as hipóteses previstas no art. 7º da referida diretiva, constava a autorização para o tratamento quando este fosse "necessário para prosseguir interesses legítimos do responsável pelo tratamento ou do terceiro ou terceiros a quem os dados sejam comunicados, desde que não prevaleçam os interesses ou os direitos e liberdades fundamentais" do titular dos dados[51].

De acordo com Ricardo Oliveira e Marcio Cots[52], tal diretiva teve como bases as diretrizes da Organização para Cooperação e Desenvolvimento Econômico para a proteção da privacidade e dos fluxos transfronteiriços de dados pessoais[53] e da Convenção 108 do Conselho da Europa[54].

[50] BIONI, Bruno; KITAYAMA, Marina; RIELLI, Mariana. **O Legítimo Interesse na LGPD**: quadro geral e exemplos de aplicação. São Paulo: Associação Data Privacy Brasil de Pesquisa, 2021. Disponível em: https://conteudo.dataprivacy.com.br/ebook-legitimo-interesse. Acesso em 26 jun. 2021. p. 13.

[51] UNIÃO EUROPEIA. Directiva (UE) nº 95/46/CE do Parlamento Europeu e do Conselho, de 24 de outubro de 1995, relativa à protecção das pessoas singulares no que diz respeito ao tratamento de dados pessoais e à livre circulação desses dados. **Jornal Oficial das Comunidades Europeias**, Luxemburgo, 23 nov. 1995. Disponível em: https://eur-lex.europa.eu/legal-content/PT/TXT/PDF/?uri=CELEX:31995L0046&from=PT. Acesso em: 26 jun. 2021.

[52] OLIVEIRA, Ricardo; COTS, Márcio. **O legítimo interesse e a LGPDP**: Lei Geral de Proteção de Dados Pessoais. 1ª ed. São Paulo: RT, 2020. p. 246-247.

[53] De acordo com o art. 7º de tais diretrizes, em uma tradução livre, deve haver limites à coleta de dados pessoais e tais dados devem ser obtidos por meios legais e justos, e, quando apropriado, com o conhecimento ou consentimento do titular dos dados e, de acordo com art. 8º, os dados devem ser relevantes para as finalidades para os quais serão coletados (ORGANISATION FOR ECONOMIC COOPERATION AND DEVELOPMENT. Guidelines on the Protection of Privacy and Transborder Flows of Personal, of September 23rd, 1980. 23 set. 1980. Disponível em: https://www.oecd.org/internet/ieconomy/oecdguidelinesontheprotectionofprivacyandtransborderflowsofpersonaldata.htm. Acesso em 26 jun. 2021).

A previsão constante na Diretiva 95/46/EC do Parlamento Europeu e Conselho da União Europeia foi quase que integralmente reproduzida no GDPR, que a revogou. De acordo com o art. 6º, alínea f, da norma ora vigente: o tratamento é lícito nas hipóteses em que é "necessário para efeito dos interesses legítimos prosseguidos pelo responsável pelo tratamento ou por terceiros, exceto se prevalecerem os interesses ou direitos e liberdades fundamentais do titular que exijam a proteção dos dados pessoais, em especial se o titular for uma criança"[55].

Embora não tenha inovado de forma substancial quanto à previsão da possibilidade de tratamento com base no legítimo interesse, o GDPR inovou em relação à norma anterior, ao trazer critérios para aplicação desta base legal que vão além da ponderação entre os interesses legítimos do controlador ou de terceiros em relação aos interesses ou direitos e liberdades fundamentais do titular dos dados[56]. Resumidamente, a norma estabelece os seguintes requisitos:

[54] Nos termos de seu art. 5º, alínea a, em uma tradução livre, os dados pessoais passíveis de tratamento automatizado devem ser obtidos e tratados de forma justa e lícita. (COUNCIL OF EUROPE. Convention for the Protection of Individuals with regard to Automatic Processing of Personal Data. **European Treaty Series**. Estrasburgo. 28 jan. 1981. Disponível em https://rm.coe.int/CoERMPublicCommonSearchServices/DisplayDCTMContent?documentId=0900001680078b37. Acesso em 26 jun. 2021.)

[55] UNIÃO EUROPEIA. Regulamento (UE) nº 2016/679 do Parlamento Europeu e do Conselho, de 23 de abril de 2016, relativo à proteção das pessoas singulares no que diz respeito ao tratamento de dados pessoais e à livre circulação desses dados e que revoga a Diretiva 95/46/CE (Regulamento Geral sobre a Proteção de Dados). **Jornal Oficial da União Europeia**, Bruxelas, 04 maio 2016. Disponível em: https://eur-lex.europa.eu/legal-content/PT/TXT/PDF/?uri=OJ:L:2016:119:FULL&from=PT. Acesso em: 17 jun. 2021.

[56] Conforme ressalta Bruno Ricardo Bioni, a antiga diretiva não detalhava os critérios para sua aplicação, o que acarretou: "a) ausência de uma aplicação harmônica e consistente de tal base legal entre os países do antigo bloco econômico europeu. Isso porque cada um deles estabeleceu regras e leituras

a) existência de expectativas razoáveis dos titulares de dados pessoais quanto à realização do tratamento, baseadas na relação entre o titular e o controlador[57];
b) realização de uma criteriosa avaliação quanto à possibilidade razoável de o titular dos dados prever, no momento e no contexto em que os dados pessoais são coletados, que esses poderão vir a ser tratados com a finalidade em questão[58];
c) informar ao titular quais são os interesses legítimos do controlador ou de terceiros que justificam o tratamento para uma determinada finalidade.

Contudo, vale destacar que o "texto duro" do GDPR não contém previsão expressa da obrigatoriedade de documentação

distintas do legítimo interesse; e b) o risco de o âmbito de aplicação das outras bases legais ser esvaziado, na medida em que o legítimo interesse poderia ser visto como aquela menos restritiva que as demais." Neste cenário, o Grupo de Trabalho do Artigo 29, órgão de aconselhamento criado pela diretiva, que congregava representantes das autoridades de proteção de dados pessoais de todos os países membros da União Europeia (posteriormente substituído pelo Comitê Europeu de Proteção de Dados), formulou um parecer sobre o legítimo interesse, que estabeleceu critérios para a aplicação de tal base legal, com o objetivo de "a) trazer previsibilidade e segurança jurídica na aplicação desta base em todo o bloco europeu, evitar que o legítimo interesse fosse uma porta aberta para contornar os direitos e princípios da diretiva, em especial as outras bases legais para o tratamento de dados". (BIONI, Bruno Ricardo. **Proteção de dados pessoais**: a função e os limites do consentimento. 2ª ed. Rio de Janeiro: Forense, 2020. p. 233)

57 De acordo com a consideranda 47, "poderá haver um interesse legítimo, por exemplo, quando existir uma relação relevante e apropriada entre o titular dos dados e o responsável pelo tratamento, em situações como aquela em que o titular dos dados é cliente ou está ao serviço do responsável pelo tratamento".

58 Ainda de acordo com a consideranda 47, "os interesses e os direitos fundamentais do titular dos dados podem, em particular, sobrepor-se ao interesse do responsável pelo tratamento, quando que os dados pessoais sejam tratados em circunstâncias em que os seus titulares já não esperam um tratamento adicional."

do teste de ponderação do legítimo interesse – somente suas considerandas (diretrizes para sua interpretação, que apresentam a racionalidade da norma) apresentam os elementos que devem ser levados em consideração para tal ponderação, como bem aponta Bruno Ricardo Bioni[59]. Sem prejuízo, há entendimentos doutrinários no sentido de que tal documentação é obrigatória, como consequência lógica do princípio da responsabilidade[60], como apontam Irene Kamara e Paul De Heart[61].

Além de apresentar tais requisitos, o GDPR apresenta também alguns exemplos de hipóteses em que se admite a aplicação do legítimo interesse como base legal para o tratamento de dados pessoais, quais sejam:

a) tratamento realizado com a finalidade de prevenção e controle de fraudes;
b) tratamento de dados pessoais realizado para fins de marketing direto;
c) tratamento realizado "na medida estritamente necessária e proporcionada" para assegurar a segurança da rede e

[59] BIONI, Bruno Ricardo. **Proteção de dados pessoais**: a função e os limites do consentimento. 2ª ed. Rio de Janeiro: Forense, 2020. p. 245.

[60] Conforme art. 5º, 2, o responsável pelo tratamento é responsável pelo cumprimento dos princípios previstos no art.5º, 1 (licitude, lealdade, transparência, limitação das finalidades, minimização dos dados, exatidão, limitação da conservação, integridade e confidencialidade), e precisa poder comprovar referido cumprimento.

[61] Em uma tradução livre, os autores indicam que, com a introdução do princípio da prestação de contas e do elemento da demonstração, o controlador fica obrigado a documentar sua decisão de adotar a base legal do legítimo interesse (e sua justificativa para tanto), não apenas no momento da decisão, mas enquanto utilizar tal base legal para justificar o tratamento". (KAMARA, Irene; DE HERT, Paul. Understanding the balancing act behind the legitimate interest of the controller ground: a pragmatic approach. **Brussels Privacy Hub Working Paper**, v. 4, n. 12, ago. 2018. Disponível em: https://ssrn.com/abstract=3228369. Acesso em 27 jun. 2021. p. 15.

das informações em relação a uma rede ou sistema informático, bem como a segurança dos serviços conexos oferecidos ou acessíveis através destas redes e sistemas; e
d) transmitir dados pessoais no âmbito do grupo de empresas para fins administrativos internos, incluindo o tratamento de dados pessoais de clientes ou funcionários – desde que observadas as regras referentes a transferências internacionais, se aplicável.

2.2. O legítimo interesse no direito brasileiro

De acordo com o art. 7º, IX, da LGPD, o tratamento de dados pessoais pode ser realizado quando necessário para atender aos interesses legítimos do controlador ou de terceiros, exceto no caso de prevalecerem direitos e liberdades fundamentais do titular que exijam a proteção dos dados pessoais.

Esta base legal é detalhada no art. 10 da norma, o qual prevê que sua utilização somente poderá ocorrer para fundamentar o tratamento de dados pessoais para finalidades legítimas, consideradas a partir de situações concretas, que incluem, mas não se limitam, ao apoio e promoção de atividades do controlador; a proteção, em relação ao titular, do exercício regular de seus direitos ou prestação de serviços que o beneficiem, respeitadas as legítimas expectativas dele e os direitos e liberdades fundamentais, nos termos da LGPD.

Nota-se, portanto, que o adjetivo "legítimo" é utilizado para qualificar tanto as finalidades do tratamento quanto a base legal ora analisada. A respeito da utilização do termo, Bruno Ricardo Bioni, Marina Kitayama e Mariana Rielli apontam que embora a terminologia seja a mesma, as funções exercidas são diferentes:

> No primeiro caso, seu significado serve a uma análise mais restrita: a atividade de tratamento de dados em questão não deve ser vedada por lei ou norma infralegal. Já no segundo caso, o termo

funcionaliza uma análise de aderência às condicionantes contidas no artigo 10 para que um interesse possa ser considerado legítimo. É recomendável levar em consideração tal distinção de escopo e alcance do termo[62].

Os parágrafos de tal artigo determinam, ainda, que somente os dados pessoais estritamente necessários para a finalidade pretendida poderão ser tratados com fundamento no legítimo interesse do controlador, o qual deverá adotar medidas para garantir a transparência do tratamento de dados baseado em seu legítimo interesse, sendo possível que, nestes casos, a ANPD solicite ao controlador relatório de impacto à proteção de dados pessoais[63], observados os segredos comercial e industrial.

Não há, contudo, uma definição do que seria "legítimo interesse". Segundo Marcela Joelsons, "esse hiato conceitual foi trazido de forma propositai pelas autoridades legislativas, visando manter a fundamentação jurídica do legítimo interesse do controlador com significado amplo, flexível e com aplicação concreta", viabilizando a manutenção de "seu caráter casuístico e maleável para que possa abarcar situações infindáveis que não poderiam ser previstas uma a uma na lei"[64].

[62] BIONI, Bruno; KITAYAMA, Marina; RIELLI, Mariana. **O Legítimo Interesse na LGPD**: quadro geral e exemplos de aplicação. São Paulo: Associação Data Privacy Brasil de Pesquisa, 2021. Disponível em: https://conteudo.dataprivacy.com.br/ebook-legitimo-interesse. Acesso em 26 jun. 2021. p. 22.

[63] Conforme art. 5º, XVII, trata-se de documentação do controlador que contém a descrição dos processos de tratamento de dados pessoais que podem gerar riscos às liberdades civis e aos direitos fundamentais, bem como medidas, salvaguardas e mecanismos de mitigação de risco.

[64] JOELSONS, Marcela. O legítimo interesse do controlador no tratamento de dados pessoais e o teste de proporcionalidade europeu: desafios e caminhos para uma aplicação no cenário brasileiro. **Revista de Direito e as Novas Tecnologias**, v. 8/2020, p. 1-26, jul. – set. 2020. Disponível em: https://revistadostribunais.com.br/maf/app/resultList/document?&src=rl&srguid=i0ad6adc50000017a5a0f5e

Não obstante, segundo Laura Schertel Mendes, "tal cláusula não deve ser lida como uma válvula de escape geral, a partir da qual qualquer tratamento de dados pessoais passa a ser autorizada", sendo necessário que o controlador pondere os interesses e direitos envolvidos e que, uma vez que se conclua que há um legítimo interesse, uma série de requisitos especiais devem ser observados. "Uma eventual interpretação por demais ampla da cláusula do legítimo interesse acabaria por descreditar a própria regra, além de pôr em xeque a sua constitucionalidade, por violação ao direito fundamental à intimidade e vida privada", de acordo com ela[65].

Neste sentido, Bruno Ricardo Bioni, Marina Kitayama e Mariana Rielli ressaltam que o legítimo interesse pode não ser uma base legal "vantajosa" para o controlador, haja vista que os requisitos estabelecidos pela LGPD para a se garantir a aplicabilidade do legítimo interesse claramente criam um ônus argumentativo reforçado em relação a alguns dos princípios da legislação, como finalidade, necessidade e transparência[66].

2cbc441364&docguid=I924c2dd0e10a11eaad20d1cf72cae2ef&hitguid=I924c2dd0e10a11eaad20d1cf72cae2ef&spos=3&epos=3&td=3&context=84&crumb-action=append&crumb-label=Documento&isDocFG=false&isFromMultiSumm=&startChunk=1&endChunk=1. Acesso em 29 jun. 2021. (Paginação da versão eletrônica difere da versão impressa). p. 13.

[65] MENDES, Laura Schertel. Marco jurídico para a cidadania digital: uma análise do projeto de lei 5.276/2016. **Revista de Direito Civil Contemporâneo**, v. 9/2016, p. 1-11, 2016. Disponível em:https://revistadostribunais.com.br/maf/app/resultList/document?&src=rl&srguid=i0ad6adc60000017a59fb751882d39242&docguid=I2a8eb400a3a711e69ab7010000000000&hitguid=I2a8eb400a3a711e69ab7010000000000&spos=1&epos=1&td=1&context=16&crumb-action=append&crumb-label=Documento&isDocFG=false&isFromMultiSumm=&startChunk=1&endChunk=1. Acesso em 29 jun. 2021. (Paginação da versão eletrônica difere da versão impressa). p. 6-7.

[66] BIONI, Bruno; KITAYAMA, Marina; RIELLI, Mariana. **O Legítimo Interesse na LGPD**: quadro geral e exemplos de aplicação. São Paulo: Associação Data

Ademais, segundo a já mencionada autora Marcela Joelsons:

> (...) a Autoridade Nacional terá papel fundamental na implementação da Lei Geral de Proteção de Dados, pois garantirá a aplicação da lei às circunstâncias fáticas com segurança jurídica, elaborando normas, regulamentos e orientações sobre a interpretação da nova legislação. Além disso, poderá estabelecer parâmetros para a aplicação da Lei em cada setor ou mercado em respeito às características e aos diferenciais de cada atividade, objetivando que as ações sejam mais eficazes e respeitem os direitos fundamentais dos titulares e dos agentes econômicos.

A Autoridade Nacional deverá garantir a desburocratização e o esclarecimento sobre a existência do legítimo interesse do controlador em casos concretos e de acordo com os setores e players que utilizam comumente os dados em suas atividades empresariais, de modo célere e desjudicializado. Caberá também a esse órgão a verificação da ocorrência de abusos de direito e contrariedade aos valores maiores do ordenamento jurídico, com a aplicação das competentes sanções.[67]

Desta feita, é importante monitorar as atividades da ANPD, para que se possa identificar os posicionamentos do órgão a respeito de tal base legal.

Privacy Brasil de Pesquisa, 2021. Disponível em: https://conteudo.dataprivacy.com.br/ebook-legitimo-interesse. Acesso em 26 jun. 2021. p. 28.

[67] JOELSONS, Marcela. O legítimo interesse do controlador no tratamento de dados pessoais e o teste de proporcionalidade europeu: desafios e caminhos para uma aplicação no cenário brasileiro. **Revista de Direito e as Novas Tecnologias**, v. 8/2020, p. 1-26, jul. – set. 2020. Disponível em: https://revistadostribunais.com.br/maf/app/resultList/document?&src=rl&srguid=i0ad6adc50000017a5a0f5e2cbc441364&docguid=I924c2dd0e10a11eaad20d1cf72cae2ef&hitguid=I924c2dd0e10a11eaad20d1cf72cae2ef&spos=3&epos=3&td=3&context=84&crumb-action=append&crumb-label=Documento&isDocFG=false&isFromMultiSumm=&startChunk=1&endChunk=1. Acesso em 29 jun. 2021. (Paginação da versão eletrônica difere da versão impressa). p. 16-17.

2.3. Teste de ponderação do legítimo interesse

Como destacam Bruno Ricardo Bioni, Marina Kitayama e Mariana Rielli, o teste de ponderação do legítimo interesse aplicado no contexto do RGPD (também conhecido como "LIA", do inglês *legitimate interest assessment*) possui variações quanto a sua estruturação – há versões que subdividem o teste em três fases (como a do *Information Commissioner Office* do Reino Unido[68]) e outras que determinam a existência de quatro fases (como a do antigo Grupo de Trabalho do Artigo 29[69])[70].

Independente da estrutura adotada, o propósito de tal teste é buscar um equilíbrio entre os interesses envolvidos, quais sejam, o do titular dos dados e o do controlador que deseja tratar suas informações (ou de terceiros), buscando, como destaca Marcela Joelsons, uma forma eficaz de solucionar este impasse, "que consiga englobar a proteção da privacidade do titular dos

[68] De acordo com parecer do órgão, o teste de ponderação compreende a fase de teste da finalidade, da necessidade e do balanceamento. (UK INFORMATION COMMISSIONER Office. Guide to the General Data Protection Regulation (GDPR). 02 ago. 2018. Disponível em: https://ico.org.uk/media/for-organisations/guide-to-the-general-data-protection-regulation-gdpr-1-0.pdf. Acesso em 30 jun. 2021. p. 82.)

[69] De acordo com o posicionamento do órgão, a avaliação deve levar em consideração diversos fatores, que podem ser agrupados em quatro fases, quais sejam, a avaliação do legítimo interesse, do impacto sobre os titulares dos dados, o equilíbrio provisório e salvaguardas adicionais implementadas para prevenção de impacto indevido. (ARTICLE 29 DATA PROTECTION WORKING PARTY. Opinion on 06/24 on the notion of legitimate interests of the data controller under Article 7 of Directive 95/46/EC. Disponível em: http://ec.europa.eu/justice/article-29/documentation/opinion-recommendation/files/2014/wp217_en.pdf. Acesso em 30 jun. 2021. p. 33.)

[70] BIONI, Bruno; KITAYAMA, Marina; RIELLI, Mariana. **O Legítimo Interesse na LGPD**: quadro geral e exemplos de aplicação. São Paulo: Associação Data Privacy Brasil de Pesquisa, 2021. Disponível em: https://conteudo.dataprivacy.com.br/ebook-legitimo-interesse. Acesso em 26 jun. 2021. p. 39.

dados e ao mesmo tempo permita a circulação das informações que são essenciais para o mercado econômico"[71].

Considerando a forma como a LGPD regulou o legítimo interesse, é possível afirmar que a estrutura do teste de ponderação nela prevista pode ser dividida em quatro fases, as quais podem ser segmentadas em duas etapas, de acordo com Bruno Ricardo Bioni:

> A primeira, que compreende as três primeiras fases, em que quem vai fazer o juízo de valor da legitimidade do interesse é o controlador e/ou terceiro. A segunda, que é onde está alocada a quarta fase, para que haja uma espécie de contraditório e ampla defesa por parte do próprio titular e entidades representativas do seu interesse. Esse último momento do teste cumpre uma função de extrema importância que é assegurar voz à outra parte cujo interesse deve ser sopesado ao do agente de tratamento de dados, em linha com um dos fundamentos da LGPD: a autodeterminação informacional.
>
> (...)
>
> O mérito dessa divisão é arquitetar um circuito decisório que considera não apenas o juízo de valor a ser realizado pelo agente de tratamento de dados, mas, também, pelo próprio titular ou representantes de seu direito. Daí a importância em ter uma fase dedicada a destacar e reforçar os princípios que dariam voz a quem

[71] JOELSONS, Marcela. O legítimo interesse do controlador no tratamento de dados pessoais e o teste de proporcionalidade europeu: desafios e caminhos para uma aplicação no cenário brasileiro. **Revista de Direito e as Novas Tecnologias**, v. 8/2020, p. 1-26, jul. – set. 2020. Disponível em: https://revistadostribunais.com.br/maf/app/resultList/document?&src=rl&srguid=i0ad6adc50000017a5a0f5e2cbc441364&docguid=I924c2dd0e10a11eaad20d1cf72cae2ef&hitguid=I924c2dd0e10a11eaad20d1cf72cae2ef&spos=3&epos=3&td=3&context=84&crumb-action=append&crumb-label=Documento&isDocFG=false&isFromMultiSumm=&startChunk=1&endChunk=1. Acesso em 29 jun. 2021. (Paginação da versão eletrônica difere da versão impressa). p. 14.

> deve ter seus interesses sopesados. Por fim, destaca-se, ainda, que esses quatro passos refletem exatamente a estrutura do art. 10 e a escolha do legislador brasileiro em não fazer um transplante legal daquilo que vinha sendo desenvolvido, com algumas variações, no contexto europeu. (...)[72].

A primeira de tais fases seria a verificação da legitimidade do interesse, conforme art. 10 *caput* e I da LGPD, sendo necessário avaliar se a finalidade (razão) para a qual se deseja realizar o tratamento é legítima (lícita) e se o interesse (o benefício advindo do tratamento) está devidamente consubstanciado em uma situação concreta, de acordo com o já mencionado autor Bruno Ricardo Bioni[73] – caso a finalidade seja vedada por lei ou norma infralegal, ou o interesse seja meramente especulativo (e assim, não específico), deve-se concluir pela não aplicabilidade de tal base legal.

A segunda, de acordo com tal autor, seria a análise da necessidade do tratamento, nos termos do art. 10, §1º, da norma. Neste momento, deve-se avaliar se os dados que se pretende tratar de fato são necessários para que se alcance a finalidade desejada (ou seja, se não há pretensão de tratamento de dados excessivos e se não há outros meios para se alcançar tal finalidade, que sejam menos invasivos e não exijam esforço desproporcional), bem como a necessidade de utilização da base legal do legítimo interesse, ou seja, se não é possível realizar o tratamento com fundamento em outra das bases legais previstas no art. 10 da LGPD[74].

[72] Bioni, Bruno Ricardo. **Proteção de dados pessoais**: a função e os limites do consentimento. 3ª ed. Rio de Janeiro: Forense, 2021. p. 243-244.

[73] Bioni, Bruno Ricardo. **Proteção de dados pessoais**: a função e os limites do consentimento. 2ª ed. Rio de Janeiro: Forense, 2020. p. 236.

[74] Bioni, Bruno Ricardo. **Proteção de dados pessoais**: a função e os limites do consentimento. 2ª ed. Rio de Janeiro: Forense, 2020. p. 236-237.

A terceira fase, de acordo com ele, seria a do balanceamento, prevista no art. 10, II, da LGPD. Esta seria a principal fase do teste de proporcionalidade e nela devem ser avaliadas a compatibilidade entre o tratamento pretendido e as legítimas expectativas do titular dos dados, considerando a finalidade para a qual os dados foram inicialmente tratados[75]. Esta necessidade de compatibilidade está diretamente relacionada à boa-fé, prevista no *caput* do art. 6º da LGPD como um norte para os demais princípios, segundo Bruno Ricardo Bioni, Marina Kitayama e Mariana Rielli.[76]

A boa-fé objetiva, de acordo com Judith Costa-Martins, consiste em nada mais que um "modelo de conduta social, arquétipo ou standard jurídico, segundo o qual cada pessoa deve ajustar a própria conduta a esse arquétipo, obrando como obraria um homem reto: com honestidade, lealdade, probidade"[77].

Ao fazer menção a tal conceito, "o legislador brasileiro amarrou duplamente os conceitos jurídico-indeterminados da legítima expectativa e do legítimo interesse a um elemento bastante tradicional da cultura jurídica brasileira.", conforme apontam Bruno Ricardo Bioni, Marina Kitayama e Mariana Rielli.[78]

Ainda na terceira fase, deve-se avaliar a forma como os titulares dos dados pessoais que se pretende tratar serão impactados,

[75] BIONI, Bruno Ricardo. **Proteção de dados pessoais**: a função e os limites do consentimento. 2ª ed. Rio de Janeiro: Forense, 2020. p. 237.

[76] BIONI, Bruno; KITAYAMA, Marina; RIELLI, Mariana. **O Legítimo Interesse na LGPD**: quadro geral e exemplos de aplicação. São Paulo: Associação Data Privacy Brasil de Pesquisa, 2021. Disponível em: https://conteudo.dataprivacy.com.br/ebook-legitimo-interesse. Acesso em 26 jun. 2021. p. 30.

[77] MARTINS-COSTA, Judith. **A boa-fé no direito privado**. São Paulo: Ed. RT, 1999. p. 24.

[78] BIONI, Bruno; KITAYAMA, Marina; RIELLI, Mariana. **O Legítimo Interesse na LGPD**: quadro geral e exemplos de aplicação. São Paulo: Associação Data Privacy Brasil de Pesquisa, 2021. Disponível em: https://conteudo.dataprivacy.com.br/ebook-legitimo-interesse. Acesso em 26 jun. 2021. p. 30.

em especial no que diz respeito a eventuais repercussões negativas sobre seus direitos e liberdades fundamentais. É pertinente, em relação a tal avaliação, fazer menção ao entendimento do Grupo de Trabalho do Artigo 29, segundo o qual é necessário levar em consideração as consequências positivas e as negativas do tratamento pretendido – as quais podem incluir potenciais decisões ou ações futuras por parte de terceiros, bem como situações em que tratamento possa levar à exclusão ou à discriminação de pessoas e à difamação ou, de forma mais ampla, situações em que haja o risco de se causar dano à reputação, ao poder de negociação ou à autonomia do titular dos dados[79].

A quarta e última fase do teste de ponderação do legítimo interesse, prevista no art. 10, §§ 2º e 3º da LGPD, consistiria na adoção de salvaguardas para transparência e minimização dos riscos aos titulares dos dados, segundo Bruno Ricardo Bioni. De acordo com o autor:

> Não é porque o legítimo interesse prescinde do consentimento do titular que a atividade de tratamento de dados deve ser opaca. Pelo contrário, reforça-se d.1) o dever de transparência. Objetiva-se, com isso, franquear ao cidadão d.2) poder de tomada de decisão para se opor a tal atividade de tratamento de dados (opt-out), podendo optar por estar fora do que considera ser incompatível com as suas legítimas expectativas. E, por fim. Isso porque a legítima expectativa é também dele titular e é nesse momento que pode levantar a sua voz para controlar seus dados a posteriori, d.3) o controlador deve adotar ações que mitiguem os riscos do titular dos dados (v.g., anonimização dos dados), sendo

[79] ARTICLE 29 DATA PROTECTION WORKING PARTY. Opinion on 06/24 on the notion of legitimate interests of the data controller under Article 7 of Directive 95/46/EC. Disponível em: http://ec.europa.eu/justice/article-29/documentation/opinion-recommendation/files/2014/wp217_en.pdf. Acesso em 30 jun. 2021. p. 37.

este o sentido da previsão da eventual necessidade elaboração de relatório de impacto à privacidade na LGPD[80].

Percorridas tais etapas, o controlador deve tomar o cuidado de documentar a realização do teste, para que esteja apto a prestar contas da adoção de tal base legal, em atendimento ao disposto no art. 37 da LGPD.

3. O uso do legítimo interesse como base legal para o tratamento de dados pessoais no âmbito da prestação de serviços de pagamento

O mercado de meios de pagamento é classificado como uma plataforma multilateral, ou um sistema de dois lados, como apontam Claudia Bruschi e Adalto Gonçalves, os quais explicam que:

> Uma plataforma multilateral fornece bens ou serviços a dois ou mais grupos distintos de clientes que precisam uns dos outros de alguma forma e que confiam em uma plataforma para intermediar transações entre eles. Plataformas multilaterais geralmente reduzem os custos de transação e, portanto, facilitam as trocas mutuamente benéficas. Eles [sic] tendem a surgir quando há algum valor em obter múltiplos lados juntos, mas os custos de transação ou outros obstáculos ficam no caminho.[81]

Neste setor, muitas vezes as instituições mantêm relacionamento contratual diretamente com um grupo de clientes, mas

[80] Bioni, Bruno Ricardo. **Proteção de dados pessoais**: a função e os limites do consentimento. 2ª ed. Rio de Janeiro: Forense, 2020. p. 238.

[81] Bruschi, Cláudia. Gonçalves, Adalto. **Regulação em Meios de Pagamento**: Contratos de Interoperabilidade ou Participação? INSPER. 26 jun. 2018. Disponível em https://www.insper.edu.br/wp-content/uploads/2018/10/Interoperabilidade_ou_Participacao_em_Meios_de_Pagamento.pdf. Acesso em 28 jun. 2021.

não com o outro – o qual, não obstante, usufrui dos benefícios da plataforma, ainda que indiretamente. Assim, instituições de pagamento credenciadoras[82] e instituições subcredenciadoras[83], usualmente, mantêm relação contratual com os usuários recebedores (pessoas jurídicas ou pessoas físicas), ao passo que instituições emissoras de moeda eletrônica[84] e instituições emissoras de instrumentos pós-pagos[85] mantêm relação com os usuários pagadores (pessoas físicas ou jurídicas titulares de contas de pagamento ou de instrumentos pós-pagos, os bem conhecidos cartões de crédito).

Neste cenário, conforme salienta Felipe Schvartzman,[86] há situações em que o tratamento de dados pessoais será necessário e não será viável que a instituição de pagamentos respon-

[82] Instituição de pagamento que, sem gerenciar conta de pagamento, (i) habilita recebedores para a aceitação de instrumento de pagamento emitido por instituição de pagamento ou por instituição financeira participante de um mesmo arranjo de pagamento; e (ii) participa do processo de liquidação das transações de pagamento como credor perante o emissor, de acordo com as regras do arranjo de pagamento, conforme Resolução BCB nº 80/2021 (art. 3º, III).

[83] Participante do arranjo de pagamento que habilita usuário final recebedor para a aceitação de instrumento de pagamento emitido por instituição de pagamento ou por instituição financeira participante de um mesmo arranjo de pagamento, mas que não participa do processo de liquidação das transações de pagamento como credor perante o emissor, conforme Circular BCB nº 3.682/2013 (art. 2º, VIII).

[84] Instituição de pagamento que gerencia conta de pagamento de usuário final, do tipo pré-paga, disponibiliza transação de pagamento que envolva o ato de pagar ou transferir, com base em moeda eletrônica previamente aportada nessa conta, converte tais recursos em moeda física ou escritural, ou vice-versa, podendo habilitar a aceitação da moeda eletrônica com a liquidação em conta de pagamento por ela gerenciada, conforme Resolução BCB nº 80/2021 (art. 3º, I).

[85] Instituição de pagamento que gerencia conta de pagamento de usuário final pagador, do tipo pós-paga, e disponibiliza transação de pagamento com base nessa conta, conforme Resolução BCB nº 80/2021 (art. 3º, II).

[86] SCHVARTZMAN, Felipe. Lei Geral de Proteção de Dados Pessoais e riscos cibernéticos: coexistência de normas no mercado de meios de pagamento. In:

sável pelo tratamento colete o consentimento dos titulares de tais dados ou se utilize de outras bases legais para justificá-lo.

Em muitos casos, as instituições de pagamento poderão valer-se das bases legais de execução do contrato ou de procedimentos preliminares a pedido do titular ou cumprimento de obrigação legal ou regulatória, descritas nos subitens do subcapítulo 2.5 deste trabalho, mas, em determinados casos, o tratamento não poderá ser enquadrado em tais bases.

Em situações concretas em que não seja possível a utilização das demais bases legais previstas na LGPD, tais instituições deverão realizar um teste de proporcionalidade do legítimo interesse, para avaliarem a possibilidade de utilização de tal base legal – sendo necessário documentá-lo, para cumprimento de seus deveres de responsabilidade e de prestação de contas.

Assim, tais instituições deverão ponderar, na situação concreta: se a finalidade para a qual os dados pessoais serão tratados é lícita; se o tratamento será adequado para o atendimento da finalidade; se de fato não há outras bases legais aplicáveis (sendo que, neste mercado, será pertinente avaliar com especial cuidado a possibilidade de se utilizar a base legal do cumprimento de obrigação legal ou regulatória); se não há outros meios, menos intrusivos, para se alcançar a finalidade pretendida (que não exijam um esforço desproporcional); quais são as legítimas expectativas do titular em relação ao tratamento de seus dados pessoais; e quais seriam as medidas de mitigação de riscos passíveis de adoção para a garantia dos direitos e liberdades fundamentais dos titulares.

Sem prejuízo da necessidade de avaliação das situações concretas, é possível apresentar alguns exemplos de hipóteses em que a adoção do legítimo interesse como base legal de tratamento, a princípio, pode ser pertinente, tais como: o processamento de uma transferência de recursos[87]; a coleta, o cruzamento e a análise de dados pessoais para a prevenção a fraudes[88]; “os esforços para prevenção de crimes financeiros e usos indevidos de cartões de crédito”, como aponta Felipe Schvartzman[89]; bem como a exigência de cadastro dos clientes para acesso a conteúdos relacionados aos serviços prestados, no âmbito de uma ação de *marketing* que visa a promover as atividades da instituição, como ilustram Bruno Ricardo Bioni, Marina Kitayama e Mariana Rielli[90].

[87] Aqui, vale destacar que embora possa parecer intuitivo que o processamento de uma transferência de recursos possa ser realizado com fundamento na base legal da execução de contrato a pedido do titular, tal entendimento seria incorreto, haja vista que caso o usuário recebedor seja uma pessoa física, seus dados pessoais serão tratados, mas ele (o titular de tais dados) não terá solicitado a realização da transação à instituição de pagamento.

[88] É pertinente fazer referência à Consideranda 47 do GDPR, que prevê expressamente que “o tratamento de dados pessoais estritamente necessário aos objetivos de prevenção e controlo da fraude constitui igualmente um interesse legítimo do responsável pelo seu tratamento” e a qual é mencionada nas Diretrizes 06/2020 do Comitê Europeu de Proteção de Dados, relativas à sobre a interação entre a Segunda Diretiva Serviços de Pagamento e o RGPD (COMITÊ EUROPEU PARA A PROTEÇÃO DE DADOS. Diretrizes 06/2020 relativas ao consentimento na sobre a interação entre a Segunda Diretiva Serviços de Pagamento e o RGPD. Versão 2.0. 15 dez. 2020. Disponível em: https://edpb.europa.eu/system/files/2021-06/edpb_guidelines_202006_psd2_afterpublic-consultation_pt.pdf. Acesso em: 28 jun. 2021. p. 12).

[89] SCHVARTZMAN, Felipe. Lei Geral de Proteção de Dados Pessoais e riscos cibernéticos: coexistência de normas no mercado de meios de pagamento. In: COHEN, Gabriel Luiz Schvartzman (Coord.). **Direito dos Meios de Pagamento**. São Paulo: Quartier Latin, 2020. p. 401.

[90] BIONI, Bruno; KITAYAMA, Marina; RIELLI, Mariana. **O Legítimo Interesse na LGPD**: quadro geral e exemplos de aplicação. São Paulo: Associação Data Privacy Brasil de Pesquisa, 2021. Disponível em: https://conteudo.dataprivacy.com.br/ebook-legitimo-interesse. Acesso em 26 jun. 2021. p. 57.

Conclusões

As atividades da indústria de meios de pagamento como um todo e das instituições de pagamento, especificamente, desenvolvem-se em um cenário de intensa coleta, processamento e compartilhamento de dados pessoais. Por esta razão, normas setoriais anteriores ao advento da LGPD já tangenciavam a temática da proteção de tais dados.

Considerando que a LGPD entrou em vigor no mês de setembro de 2020 e que, a partir de agosto de 2021, a ANPD poderá aplicar sanções administrativas substanciais, é importante avaliar as hipóteses de tratamento de dados pessoais previstas na LGPD, para se identificar quais seriam as bases legais para o tratamento realizado no âmbito das atividades de tais instituições.

A norma estabelece uma série de hipóteses autorizativas para o tratamento de dados pessoais – o consentimento do titular e outras nove hipóteses que o dispensam, entre as quais está o interesse legítimo do controlador ou de terceiros.

A redação da maioria das bases de tratamento previstas na legislação é quase autoexplicativa, mas isto não pode ser dito a respeito do interesse legítimo, uma vez que a terminologia adotada é ampla e carregada de subjetividade – o que faz com que o adequado manejo desta base legal de tratamento de dados pessoais seja um desafio, haja vista que ainda não há orientações da ANPD quanto a sua utilização, inexistindo consenso a respeito de como a norma deve ser interpretada.

Assim, este trabalho se propôs a analisar os limites do legítimo interesse do controlador ou de terceiros para o tratamento de dados pessoais previsto na Lei nº 13.709/2018, para que se pudesse identificar os casos em que o tratamento de dados pessoais pelas instituições de pagamento poderá justificar-se pelo legítimo interesse – ficando dispensada a obtenção do consentimento dos titulares de tais dados (as pessoas físicas às quais os dados dizem respeito).

A LGPD representa não só uma mudança legislativa, mas uma mudança de cultura em relação à tutela da privacidade e dos dados pessoais em nosso país, que deverá observar como fundamentos o respeito à privacidade; a autodeterminação informativa; a liberdade de expressão, de informação, de comunicação e de opinião; a inviolabilidade da intimidade, da honra e da imagem; o desenvolvimento econômico e tecnológico e a inovação; a livre iniciativa, a livre concorrência e a defesa do consumidor; os direitos humanos, o livre desenvolvimento da personalidade, a dignidade e o exercício da cidadania pelas pessoas físicas.

A norma, que foi fortemente inspirada no GDPR, apresenta uma série de conceitos relevantes, tais como o de dados pessoais, o de dados pessoais sensíveis, o de tratamento e o de agentes de tratamento de dados pessoais – sendo que alguns destes conceitos são novos (como o de dados pessoais sensíveis) e outros já constavam em nosso ordenamento jurídico (como o de dados pessoais, que já constava no Marco Civil da Internet e é bastante semelhante ao adotado no GDPR).

Entre as bases legais previstas na LGPD, é possível apontar cinco como as mais relevantes para as operações de tratamento de dados pessoais desenvolvidas no âmbito das atividades das instituições de pagamento: o consentimento, o cumprimento de obrigação legal ou regulatória, a execução de contrato a pedido do titular dos dados e o legítimo interesse do controlador ou de terceiros.

As discussões sobre a inclusão desta última base legal na norma intensificaram-se na segunda consulta pública ao Anteprojeto de Lei de Proteção de Dados Pessoais, mas o conceito do legítimo interesse já estava previsto há décadas no direito comunitário europeu, cujas normas (entre as quais o GDPR) são, em grande medida, tidas como as melhores práticas internacionais de proteção de dados pessoais – sendo possível a utilização das orientações das autoridades de proteção de dados europeias como referência para interpretação de questões controversas a respeito desta base legal, até que haja orientações da ANPD sobre o tema.

Em tal âmbito, o legítimo interesse foi consagrado enquanto hipótese autorizativa para o tratamento de dados pessoais, quando da edição da Diretiva 95/46/EC do Parlamento Europeu e Conselho da União Europeia, que foi substituída pelo GDPR. Nos termos da norma vigente é necessário não só ponderar os interesses dos envolvidos, mas também avaliar a existência de expectativas razoáveis dos titulares de dados pessoais quanto à realização do tratamento, baseadas na relação entre o titular e o controlador, realizar uma criteriosa avaliação quanto à possibilidade razoável de o titular dos dados prever, no momento e no contexto em que os dados pessoais são coletados, que esses poderão vir a ser tratados com a finalidade em questão; e informar ao titular quais são os interesses legítimos do controlador ou de terceiros que justificam o tratamento para uma determinada finalidade – devendo tal avaliação ser formalizada em documento específico, para atendimento do princípio da responsabilidade.

De acordo com a LGPD, o tratamento de dados pessoais pode ser realizado quando necessário para atender aos interesses legítimos do controlador ou de terceiros, exceto no caso de prevalecerem direitos e liberdades fundamentais do titular que exijam a proteção dos dados pessoais e desde que observados os requisitos previstos no art. 10.

Para avaliar a possibilidade de aplicação desta base legal, o controlador deverá realizar um teste de ponderação. Tal teste compreende quatro etapas: a verificação da legitimidade do interesse (concretude do interesse e da finalidade, bem como a licitude da finalidade); a necessidade (tanto do tratamento, ou seja, avaliação de quais são os dados que se pretende tratar e da possibilidade de se alcançar a finalidade pretendida por outros meios ou com a utilização de menos dados; quanto da utilização do legítimo interesse como base legal, diante da inexistência de outras bases legais mais apropriadas para a situação concreta); o balanceamento (compatibilidade entre o tratamento pretendido e as legítimas expectativas do titular dos dados, considerando a finalidade para a qual os dados foram inicialmente tratados; bem como a forma como os titulares dos dados pessoais que se pretende tratar serão impactados, em especial no que diz respeito a eventuais repercussões negativas sobre seus direitos e liberdades fundamentais); e a adoção de salvaguardas para transparência e minimização dos riscos aos titulares. Percorridas tais etapas, o controlador deve tomar o cuidado de documentar a realização do teste, para que esteja apto a prestar contas da adoção de tal base legal, em atendimento ao disposto no art. 37 da LGPD.

Por atuarem em uma indústria classificada como uma plataforma multilateral, as instituições de pagamentos muitas vezes mantêm relacionamento contratual diretamente com um grupo de clientes, mas não com o outro – o qual, não obstante, usufrui dos benefícios da plataforma, ainda que indiretamente. Neste cenário, muitas vezes, em situações concretas, o tratamento de dados pessoais será imprescindível e não será viável que a instituição responsável pelo tratamento colete o consentimento dos titulares de tais dados ou se utilize de outras bases legais para justificá-lo.

Nestas situações, conclui-se que as instituições de pagamento deverão realizar o teste de ponderação do legítimo interesse e documentá-lo. Sem prejuízo da necessidade de avaliação caso a caso, é possível apresentar alguns exemplos de hipóteses em que a adoção do legítimo interesse como base legal de tratamento, a princípio, pode ser pertinente, tais como: o processamento de uma transferência de recursos; a coleta, o cruzamento e a análise de dados pessoais para a prevenção a fraudes; os esforços para prevenção de crimes financeiros e usos indevidos de cartões de crédito; bem como a exigência de cadastro dos clientes para acesso a conteúdos relacionados aos serviços prestados, no âmbito de uma ação de marketing que visa a promover as atividades da instituição.

Referências

ARTICLE 29 DATA PROTECTION WORKING PARTY. Opinion on 06/24 on the notion of legitimate interests of the data controller under Article 7 of Directive 95/46/EC. Disponível em: <http://ec.europa.eu/justice/article-29/documentation/opinion-recommendation/files/2014/wp217_en.pdfhttp://ec.europa.eu/justice/article-29/documentation/opinion--recommendation/files/2014/wp217_en.pdf>. Acesso em 30 jun. 2021.

AUTORIDADE NACIONAL DE PROTEÇÃO DE DADOS. ANPD abre consulta pública sobre norma de fiscalização. 28 maio. 2021. Disponível em https://www.gov.br/anpd/pt-br/assuntos/noticias/confira-linha--do-tempo-com-as-principais-acoes-da-anpd. Acesso em 01 jun. 2021.

AUTORIDADE NACIONAL DE PROTEÇÃO DE DADOS. Confira linha do tempo sobre principais ações da ANPD. 14 abr. 2021. Disponível em https://www.gov.br/anpd/pt-br/assuntos/noticias/confira-linha-do--tempo-com-as-principais-acoes-da-anpd. Acesso em 01 jun. 2021.

Bioni, Bruno; Kitayama, Marina; Rielli, Mariana. **O Legítimo Interesse na LGPD**: quadro geral e exemplos de aplicação. São Paulo: Associação Data Privacy Brasil de Pesquisa, 2021. Disponível em: https://conteudo.dataprivacy.com.br/ebook-legitimo-interesse. Acesso em 26 jun. 2021.

Bioni, Bruno Ricardo. **Proteção de dados pessoais**: a função e os limites do consentimento. 2ª ed. Rio de Janeiro: Forense, 2020.

Bioni, Bruno Ricardo. **Proteção de dados pessoais**: a função e os limites do consentimento. 3ª ed. Rio de Janeiro: Forense, 2021.

Braga, Fabio de Almeida. Aplicabilidade da Lei de Sigilo Bancário na Atuação dos Instituidores de Arranjos e das Instituições de Pagamento. In: Cohen, Gabriel Luiz Schvartzman (Coord.). **Direito dos Meios de Pagamento**. São Paulo: Quartier Latin, 2020.

Bruschi, Cláudia. Gonçalves, Adalto. **Regulação em Meios de Pagamento**: Contratos de Interoperabilidade ou Participação? INSPER. 26 jun. 2018. Disponível em https://www.insper.edu.br/wp-content/uploads/2018/10/Interoperabilidade_ou_Participacao_em_Meios_de_Pagamento.pdf. Acesso em 28 jun. 2021.

COMITÊ EUROPEU PARA A PROTEÇÃO DE DADOS. Diretrizes 05/2020 relativas ao consentimento na aceção do Regulamento 2016/679. Disponível em: https://edpb.europa.eu/sites/default/files/files/file1/edpb_guidelines_202005_consent_pt.pdf. Acesso em: 20 jun. 2021.

COMITÊ EUROPEU PARA A PROTEÇÃO DE DADOS. Diretrizes 06/2020 relativas ao consentimento na sobre a interação entre a Segunda Diretiva Serviços de Pagamento e o RGPD. Versão 2.0. 15 dez. 2020. Disponível em: https://edpb.europa.eu/system/files/2021-06/edpb_guidelines_202006_psd2_afterpublicconsultation_pt.pdf. Acesso em: 28 jun. 2021.

CRESPO, Danilo Leme; FILHO, Dalmo Ribeiro. A evolução legislativa brasileira sobre a proteção de dados pessoais: a importância da promulgação da Lei Geral de Proteção de Dados Pessoais. **Revista de Direito Privado**. v. 98, p. 1-20. mar – abr 2019. Disponível em https://revistadostribunais.com.br/maf/app/resultList/document?&src=rl&srguid=i0ad6adc600000179f81daabd6fc295cb&docguid=I98c1d5d04a0611e9b1d8010000000000&hitguid=I98c1d5d04a0611e9b1d8010000000000&spos=2&epos=2&td=102&context=136&crumb-action=append&crumb-label=Documento&isDocFG=false&isFromMultiSumm=&startChunk=1&endChunk=1. Acesso em 10 jun. 2021. (Paginação da versão eletrônica difere da versão impressa).

DOMO, INC. **Data never sleeps 8.0.** Domo, 2020. Disponível em https://www.domo.com/learn/data-never-sleeps-8. Acesso em 06 dez. 2020.

JOELSONS, Marcela. O legítimo interesse do controlador no tratamento de dados pessoais e o teste de proporcionalidade europeu: desafios e caminhos para uma aplicação no cenário brasileiro. **Revista de Direito e as Novas Tecnologias**, v. 8/2020, p. 1-26, jul. – set. 2020. Disponível em: https://revistadostribunais.com.br/maf/app/resultList/document?&src=rl&srguid=i0ad6adc50000017a5a0f5e2cbc441364&docguid=I924c2dd0e10a11eaad20d1cf72cae2ef&hitguid=I924c2dd0e10a11eaad20d1cf72cae2ef&spos=3&epos=3&td=3&context=84&crumb-action=append&crumb-label=Documento&isDocFG=false&isFromMultiSumm=&startChunk=1&endChunk=1. Acesso em 29 jun. 2021. (Paginação da versão eletrônica difere da versão impressa)

KAMARA, Irene; DE HERT, Paul. Understanding the balancing act behind the legitimate interest of the controller ground: a pragmatic approach. **Brussels Privacy Hub Working Paper**, v. 4, n. 12, ago. 2018. Disponível em: https://ssrn.com/abstract=3228369. Acesso em 27 jun. 2021.

LEMOS, Ronaldo. O Marco Civil como símbolo do desejo por inovação no Brasil. In: LEITE, George Salomão; LEMOS, Ronaldo (Coord.). **Marco Civil da Internet**. São Paulo: Atlas, 2014.

LEONARDI, Marcel. Legítimo Interesse. In: **Revista do Advogado**, nº 144. Novembro, 2019, Lei Geral de Proteção de Dados Pessoais.

LIMA, Caio César Carvalho. Do tratamento de dados pessoais. In: MALDONADO, Viviane Nobrega; BLUM, Renato Opice (Coord.). **Comentários ao GDPR**: Regulamento Geral de Proteção de Dados da União Europeia, 2ª ed. São Paulo: RT, 2019.

MARTINS-COSTA, Judith. **A boa-fé no direito privado**. São Paulo: Ed. RT, 1999. p. 24.

MENDES, Laura Schertel. Marco jurídico para a cidadania digital: uma análise do projeto de lei 5.276/2016. **Revista de Direito Civil Contemporâneo**, v. 9/2016, p. 1-11, 2016. Disponível em:https://revistadostribunais.com.br/maf/app/resultList/document?&src=rl&srguid=i0ad6adc60000017a59fb751882d39242&docguid=I2a8eb400a3a711e69ab7010000000000&hitguid=I2a8eb400a3a711e69ab7010000000000&spos=1&epos=1&td=1&context=16&crumb-action=append&crumb-label=Documento&isDocFG=false&isFromMultiSumm=&startChunk=1&endChunk=1. Acesso em 29 jun. 2021. (Paginação da versão eletrônica difere da versão impressa)

MENDES, Laura Schertel. O direito fundamental à proteção de dados pessoais. **Revista de Direito do Consumidor**, v. 79, p. 1-26, 2011. Disponível em: https://revistadostribunais.com.br/maf/app/resultList/document?&src=rl&srguid=i0ad6adc60000017a5a98d7c0a617e29d&docguid=I1977b2a0008911e1968d00008558bdfc&hitguid=I1977b2a0008911e1968d00008558bdfc&spos=7&epos=7&td=7&context=294&crumb-action=append&crumb-label=Documento&isDocFG=false&isFromMultiSumm=&startChunk=1&endChunk=1. Acesso em 02 jun. 2021.

NERY JUNIOR, Nelson; Nery, Rosa Maria de Andrade. **Código Civil anotado e legislação extravagante**. 2. ed. rev. e ampl. São Paulo: Ed. RT, 2004.

OLIVEIRA, Ricardo; COTS, Márcio. **O legítimo interesse e a LGPDP**: Lei Geral de Proteção de Dados Pessoais. 1ª ed. São Paulo: RT, 2020.

PINHEIRO, Patrícia Peck. **Proteção de dados pessoais**: comentários à Lei 13.709/2018 (LGPD). 2ª ed. São Paulo: Saraiva Educação, 2020.

ORGANISATION FOR ECONOMIC COOPERATION AND DEVELOPMENT. Guidelines on the Protection of Privacy and Transborder Flows of Personal, of September 23rd, 1980. 23 set. 1980. Disponível em: https://www.oecd.org/internet/ieconomy/oecdguidelinesontheprotectionofprivacyandtransborderflowsofpersonaldata.htm. Acesso em 26 jun. 2021

QUINELATO, Pietra Daneluzzi. A proteção de dados pessoais no âmbito das *startups*. In: OIOLI, Erik Frederico (Coord.). **Manual de direito para startups**. 2ª ed. São Paulo: RT, 2020.

SCHVARTZMAN, Felipe. Lei Geral de Proteção de Dados Pessoais e riscos cibernéticos: coexistência de normas no mercado de meios de pagamento. In: COHEN, Gabriel Luiz Schvartzman (Coord.). **Direito dos Meios de Pagamento**. São Paulo: Quartier Latin, 2020.

THE ECONOMIST. The world's most valuable resource is no longer oil, but data. **The Economist**. 06 maio 2017. Disponível em https://www.economist.com/leaders/2017/05/06/the-worlds-most-valuable-resource-is-no-longer-oil-but-data. Acesso em 06 dez. 2020.

UK INFORMATION COMMISSIONER Office. Guide to the General Data Protection Regulation (GDPR). 02 ago. 2018. Disponível em: https://ico.org.uk/media/for-organisations/guide-to-the-general-data-protection-regulation-gdpr-1-0.pdfhttps://ico.org.uk/media/for-organisations/guide-to-the-general-data-protection-regulation-gdpr-1-0.pdf). Acesso em 30 jun. 2021.

VAINZOF, Rony. Comentários ao art. 5º. In: MALDONADO, Viviane Nobrega; BLUM, Renato Opice (Coord.). **LGPD**: Lei Geral de Proteção de Dados comentada, 2ª ed. São Paulo: RT, 2019.

VAINZOF, Rony. Dados pessoais, tratamento e princípios. In: MALDONADO, Viviane Nobrega; BLUM, Renato Opice (Coord.). **Comentários ao GDPR – Regulamento Geral de Proteção de Dados da União Europeia**, 2ª ed. São Paulo: RT, 2019.

VIGGIANO, Giuliana. Google atinge "supremacia quântica", que promete revolucionar a computação. **Galileu**, 23 out. 2019. Disponível em https://revistagalileu.globo.com/Tecnologia/noticia/2019/10/google-atinge-supremacia-quantica-que-promete-revolucionar-computacao.html. Acesso em 14 dez. 2020.

VIOLA, Mario; TEFFÉ, Chiara Spadaccini de. Tratamento de dados pessoais na LGPD: estudo sobre as bases legais dos artigos 7º e 11º. In: BIONI, Bruno et al (Coords.). **Tratado de Proteção de Dados Pessoais**. Rio de Janeiro: Grupo GEN, 2020.

Legislação

BANCO CENTRAL DO BRASIL. Circular nº 3.681, de 4 de novembro de 2013. Dispõe sobre o gerenciamento de riscos, os requerimentos mínimos de patrimônio, a governança de instituições de pagamento, a preservação do valor e da liquidez dos saldos em contas de pagamento, e dá outras providências. **Banco Central do Brasil**, Brasília, DF, 4 nov. 2013. Disponível em: https://www.bcb.gov.br/pre/normativos/busca/downloadNormativo.asp?arquivo=/Lists/Normativos/Attachments/48839/Circ_3681_v9_L.pdf. Acesso em 01 jun. 2021.

BANCO CENTRAL DO BRASIL. Circular nº 3.682, de 4 de novembro de 2013. Aprova o regulamento que disciplina a prestação de serviço de pagamento no âmbito dos arranjos de pagamentos integrantes do Sistema de Pagamentos Brasileiro (SPB), estabelece os critérios segundo os quais os arranjos de pagamento não integrarão o SPB e dá outras providências. **Banco Central do Brasil**, Brasília, DF, 4 nov. 2013. Disponível em: https://www.bcb.gov.br/pre/normativos/busca/downloadNormativo.asp?arquivo=/Lists/Normativos/Attachments/48838/Circ_3682_v18_L.pdf. Acesso em 01 jun. 2021.

BANCO CENTRAL DO BRASIL. Circular nº 3.978, de 23 de janeiro de 2020. Dispõe sobre a política, os procedimentos e os controles internos a serem adotados pelas instituições autorizadas a funcionar pelo Banco Central do Brasil visando à prevenção da utilização do sistema financeiro para a prática dos crimes de "lavagem" ou ocultação de bens, direitos e valores, de que trata a Lei nº 9.613, de 3 de março de 1998, e de financiamento do terrorismo, previsto na Lei nº 13.260, de 16 de março de 2016. **Banco Central do Brasil**, Brasília, DF, 23 jan. 2020. Disponível em: https://www.bcb.gov.br/pre/normativos/busca/downloadNormativo.asp?arquivo=/Lists/Normativos/Attachments/50905/Circ_3978_v2_L.pdf. Acesso em 01 jun. 2021.

BANCO CENTRAL DO BRASIL. Resolução nº 80, de 25 de março de 2021. Disciplina a constituição e o funcionamento das instituições de pagamento, estabelece os parâmetros para ingressar com pedidos de autorização de funcionamento por parte dessas instituições e dispõe sobre a prestação de serviços de pagamento por outras instituições autorizadas a funcionar pelo Banco Central do Brasil. **Banco Central do Brasil**, Brasília, DF, 25 mar. 2021. Disponível em: https://www.bcb.gov.br/estabilidadefinanceira/exibenormativo?tipo=Resolu%C3%A7%C3%A3o%20BCB&numero=80. Acesso em 01 jun. 2021.

BRASIL. Constituição da República Federativa do Brasil de 1988. **Palácio do Planalto Presidência da República**, Brasília, DF, 5 out. 1988. Disponível em: http://www.planalto.gov.br/ccivil_03/constituicao/constituicao.htm. Acesso em 01 jun. 2021.

BRASIL. Decreto nº 7.962, de 15 de março de 2013. Regulamenta a Lei nº 8.078, de 11 de setembro de 1990, para dispor sobre a contratação no comércio eletrônico. **Palácio do Planalto Presidência da República**, Brasília, DF, 15 mar. 2013. Disponível em: http://www.planalto.gov.br/ccivil_03/_Ato2011-2014/2013/Decreto/D7962.htm. Acesso em 01 jun. 2021.

BRASIL. Decreto nº 8.771, de 11 de maio de 2016. Regulamenta a Lei nº 12.965, de 23 de abril de 2014, para tratar das hipóteses admitidas de discriminação de pacotes de dados na internet e de degradação de tráfego, indicar procedimentos para guarda e proteção de dados por provedores de conexão e de aplicações, apontar medidas de transparência na requisição de dados cadastrais pela administração pública e estabelecer parâmetros para fiscalização e apuração de infrações. **Palácio do Planalto Presidência da República**, Brasília, DF, 23 abr. 2014. Disponível em: http://www.planalto.gov.br/ccivil_03/_Ato2015-2018/2016/Decreto/D8771.htm. Acesso em 01 jun. 2021.

BRASIL. Lei Complementar nº 105, de 10 de janeiro de 2001. Dispõe sobre o sigilo das operações de instituições financeiras e dá outras providências. **Palácio do Planalto Presidência da República**, Brasília, DF, 10 jan. 2001. Disponível em: http://www.planalto.gov.br/ccivil_03/leis/lcp/lcp105.htm. Acesso em 01 jun. 2021.

BRASIL. Lei nº 8.078, de 11 de setembro de 1990. Dispõe sobre a proteção do consumidor e dá outras providências. **Palácio do Planalto Presidência da República**, Brasília, DF, 11 set. 1990. Disponível em: http://www.planalto.gov.br/ccivil_03/leis/l8078compilado.htm. Acesso em 01 jun. 2021.

BRASIL. Lei nº 9.613, de 3 de março de 1998. Dispõe sobre os crimes de "lavagem" ou ocultação de bens, direitos e valores; a prevenção da utilização do sistema financeiro para os ilícitos previstos nesta Lei; cria o Conselho de Controle de Atividades Financeiras – COAF, e dá outras providências. **Palácio do Planalto Presidência da República**, Brasília, DF, 3 mar. 1998. Disponível em: http://www.planalto.gov.br/ccivil_03/leis/l9613.htm. Acesso em 01 jun. 2021.

BRASIL. Lei nº 10.406, de 10 de janeiro de 2002. Institui o Código Civil. **Palácio do Planalto Presidência da República**, Brasília, DF, 10 jan. 2002. Disponível em: http://www.planalto.gov.br/ccivil_03/leis/2002/l10406compilada.htm. Acesso em 01 jun. 2021.

BRASIL. Lei nº 12.414, de 9 de junho de 2011. Disciplina a formação e consulta a bancos de dados com informações de adimplemento, de pessoas naturais ou de pessoas jurídicas, para formação de histórico de crédito. **Palácio do Planalto Presidência da República**, Brasília, DF, 9 jun. 2011. Disponível em: http://www.planalto.gov.br/ccivil_03/_ato2011-2014/2011/lei/l12414.htm. Acesso em 01 jun. 2021.

BRASIL. Lei nº 12.865, de 9 de outubro de 2013. Autoriza o pagamento de subvenção econômica aos produtores da safra 2011/2012 de cana-de-açúcar e de etanol que especifica e o financiamento da renovação e implantação de canaviais com equalização da taxa de juros; dispõe sobre os arranjos de pagamento e as instituições de pagamento integrantes do Sistema de Pagamentos Brasileiro (SPB); autoriza a União a emitir, sob a forma de colocação direta, em favor da Conta de Desenvolvimento Energético (CDE), títulos da dívida pública mobiliária federal; estabelece novas condições para as operações de crédito rural oriundas de, ou contratadas com, recursos do Fundo Constitucional de Financiamento do Nordeste (FNE); altera os prazos previstos nas Leis nº 11.941, de 27 de maio de 2009, e nº 12.249, de 11 de junho de 2010; autoriza a União a contratar o Banco do Brasil S.A. ou suas subsidiárias para atuar na gestão de recursos, obras e serviços de engenharia relacionados ao desenvolvimento de projetos, modernização, ampliação, construção ou reforma da rede integrada e especializada para atendimento da mulher em situação de violência; disciplina o documento digital no Sistema Financeiro Nacional; disciplina a transferência, no caso de falecimento, do direito de utilização privada de área pública por equipamentos urbanos do tipo quiosque, trailer, feira e banca de venda de jornais e de revistas; altera a incidência da Contribuição para o PIS/Pasep e da Cofins na cadeia de produção e comercialização da soja e de seus subprodutos; altera as Leis nºs 12.666, de 14 de junho de 2012, 5.991, de 17 de dezembro de 1973, 11.508, de 20 de julho de 2007, 9.503, de 23 de setembro de 1997, 9.069, de 29 de junho de 1995, 10.865, de 30 de abril de 2004, 12.587, de 3 de janeiro de 2012, 10.826, de 22 de dezembro de 2003, 10.925, de 23 de julho de 2004, 12.350, de 20 de dezembro de 2010, 4.870, de 1º de dezembro de 1965 e 11.196, de 21 de novembro de 2005, e o Decreto nº 70.235, de 6 de março de 1972; revoga dispositivos das Leis nºs 10.865, de 30 de abril de 2004, 10.925, de 23 de julho de 2004, 12.546, de 14 de dezembro de 2011, e 4.870, de 1º de dezembro de 1965; e dá outras providências. **Palácio do Planalto Presidência da República**, Brasília, DF, 9 out. 2013. Disponível em: http://www.planalto.gov.br/ccivil_03/_ato2011-2014/2013/lei/l12865.htm. Acesso em 01 jun. 2021.

BRASIL. Lei nº 12.965, de 23 de abril de 2014. Estabelece princípios, garantias, direitos e deveres para o uso da Internet no Brasil. **Palácio do Planalto Presidência da República**, Brasília, DF, 23 abr. 2014. Disponível em: http://www.planalto.gov.br/ccivil_03/_ato2011-2014/2014/lei/l12965.htm. Acesso em 01 jun. 2021.

BRASIL. Lei nº 13.260, de 16 de março de 2016. Regulamenta o disposto no inciso XLIII do art. 5º da Constituição Federal, disciplinando o terrorismo, tratando de disposições investigatórias e processuais e reformulando o conceito de organização terrorista; e altera as Leis nº 7.960, de 21 de dezembro de 1989, e 12.850, de 2 de agosto de 2013. **Palácio do Planalto Presidência da República**, Brasília, DF, 16 mar. 2016. Disponível em: http://www.planalto.gov.br/ccivil_03/_ato2015-2018/2016/lei/l13260.htm. Acesso em 01 jun. 2021.

BRASIL. Lei nº 13.709, de 14 de agosto de 2018. Lei Geral de Proteção de Dados (LGPD). **Palácio do Planalto Presidência da República**, Brasília, DF, 14 ago. 2018. Disponível em: http://www.planalto.gov.br/ccivil_03/_ato2015-2018/2018/lei/l13709.htm. Acesso em 01 jun. 2021.

CONSELHO MONETÁRIO NACIONAL. Resolução nº 4.282, de 4 de novembro de 2013. Estabelece as diretrizes que devem ser observadas na regulamentação, na vigilância e na supervisão das instituições de pagamento e dos arranjos de pagamento integrantes do Sistema de Pagamentos Brasileiro (SPB), de que trata a Lei nº 12.865, de 9 de outubro de 2013. **Banco Central do Brasil**, Brasília, DF, 4 nov. 2013. Disponível em: https://www.bcb.gov.br/pre/normativos/busca/downloadNormativo.asp?arquivo=/Lists/Normativos/Attachments/48841/Res_4282_v1_O.pdf. Acesso em 01 jun. 2021.

COUNCIL OF EUROPE. Convention for the Protection of Individuals with regard to Automatic Processing of Personal Data. **European Treaty Series**. Estrasburgo. 28 jan. 1981. Disponível em https://rm.coe.int/CoERMPublicCommonSearchServices/DisplayDCTMContent?documentId=0900001680078b37. Acesso em: 26 jun. 2021

UNIÃO EUROPEIA. Directiva (UE) nº 95/46/CE do Parlamento Europeu e do Conselho, de 24 de outubro de 1995, relativa à protecção das pessoas singulares no que diz respeito ao tratamento de dados pessoais e à livre circulação desses dados. **Jornal Oficial das Comunidades Europeias**, Luxemburgo, 23 nov. 1995. Disponível em: https://eur-lex.europa.eu/legal-content/PT/TXT/PDF/?uri=CELEX:31995L0046&from=PT. Acesso em: 26 jun. 2021.

UNIÃO EUROPEIA. Regulamento (UE) nº 2016/679 do Parlamento Europeu e do Conselho, de 23 de abril de 2016, relativo à proteção das pessoas singulares no que diz respeito ao tratamento de dados pessoais e à livre circulação desses dados e que revoga a Diretiva 95/46/CE (Regulamento Geral sobre a Proteção de Dados). **Jornal Oficial da União Europeia**, Bruxelas, 04 maio 2016. Disponível em: https://eur-lex.europa.eu/legal-content/PT/TXT/PDF/?uri=OJ:L:2016:119:FULL&from=PT. Acesso em: 17 jun. 2021.

O LASTRO E O CONCEITO DE CRÉDITO NAS EMISSÕES DE RECEBÍVEIS IMOBILIÁRIOS COMO TÍTULO VERDE

ROBERTA FERREIRA CAMARGO

Introdução

O objetivo deste trabalho é discutir de maneira relevante e contributiva para a recorrente discussão sobre o conceito de "lastro" e de "crédito", nos Certificados de Recebíveis Imobiliários ("CRI"), produto introduzido ao mercado de capitais por meio da Lei nº 9.514, de 20 de novembro de 1997, conforme alterada, bem como discutir sobre a possibilidade de intitular o CRI de "Título Verde" e os desafios para que isso ocorra.

A fim de iniciarmos os assuntos principais, é oportuno falarmos sobre o conceito de securitização, processo de captação financeira no mercado de capitais brasileiro, utilizados para que companhias realizem a captação das dívidas e, portanto, obtenham liquidez para investir e desenvolver suas atividades. É por meio do processo de securitização que se origina o CRI.

O conceito de CRI é definido pela Comissão de Valores Mobiliários ("CVM") como título de crédito nominativo, de livre negociação, que constitui promessa de pagamento em dinheiro, diferenciando-se apenas pelo seu lastro, isto é, tendo o seu crédito originado de maneiras distintas.

O crescente número de demandas por certificado de recebíveis está altamente relacionado com a eficácia da securitização de ativos financeiros, validando a inegável redução de riscos assumidos pelo investidor e pela instituição financeira e a possibilidade de uma oferta de CRI mais ampla e menos custosa para o mercado financeiro.

Mesmo durante o cenário pandêmico vivido nos últimos anos devido à COVID-19, dados da CVM, Anbima e da Associação Brasileira de Securitizadoras Imobiliárias de Agronegócio ("ABSia") apontam que as emissões de CRI durante o ano de 2022 tiveram um aumento de 13,6%, se comparadas ao ano anterior, chegando ao montante aproximado de R$ 46 bilhões. No ano de 2021, o montante aproximado de emissão de CRI foi de R$ 40 bilhões.

Abaixo, um gráfico comparativo, publicado no Anuário Uqbar[1] de 2022, ilustrando o montante de CRI emitidos de janeiro de 2021 a 23 de dezembro de 2022:

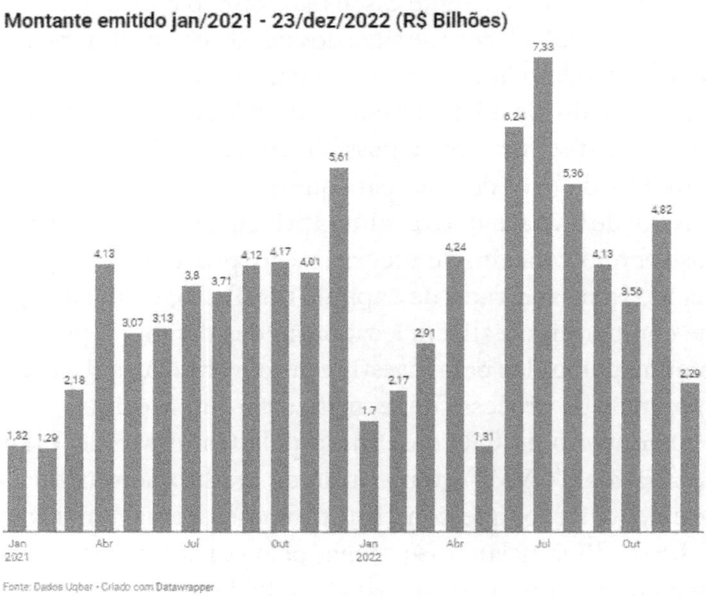

[1] ANUÁRIO UQBAR: CRI 2022. São Paulo: Uqbar Educação e Informação Financeira Avançada, 2022.

O resultado nos faz entender a importância do papel deste produto de captação para o mercado de capitais brasileiro, considerando a recorrência de resultados positivos dos últimos anos, mesmo com o atual momento político e econômico brasileiro.

Diante da dinâmica e do aumento de interesse do mercado brasileiro em ofertar produtos de captação, o lastro do CRI tem sido tratado com grande criatividade e, naturalmente, gerado diversos questionamentos ao regulador.

A amplitude do conceito de "crédito", adicionado à necessária classificação de sua natureza "imobiliária", não tem passado despercebida aos olhos do regulador.

Em 2020 a CVM iniciou a audiência pública SDM nº 05/2020, que tinha como objeto a regulamentação das companhias securitizadoras de direitos creditórios, emissoras de valores mobiliários ofertados publicamente.

Foi em 3 de agosto de 2022 que o Governo Federal sancionou a Lei nº 14.430, conversão da Medida Provisória nº 1.103, de 15 de março de 2022, ("Lei nº 14.430/22") instituindo o Marco Legal da Securitização e consolidação da legislação sobre CRI e Certificados de Recebíveis do Agronegócio ("CRA"). Oportuno mencionar que a Resolução CVM 60/21 entrou em vigor em 02 de maio de 2022, no âmbito infralegal.

Nessa toada podemos destacar como uma das principais inovações trazidas pela Lei nº 14.430/22 a criação dos Certificados de Recebíveis ("CR"). O entendimento do legislador foi de que é possível a securitização de qualquer tipo de direito creditório, por meio de companhias securitizadoras, desde que haja a sua vinculação ao CR ou qualquer outro título e valor mobiliário representativo de operações de securitização e valendo-se do instituto do regime fiduciário.

Com o advento do Marco Legal da Securitização, bem como a permissão do "lastro genérico" do CR, é esperado que o mercado de capitais brasileiro olhe com maior atenção para o assunto securitização. Lembrando que o CR não possui os mesmos benefícios fiscais atribuídos ao CRI e CRA, motivo pelo qual é importante a correta classificação da natureza do lastro do produto.

É por esse motivo que podemos afirmar que a CVM tem se esforçado em garantir a segurança jurídica e celeridade ao alinhar os conceitos regulatórios do CRI, abrindo espaço para que se amplifique o conceito original de crédito imobiliário e a estruturação dos referidos produtos.

É de suma importância a discussão do tema a fim de verificar um embasamento concreto sobre o conceito do "crédito" e de sua natureza "imobiliária", tendo em vista a insegurança abarcada na expectativa de validação do entendimento incontroverso do conceito pelo regulador.

Trata-se de um sistema de distribuição por meio de oferta pública, portanto, procedimento altamente regulado, oneroso e custoso para as partes envolvidas. Aguardar a análise da CVM sobre o tema que não é pacificado faz com o os participantes do mercado optem por operações com maior segurança jurídica.

Desta maneira, um entendimento concreto da CVM poderia trazer maior eficiência ao desenvolvimento do produto e, consequentemente, um efeito positivo no mercado brasileiro.

A fim de elucidar os CRIs como títulos verdes, iremos fazer uma abordagem sucinta sobre o assunto. Será trazida uma breve explicação sobre títulos verdes como as suas características, a motivação para que sejam emitidos, a necessidade de certificação internacional sobre a sua condição de *green bond* e um estudo resumido sobre o crescimento da emissão desse tipo de dívida.

Será realizado o estudo dos três primeiros casos conhecidos no mercado que trataram o CRI como título verde. Iremos abordar as suas respectivas estruturas, garantias de cada operação, destinação do recurso levantado e eventuais peculiaridades e pontos em comum das dívidas.

Considerando o crescimento mundial das práticas *ESG (environmental, social and governance)* pelo mercado e pela indústria, será necessário fazer uma abordagem, mesmo que sucinta, sobre o *greenwashing*.

Por fim, haverá uma breve consideração sobre o que é o *greenwashing* e como isso tem sido visto no mercado de capitais mundial, como os demais mercados têm se reunido para abordar e se posicionar referente a este tema.

Tendo em vista a narrativa jurídica aqui disposta, a análise do presente estudo será realizada com base no ordenamento jurídico pátrio disponível, portanto, a legislação e o ordenamento regulatório vigente.

1. Securitização

Para discorrer sobre o tema do presente trabalho, se faz primordial o entendimento do conceito de securitização, bem como a sua implicação e utilização no mercado de capitais brasileiro.

Mesmo que de uma maneira sintetizada, entendemos ser oportuno destacar características da securitização tais como definição, aplicabilidade, estrutura e impacto em nosso mercado de capitais.

Podemos afirmar que a securitização é uma ferramenta facilitadora para captação de recursos e vem sendo amplamente utilizada no mercado de capitais brasileiro.

Tendo em vista a relevância da securitização no mercado de capitais brasileiro a CVM iniciou a audiência pública SDM nº 05/2020, a fim de ouvir o mercado quanto às sugestões de melhorias da legislação, procedimentos e regulamentação aplicáveis às companhias securitizadoras de direitos creditórios.

O Marco Legal da Securitização ou Lei nº 14.430/22 foi sancionado pelo Governo Federal em 3 de agosto de 2022, trazendo diversas inovações legislativas, definindo regras gerais, aspectos operacionais e de conduta aplicáveis à securitização de direitos creditórios e, por fim, revogando a Instrução Normativa CVM nº 480/09.

1.1. Aspectos gerais da securitização

A palavra securitização é um aportuguesamento do termo *securitization*, derivado da palavra inglesa *security*, que, nas palavras de Fidelis Oditah[2], carece de qualquer rigor técnico, podendo significar diferentes produtos financeiros num mesmo mercado.

A Resolução CVM nº 60, em seu Art. 2º, VII, define operação de securitização como:

> Aquisição de direitos creditórios para utilização como lastro de emissão de títulos de securitização para colocação junto a investidores, cujo pagamento é primariamente condicionado ao recebimento de recursos dos direitos creditórios e demais bens, direitos e garantias que lastreiam a emissão.

Nas palavras de Juliano Lima Pinheiro[3]:

> Securitização é uma operação que permite uma renegociação dos débitos financeiros e comerciais de uma empresa por meio da colocação de papéis de longo prazo no mercado com garantias operacionais. É utilizada como instrumento de antecipação de recebimentos de recursos, e os recebimentos originais funcionam como garantia, possibilitando uma troca de sistemas de títulos que oferece a maior garantia, prazo e liquidez.

[2] Aut. Cit., *Select Issues in Securitization,* in op. Cit. – *The future for...* cit., p. 83-94, principalmente p. 84-85.

[3] PINHEIRO, Juliano Lima. **Mercado de Capitais**. 8. ed. São Paulo: Editora Atlas S.A., 2016, 621 p.

Se analisado de uma forma ampla, o termo *securitização* pode ser entendido como o processo[4] de transformar uma obrigação, titulada, ou não, num direito de crédito recebível, mediante uma nova roupagem, em um papel que tenha circulação no mercado de capitais.

Portanto, Uinie Caminha[5] explica que a expressão securitização possui significados diversos e que:

> pode significar a transformação de ativos ilíquidos em títulos negociáveis; pode também identificar operações de cessão de recebíveis; quer se siga à tal cessão, ou não uma emissão de títulos e ainda como o processo de emissão de títulos de dívida (debêntures ou *comercial papers*, por exemplo) (...). Em complemento, a securitização acaba por substituir (...) formas tradicionais de financiamento bancário pelo financiamento através do mercado de capitais (...).

Conforme colocado por Vera Helena de Mello Franco[6] o originador (o titular do crédito) cede estes créditos, com as respectivas garantias, a uma sociedade de propósito específico (companhia securitizadora), não pertencente ao Sistema Financeiro Nacional ("SFN"), a qual coloca, sob a sua responsabilidade, via Bolsa de Valores, estes títulos no mercado de capitais.

[4] FRANCO, Vera Helena de Mello *et al.* **Direito Empresarial II** sociedade anônima, mercado de valores imobiliários. 3. ed. São Paulo: Revista dos Tribuinais Ltda., 2014. 101 p.

[5] CAMINHA, Uinie. *A Securitização – Função econômica e regime jurídico,* Dissertação (Doutorado em Direito Comercial), Universidade de São Paulo, sob a orientação da Profa. Rachel Sztajn, em 2004, p. 93 e nota 49.

[6] FRANCO, Vera Helena de Mello *et al.* **Direito Empresarial II:** sociedade anônima, mercado de valores imobiliários. 3. ed. São Paulo: Revista dos Tribuinais Ltda., 2014. 102 p.

Isso acontece porque há a transferência, realizada pela parte cedente, de direitos creditórios para uma securitizadora de créditos. Tendo como base o fluxo de caixa gerado pelos direitos creditórios cedidos, a securitizadora emite títulos no mercado de capitais, iniciando a captação de recursos junto ao investidor e repassa ao cedente tais recursos, a título de pagamento da transferência de direitos creditórios.

Desta feita, Fernando Schwarz Gaggini[7] delimita o mecanismo da securitização em três etapas negociais: (i) o "agrupamento" de créditos com características semelhantes e com histórico de pagamentos para viabilizar análise de risco desta carteira; (ii) a cessão destes créditos a uma sociedade de propósito específico e emissão de valores mobiliários por esta; e (iii) o pagamento do preço de aquisição à cessionária.

Importante mencionar que a securitização conta com o mecanismo de constituição de patrimônio separado, que deverá estar sob regime fiduciário da securitizadora, onde o pagamento dos valores imobiliários emitidos contará exclusivamente com o valor depositado na conta do patrimônio separado. Tal segregação torna o crédito mais atrativo, considerando que proporciona a separação de risco entre os ativos e a securitizadora, proporcionando a sensação de maior segurança jurídica aos investidores.

Pode-se afirmar que a securitização é uma ferramenta importantíssima para o fomento da economia, tendo em vista que acaba por tornar ativos de baixa liquidez em títulos mobiliários líquidos e que tenham circulação eficaz no mercado financeiro brasileiro, portanto, desvinculando os papéis emitidos de riscos quanto ao seu adimplemento e antecipando ao titular dos recebíveis o acesso aos recursos que representam.

[7] GAGGINI. Fernando Schwarz. Securitização de Recebíveis. São Paulo: Livraria e Editora Universitária de Direito, 2003, pp. 23-30.

A securitização foi e continua sendo uma ferramenta de extrema importância para o conceito de desintermediação financeira, quando levado em consideração que não existe uma instituição financeira envolvida, tendo em vista que o cedente se socorre do mercado de capitais, cedendo os seus créditos, o titular dos créditos recorre à poupança de investidores em geral para obter o financiamento.

Na securitização, o risco do crédito é calculado com base na capacidade de fluxo de caixa dos ativos securitizados. Portanto, no referido caso, o risco de crédito é tido como inferior ao de um empréstimo no qual é dado ativos como garantia. Em uma situação de análise de crédito para obtenção de empréstimo com garantia de ativos, será levado em consideração a capacidade de pagamento do originador, tendo em vista a influência direta na liquidez dos ativos garantidos.

Posto isto, fica claro que existirá uma enorme diferença no valor imputado na taxa de juros da opção, pois os riscos são completamente distintos. Numa operação de securitização serão observadas taxas de juros inferiores, se comparada a um empréstimo com garantia de ativos. É o que motiva a atratividade da operação de securitização, tanto quanto para o cedente, quanto para o investidor.

Quando falamos em operação de securitização, não podemos esquecer que há o fator de antecipação de valores que comporiam o fluxo de caixa da empresa. O que acaba por ser uma enorme vantagem, tendo em vista que possibilita a melhora do fluxo financeiro da empresa e possibilita a realização de investimentos que antes eram improváveis, levando em consideração a situação do caixa.

A cessão de créditos é indissociável da ferramenta de securitização de créditos, tendo em vista que o ponto de partida para a securitização é a cessão de crédito, conforme previsto na Lei nº 9.514/1997, considerando que qualquer emissão de valores mobiliários, via securitização, é lastreada por recebíveis cedidos.

A operação de securitização tem o seu primeiro passo concretizado quando ocorre a transferência dos direitos e obrigações do credor originário ao tomador do crédito. Movimentação que acaba por ocasionar a substituição do credor pelo tomador, enquanto o crédito permanece o mesmo, apenas invertendo este papel, perdurando a figura do devedor original.

O Código Civil, conforme Art. 104, prevê os requisitos para o aperfeiçoamento de qualquer negócio jurídico, portanto, englobando o instituto da cessão de crédito, há de ter: (i) agente capaz; (ii) objeto lícito, possível, determinado ou determinável; e (iii) forma prescrita ou não defesa em lei.

Adicionalmente, o Código Civil associa em seus Arts. 286 a 298 os requisitos para a faculdade da cessão de crédito. No art. 295 impõe que havendo a cessão por título oneroso, o cedente, mesmo que não se responsabilize, permanecerá responsável ao cessionário pela existência do crédito ao tempo em que lhe cedeu. Portanto, podemos concluir que o negócio jurídico em questão é inerente à responsabilização do cedente pelo crédito.

1.2. Breve histórico sobre a securitização no Brasil

Podemos afirmar que a ferramenta da securitização no Brasil se tornou paradigma, se considerarmos a recorrência de sua utilização como meio de captação no mercado de capitais nos últimos anos e a confirmação jurídica de que é um instrumento confiável.

A segurança jurídica da securitização é disciplinada por leis ordinárias, por resoluções do Conselho Monetário Nacional ("CMN"), disciplinada por órgãos reguladores, como circulares do Banco Central do Brasil ("BACEN") e instruções normativas da Comissão de Valores Mobiliários ("CVM").

Atualmente, no Brasil, após a sanção da Lei nº 14.430/22, são passíveis de securitização: créditos imobiliários, créditos financeiros, títulos de créditos nominativos, créditos do agronegócio e ativos empresariais. No entanto, considerando o tema do presente trabalho, iremos dar atenção somente à securitização imobiliária.

O Sistema de Financiamento Imobiliário ("SFI"), legislado pela Lei nº 9.514/1997, abarca o processo de securitização. Criado no intuito de regular e fomentar o financiamento imobiliário no Brasil, podemos afirmar que é a principal referência para o desenvolvimento da ferramenta de securitização de crédito imobiliário, tendo em vista que a partir da referida lei nasceu a primeira ideia de securitizadora, portanto, instituição não financeira capaz de securitizar ativos, constituída na condição de sociedade de propósito específico, a fim de viabilizar a aquisição e securitização de créditos imobiliários à luz do SFI.

A aquisição dos créditos imobiliários ocorre na oportunidade da emissão dos Certificados de Recebíveis Imobiliários, conforme disposto no Art. 3º da Lei nº 9.417/1997:

> Art. 3º As companhias securitizadoras de créditos imobiliários, instituições não financeiras constituídas sob a forma de sociedade por ações, terão por finalidade a aquisição e securitização desses créditos e a emissão e colocação, no mercado financeiro, de Certificados de Recebíveis Imobiliários, podendo emitir outros títulos de crédito, realizar negócios e prestar serviços compatíveis com as suas atividades.

Desde o primeiro contato com a Lei nº 9.514/97 ficou claro que o seu objetivo principal era desafogar o sistema de financiamento à habitação, legislando sobre a possibilidade de obtenção de recursos privados em um segmento econômico que deveria ser atendido pelo setor público.

A Comissão de Valores Mobiliários ("CVM"), por meio da Instrução Normativa CVM nº. 414, de 30 de dezembro de 2004 ("ICVM 414/04"), garantiu a proteção dos investidores e do mercado, quando estabeleceu o tratamento a ser dado aos ofertados e dos requisitos de adequada divulgação de informações sobre a oferta, os CRI ofertados, a companhia securitizadora e demais pessoas envolvidas.

O Art. 8º da Lei 9.514/97 dispõe que:

> A securitização de créditos imobiliários é a operação pela qual tais créditos são expressamente vinculados à emissão de uma série de títulos de crédito, mediante Termo de Securitização de Créditos, lavrado por uma companhia securitizadora, do qual constarão os seguintes elementos: (i) a identificação do devedor e o valor nominal de cada crédito que lastreie a emissão, com a individuação do imóvel a que esteja vinculado e a indicação do Cartório de Registro de Imóveis em que esteja registrado e respectiva matrícula, bem como a indicação do ato pelo qual o crédito foi cedido; (ii)a identificação dos títulos emitidos; e (iii) a constituição de outras garantias de resgate dos títulos da série emitida, se for o caso.

Interessante a análise de Unie Caminha[8] sobre o tema:

> (...) a própria lei prevê instrumentos para eliminar lacunas ou obstáculos impostos pela legislação geral e operações de securitização, os quais, apesar de não inviabilizá-las dificultam sua estruturação. Assim, a Lei nº 9.514/97 dispõe sobre o veículo próprio de securitização, títulos específicos, mecanismos de segregação e proteção do patrimônio do lastro de emissão, garantias adicionais aos investidores e dispensa expressamente a notificação do devedor por ocasião da cessão de créditos à companhia securitizadora.

[8] CAMINHA, Uinie. Securitização. 2ª ed. São Paulo: Saraiva, 2007, p.206

Para que ocorra o processo de securitização é necessário que haja contratos representativos de ativos imobiliários para que, posteriormente, sejam cedidos como crédito à companhia securitizadora.

Há ainda a possibilidade que as Cédulas de Crédito Imobiliário ("CCI") representem créditos de origem imobiliária. Foi a Medida Provisória nº 2.223, de 04 de setembro de 2001, convertida em Lei nº 10.931, de 02 de agosto de 2004, que trouxe a CCI para o mercado de capitais brasileiro. A sua criação teve como objetivo proporcionar um instrumento para a representação de créditos imobiliários, emitida pelo credor do crédito imobiliário e independe da autorização do devedor imobiliário.

A CCI pode representar a totalidade de um crédito imobiliário ou apenas uma parte. É uma ferramenta utilizada para padronizar e delimitar os créditos imobiliários, facilitando o processo de securitização do ativo. A cessão poderá ser feita via endosso, quando a CCI for cartular, ou então por meio de central de liquidação e custódia de títulos, quando a CCI for escritural.

A Lei nº 10.931/2004, em seu Art. 22, § 1º, explica que a transmissão das garantias ocorre simultaneamente à cessão da CCI, portanto, os direitos acompanham a cédula. Havendo a alienação fiduciária, transfere-se a propriedade fiduciária que pertencia ao cedente.

O Art. 23 da Lei nº 10.931/2004 prevê que no processo de securitização, a CCI deverá ser identificada no termo de securitização de créditos, mediante indicação do valor representativo, número, série e instituição custodiante. O termo de securitização de créditos, conforme Resolução CVM nº 60, Anexo Normativo I, Suplemento I, deve elucidar de forma precisa as características de créditos imobiliários vinculados.

Todas as especificidades da CCI e do termo de securitização de créditos, nos faz concluir que o legislador foi extremamente cuidadoso com o tema, considerando que os referidos instrumentos originarão um valor mobiliário, que circulará no mercado de capitais brasileiro e, portanto, os instrumentos devem retratar de maneira extremamente fiel às características do crédito securitizado.

Por se tratar de um processo de financiamento estruturado e, portanto, possuir alta complexidade, a securitização conta com uma equipe de colaboradores que trabalham para assegurar que todo o mecanismo de mitigação de riscos esteja funcionando. É por esse motivo a necessidade de agente fiduciário, agência de classificação de risco de crédito, agente custodiante, assessor legal e instituição financeira coordenadora.

2. Certificados de recebíveis imobiliários

Trataremos no presente capítulo informações relevantes sobre o CRI, como características gerais, regulação e aspectos da estrutura de securitização de recebíveis imobiliários.

Também será necessário abordar o conceito de crédito imobiliário, que origina o produto CRI, tendo em vista a criatividade dos agentes do mercado de capitais brasileiro em delimitar o lastro do CRI.

2.1. Conceitos básicos sobre os Certificados de Recebíveis Imobiliários

O CRI foi criado pela Lei nº 9.514/1997, especificamente no Art. 6º, que o define como título de crédito nominativo, de livre negociação, lastreado em créditos imobiliários que constitui promessa de pagamento em dinheiro. Conforme anteriormente mencionado, o CRI é de emissão exclusiva das companhias securitizadoras, portanto, companhia cujo objeto social consista na realização de operações de securitização, registrada na CVM nos termos da Resolução CVM nº 60 e que seja (i) emissoras de títulos de securitização com ou sem a instituição de regime fiduciário sobre o lastro ou (ii) controladora de sociedades de propósito específico dedicadas a operação de securitização, nos casos de segmentos que não há previsão legal de instituição de regime fiduciário.

A Resolução CVM nº 60, a fim de conferir maior adequação das norma às atividades exercidadas pelas companhias securitizadoras, dispõe sobre o registro de companhias securitizadoras de créditos imobiliários, bem como impõe regras, procedimentos e controles internos, tendo como objetivo assegurar a proteção dos interesses do público investidor e do mercado em geral, por meio do tratamento requirido aos ofertados e dos requisitos de divulgação adequada das informações sobre a oferta, do CRI, da companhia securitizadora e das demais pessoas envolvidas no processo.

O CRI, conforme acima mencionado, pode ser definido como um título de crédito. Entretanto, imprescindível abordarmos sucintamente a definição de título de crédito, que segundo Vivante[9] é o "documento necessário para o exercício do direito literal e autônomo nele mencionado", conceito o qual foi coroado pelo legislador brasileiro no Art. 887 do Código Civil.

Oportuno pontuar as palavras de Tulio Ascarelli[10]:

> Os títulos de crédito se desenvolveram em reação a uma necessidade específica, a de que um bem imaterial como o crédito (posição ativa em uma obrigação) pudesse se transferir com a mesma segurança que marca a transferência das coisas corpóreas.

O Código Civil, em seu Art. 887, dispõe que o título de crédito somente produz efeito quando preenchido os requisitos da lei. Já em seu Art. 888 coloca que a omissão de qualquer requi-

[9] Vivante, Cesare. Trattato di diritto commerciale, 5 ed., v. 3. Milão: Francesco Vilardii, 1922, p.12

[10] Ascarelli, Tullio. Teoria Geral dos Títulos de Crédito, cit., p. 4 a 12 e 221.

sito legal, que tire do escrito a sua validade como título de crédito, não implica a invalidade do negócio jurídico que lhe deu origem. O título de crédito possui como características: a cartularidade, a literalidade, a autonomia, a abstração, a circulabilidade, a coobrigação e a executividade.

A Lei nº 6.385/76, conforme alterada pela Lei nº 10.303/01, dispõe que:

> Art. 2º São valores mobiliários sujeitos ao regime desta Lei:
>
> I – as ações, debêntures e bônus de subscrição;
>
> II – os cupons, direitos, recibos de subscrição e certificados de desdobramento relativos aos valores mobiliários referidos no inciso II;
>
> III – os certificados de depósitos de valores mobiliários;
>
> IV – as cédulas de debêntures;
>
> V – as cotas de fundos de investimento em valores mobiliários ou de clubes de investimento em quaisquer ativos;
>
> VI – as notas comerciais;
>
> VII – os contratos futuros, de opções e outros derivativos, cujos ativos subjacentes sejam valores mobiliários;
>
> VIII – outros contratos derivativos, independentemente dos ativos subjacentes;
>
> IX – quando ofertados publicamente, quaisquer outros títulos ou contratos de investimento coletivo, que gerem direito de participação, de parceria ou de remuneração, inclusive resultante de prestação de serviços, cujos rendimentos advêm do esforço do empreendedor ou de terceiros.

Desta maneira, podemos afirmar que o CRI é um valor mobiliário, tendo em vista que se enquadra no disposto no inciso IX, do Art. 2º, da Lei 6.385/76, tendo em vista que é ofertado publicamente e gera direito de remuneração.

Segundo Peter Walter Ashton[11], os valores mobiliários se diferenciam dos títulos de crédito da seguinte maneira:

> (...) os títulos e valores mobiliários, a nosso ver, a característica principal é a sua função de servirem como instrumento para a captação da poupança, encaminhando-a pelo e através do mercado de capitais e das suas instituições financeiras ao mercado financeiro, onde estes recursos, assim captados, serão empregados, principalmente, para gerar novos negócios (...); já para os títulos de crédito a função principal é veicular com segurança o CRÉDITO, oriundo de alguma relação jurídica fundamental, gerado numa relação jurídica fundamental.

A Comissão de Valores Mobiliários é instituída no Art. 5º da Lei nº 6.385/75, e em seu Art. 8º é atribuído as suas funções de órgão regulador, conforme abaixo:

> Art . 8º Compete à Comissão de Valores Mobiliários:
> I – regulamentar, com observância da política definida pelo Conselho Monetário Nacional, as matérias expressamente previstas nesta Lei e na lei de sociedades por ações;
> II – administrar os registros instituídos por esta Lei;
> III – fiscalizar permanentemente as atividades e os serviços do mercado de valores mobiliários, de que trata o Art. 1º, bem como a veiculação de informações relativas ao mercado, às pessoas que dele participem, e aos valores nele negociados;
> IV – propor ao Conselho Monetário Nacional a eventual fixação de limites máximos de preço, comissões, emolumentos e quaisquer outras vantagens cobradas pelos intermediários do mercado;

[11] Ashton, Peter Walter. "Títulos de crédito e valores mobiliários – Uma análise diferenciadora". In: Direito & Justiça, Revista da Faculdade de Direito da PUCRS, v. 29, Ano XXVI, 2004, Porto Alegre, p. 172.

V – fiscalizar e inspecionar as companhias abertas dada prioridade às que não apresentem lucro em balanço ou às que deixem de pagar o dividendo mínimo obrigatório.

Observando o texto da lei, acima disposto, fica claro que o legislador deixou clara a sua intenção ao criar a CVM: era necessária a criação de uma autarquia responsável por regulamentar, administrar, fiscalizar e inspecionar o mercado de capitais brasileiro. Foi a maneira eficaz que o legislador encontrou em proteger o investidor do mercado de capitais e, portanto, aquele que investe no CRI.

A fim de viabilizar a estimulação e pulverização do mercado, o poder público criou estímulos regulatórios e legais para a aquisição de CRI:

(i) Tributação: a Lei nº 11.033/2011 acabou por isentar os rendimentos de CRI, auferidos por pessoas físicas, do imposto de renda, na fonte e na declaração de ajuste anual, o que gerou um estímulo relevante para a aquisição do ativo.

(ii) FGTS: A Resolução nº 395, do Conselho Curador do FGTS, de 24 de junho de 2002, autoriza a aplicação, em CRIs, de recursos do FGTS com destinação obrigatória para operações de habitação e saneamento, desde que esses ativos sejam lastreados em imóveis ou empreendimentos que visem à redução do déficit habitacional do país e à recuperação urbana, como operações nas modalidades de água e esgoto sanitário[12].

[12] ANBIMA, **Estudos Especiais Produtos de Captação – Certificados de Recebíveis Imobiliários**, Rio de Janeiro, 2015.

(iii) Fundos de Investimento Imobiliários ("FII"): a Instrução Normativa CVM nº 472/08 permitiu que FIIs tivessem CRI como ativos; e

(iv) "Mapa 4": criado com a Resolução do CMN nº 3.932, de 16 de dezembro de 2010, as entidades integrantes do Sistema Brasileiro de Poupança e Empréstimo ("SBPE") foi dada a permissão para direcionamento de recursos que tenham sido captados através de depósitos de poupança por integrantes do SBPE à aquisição de CRI, desde que enquadrados nos termos da referida norma.

Outra característica de extrema importância do produto, é que pode ser instituído o regime fiduciário no CRI, conforme disposto no Art. 9º da Lei nº 9.514/1997, que deverá estar disciplinado no termo de securitização de créditos. O regime fiduciário sobre os créditos imobiliários vem acompanhado das diversas condições, como a constituição de um patrimônio separado.

O patrimônio separado não se comunica com o patrimônio comum da securitizadora e deve ser utilizado exclusivamente para a amortização da dívida, eventuais custos de administração e pagamento de tributos devidos pelo CRI detentor do patrimônio separado.

Desta maneira, a constituição de patrimônio separado possibilita que os créditos que lastreiam o CRI estejam protegidos de eventual execução de credores da securitizadora e não poderão ser dados em garantia. O patrimônio da securitizadora somente é alcançado quando (i) houver prejuízos decorrentes de insuficiência de saldo no patrimônio separado, se comprovada negligência ou administração temerária; (ii) houver desvio de finalidade do valor do patrimônio separado; e (iii) houver violação legal ou regulamentar.

É por esse motivo que, caso a securitizadora venha a enfrentar problemas financeiros, os ativos do produto securitizado permanecerão intactos, mesmo que a securitizadora decrete falência, seja liquidada ou inicie processo de recuperação judicial.

O termo de securitização, instrumento responsável pelo estabelecimento do regime fiduciário, deve ser claro ao investidor, portanto, é imprescindível que conste todas as características do CRI. O Art. 8º da Lei nº 9.514/1997 dispõe sobre os elementos que devem constar no termo de securitização.

Portanto, podemos concluir que a instituição do regime de patrimônio separado em operações de securitização, dentre elas o CRI, é imprescindível e de grande valia para a segurança do investidor e do mercado de capitais brasileiro.

2.2. O conceito de Crédito Imobiliário

É necessário elucidar desde o primeiro momento que a temática "conceito de crédito imobiliário" é bastante polêmica. Isso porque o legislador brasileiro foi omisso quanto a referida questão, quando deixou de prever claramente quais são as situações que configuram um lastro imobiliário, diferentemente do tema "crédito do agronegócio", regulado pela Instrução Normativa CVM nº 600/2008.

A omissão do legislador é prejudicial ao mercado dos CRI e das Letras de Crédito Imobiliário ("LCI"), tendo em vista o sentimento de incerteza despertado nos investidores dos referidos produtos. A Lei nº 9.514/1997 impõe que o CRI deverá ser lastreado em créditos imobiliários.

O legislador fracassou em pacificar o tema, quando deixou de delimitar de maneira clara e segura quais eram os recebíveis aptos a lastrear o crédito imobiliário. Portanto, foi omisso ao calar-se sobre o referido tema na Lei nº 9.514/1997, responsável pela criação do SFI e do CRI; a Resolução CVM nº 60, que dentre os diversos temas tratados dispõe sobre a oferta pública de distribuição de CRI, que dispõe sobre a oferta pública de distribuição de CRI; e a Lei nº 10.931/2004, que legisla sobre outros títulos lastreados em créditos imobiliários.

Para adentramos ao conceito de crédito imobiliário, é pertinente entendermos o conceito de crédito, que nas palavras de Fábio Konder Comparato[13] possui significados distintos, portanto:

> (i) a moral, noção primitiva ligada à noção de confiança; (ii) a econômica, que exprime a troca de bens atuais por bens futuros; e (iii) **a jurídica, que significa a posição ativa de um sujeito em uma relação obrigacional, isto é, trata-se do direito do credor em receber do devedor uma prestação** (grifos nossos).

Para que possamos avançar na delimitação do conceito de crédito imobiliário, é necessário ter como premissa que a definição do aspecto "imobiliário" no crédito é aceita como relativa a um imóvel ou edificação.

Importante esclarecer que as relações jurídicas creditícias quanto "imóveis" ou "edificações", conforme acima mencionado, são aquelas (i) originadas na exploração comercial do próprio imóvel e decorrentes da titularidade do direito real sobre o imóvel, ou seja, a posse e/ou a propriedade, que acabam por assegurar ao proprietário o direito de receber aluguéis ou até mesmo a alienação do bem tendo como contrapartida o pagamento do preço; ou (ii) originadas para que ocorra a aquisição ou modificação do objeto de uma relação de direito real, portanto, aquisição, construção, reforma e edificação.

No entanto, não se trata de qualquer relação de imóvel e crédito para que haja a classificação de "crédito imobiliário", tampouco que o crédito seja destinado a qualquer atividade econômica referente a um imóvel.

[13] Comparato, Fábio Konder. Seguro de crédito: estudo jurídico. 1968. Universidade de São Paulo, São Paulo, 1968, 183p.

Nas palavras de Melhim Namem Chalhub[14], o conceito de crédito imobiliário é tido como:

> A expressão crédito imobiliário pode ser entendida restritivamente, no sentido de que só os créditos oriundos da comercialização de imóveis podem ser securitizados, tendo em vista que as expressões mais frequentes na Lei 9.514/97 são financiamento imobiliário, contratos de compra e venda de imóveis a prazo, arrendamento mercantil de imóveis, além de outras que, de certa maneira estão associadas a ideia de comercialização de imóveis. Pode-se também entender, diferentemente, que a expressão crédito imobiliário compreende todo e qualquer crédito vinculado a direito real imobiliário, sobretudo direito real de garantia, de modo que seria considerado crédito imobiliário um empréstimo não destinado à produção ou a comercialização de imóveis, mas que tivesse garantia real imobiliária. Há quem não vê a existência de vínculo real como elemento essencial da qualificação, de modo que pode ser qualificado como crédito imobiliário o direito do locador oriundo de um contrato de locação de imóvel ou o crédito do promitente vendedor de imóvel.

Já nas palavras de Ricardo Pereira Lira[15]:

> crédito imobiliário é aquele que consubstancia uma prestação ligada a um imóvel, e ainda é aquele cuja garantia se funda

[14] CHALHUB, Melhim Namem. Alienação Fiduciária, Incorporação Imobiliária e Mercado de Capitais. Estudos e Pareceres. Rio de Janeiro. Renovar, 2012. p. 491.

[15] LIRA, Ricardo Pereira. Crédito imobiliário e sua conceptuação. A revogação da categoria dos bens imóveis por acessão intelectual pelo Código Civil brasileiro de 2002: consequências. As pertenças e seu regime jurídico. A securitização. Os recebíveis: Créditos Recebíveis Imobiliários (CRIs), as Cédulas de Crédito Imobiliário (CCIs). O Continuum Imobiliário como lastro da emissão desses títulos mobiliários. In: Revista Forense, v. 373, Rio de Janeiro: Forense, 2004, p. 207.

na propriedade imóvel: hipoteca, anticrese, propriedade fiduciária de um imóvel.

Diante das diversas discussões acerca do tema, o Colegiado da CVM acabou por estabelecer que a especificação de crédito imobiliário é dada conforme a sua origem ou sua destinação.

A decisão do Colegiado da CVM, referente ao processo nº RJ2002/3032, foi a que consolidou o entendimento de que crédito imobiliário *"é aquele que surge, ou garante-se, dos frutos e rendimentos de um imóvel ou de negócio imobiliários"*, portanto, é necessário avaliar a origem do crédito para que seja classificado como crédito imobiliário.

Posteriormente, o Colegiado da CVM passou a proferir decisões admitindo a possibilidade de que os créditos tenham a classificação de imobiliário quando comprovada a destinação do recurso ao setor imobiliário. O que significa que o crédito imobiliário por destinação se admite em casos em que o credor destina o recurso para, por exemplo, a construção de um empreendimento imobiliário.

O regulador consolidou o entendimento acima mencionado em decisões emblemáticas para o mercado de capitais. O pioneirismo ocorreu no final de 2016, na decisão proferida no Processo CVM SEI nº 19957.000587/2016-51, onde ficou aprovada a emissão de CRI lastreado em debêntures emitidas pela Cyrela Brazil Realty S.A. Empreendimentos e Participações. Os recursos da referida emissão eram destinados à construção, reforma e ampliação de empreendimentos imobiliários especificados no termo de securitização, bem como a comprovação do objeto social de cunho imobiliário da devedora.

Outro caso que merece destaque é a aprovação pelo regulador, conforme decisão proferida no Processo CVM SEI nº 19957.010578/2017-50, sendo favorável ao registro da oferta pública de CRI lastreados em debêntures emitidas pela Rede

D'Or São Luiz S.A. ("Rede D'Or"), situação em que os recursos seriam aplicados em construção, reforma e expansão dos imóveis explorados para a atividade hospitalar. A decisão foi emblemática tendo em vista o objeto social da companhia, considerando que Rede D'Or não é companhia atuante no setor imobiliário, mas conhecida pelos serviços oferecidos preponderantemente na área hospitalar.

Após diversos entendimentos validando os créditos imobiliários por destinação, a CVM publicou, em 7 de junho de 2017, a Deliberação CVM nº 772, racionalizando a colocação de CRI lastreados em créditos considerados imobiliários pela sua destinação junto a investidores não qualificados, em ofertas públicas de distribuição realizadas no âmbito da Instrução CVM nº 400/03, hoje em dia revogada.

O tema continua sendo objeto de estudo do regulados, tendo em vista a existência de duas decisões recentes e inovadoras quanto ao conceito de crédito imobiliário:

(i) *Home Equity*: por meio da decisão proferida no processo SEI nº 19957.008927/2017-73[16] foi autorizado pela CVM o uso de empréstimos garantidos por alienação fiduciária de imóveis, portanto, conceito distinto e não abarcado em créditos imobiliários por origem ou por destinação. O julgado teve a maioria de votos e foi divergente ao parecer de sua área técnica. Neste episódio ficou validada a possibilidade da emissão de CRI com lastro em contratos de financiamento garantidos por imóveis. Isso porque o proprietário do imóvel, ao outorgá-lo em garantia, tem uma contrapartida econômica positiva ao obter recursos a custo reduzido.

[16] Ata da Reunião do Colegiado da CVM de 16.01.2018. Disponível em <http://conteudo.cvm.gov.br/decisoes/2018/20180116_R1.html>

Também foi utilizado pelo regulador, como argumento favorável ao entendimento apresentado, a Resolução nº 4.598 do CMN, responsável por regulamentar a Letra Imobiliária Garantida ("LIG"), bem como a Circular nº 3614 do CMN, que regulou sobre a LCI, tendo em vista que ambos os casos serem tratados como empréstimos por estarem atrelados à garantia de imóveis configurados como créditos imobiliários. Motivo este que fez o colegiado concluir que não apresentam risco aos investidores e não interferem no mercado de valores imobiliários brasileiro; e

(ii) Reembolso de Despesas: o Colegiado da CVM considerou válida, por meio da decisão proferida no âmbito do processo SEI nº 19957.001522/2017-1217, a estruturação da securitização de crédito imobiliário por destinação com lastro em títulos de dívidas emitidas pela própria companhia. A destinação do recurso captado deve ser, exclusivamente, ao pagamento de despesas com construção, reforma, expansão ou desenvolvimento de imóveis ou empreendimentos imobiliários. Em síntese, para esta modalidade, é necessário que sejam cumpridos os seguintes requisitos: (1) é necessário que as despesas tenham natureza imobiliária de per si e estar diretamente relacionadas à construção, reforma, expansão ou aquisição dos imóveis especificados no termo de securitização; (2) detalhamento de todas as despesas no termo de securitização e no instrumento de dívida que reflita os termos do funcionamento imobiliário em questão. A descrição das despesas deverá, minimamente, conter: (a) identificação dos valores envolvidos; (b) detalhamento dos gastos incorridos; (c) especificação individualizada dos imóveis vinculados aos quais pertencem as despesas; (d) indicação do Cartório de

> Registro de Imóveis competente para registro das matrículas dos respectivos. A verificação de cumprimento dos requisitos; (3) é indispensável que as despesas tenham incorridos em prazo igual ou inferior a 24 (vinte e quatro) meses de antecedência em relação à data de encerramento da oferta pública dos CRI; e (4) o agente fiduciário é o responsável pelo recebimento e verificação das notas fiscais, escrituras e demais documentos comprobatórios das despesas, tendo em vista o seu papel de proteger os interesses dos titulares do CRI e dever de diligência.

Diante de todas as considerações feitas ao decorrer do presente capítulo, é patente a carência de uma definição que demonstre explicitamente o entendimento do legislador e do regulador sobre a figura do crédito imobiliário. Essa deficiência acaba por gerar incerteza e insegurança jurídica ao mercado brasileiro, tendo em vista que as emissões referentes a créditos imobiliários acabam por limitar-se ao que já foi decidido e aprovado pelo colegiado da CVM.

Importante ressaltar que, conforme mencionado neste capítulo, a CVM vem colaborando na missão de construir o seu entendimento acerca do tema de crédito imobiliário do CRI e para isso tem julgado caso a caso.

Concluindo as considerações feitas, podemos afirmar que, aos olhos do regulador, o requisito essencial para o enquadramento do crédito imobiliário é a relação do crédito, que deverá ser inerente ao imóvel e, portanto, não limitada apenas à análise de quem é o originador do crédito imobiliário.

Para que possamos encerrar o presente capítulo, entendemos ser primordial demonstrar a relevância e importância que o crédito imobiliário tem desempenhado no mercado de capitais brasileiro. Em 2021 o mercado de capitais brasileiro atingiu o recorde de emissões, chegando ao número de R$ 40,5 bilhões, o que representou o crescimento anual de significativo se comparado aos anos anteriores. Em 2020 o número de emissões chegou a R$ 16,9 bilhões. Um resultado inferior ao obtido em 2019, mas extremamente positivo, se levarmos em consideração que foi um ano pandêmico.

Mesmo com a paralisação da atividade econômica em decorrência da pandemia de coronavírus (Covid-19), para o mercado de CRI não existiu tempo ruim. Segundo o Anuário Uqbar 2021[17], o que pode ser observado foi a prorrogação de prazos e, consequentemente, a alteração de cronogramas de pagamentos de alguns CRIs. O isolamento social impulsionou a digitalização do setor, tanto no âmbito do registro de títulos e documentos, quanto na realização de assembleia virtuais de investidores.

Por fim, o gráfico comparativo abaixo, referente às emissões de CRI nos últimos cinco anos, pode nos ajudar a concluir que o mercado de CRI é extremamente relevante para o mercado de capitais brasileiro e tem crescido exponencialmente nos últimos anos.

[17] ANUÁRIO UQBAR: CRI 2021. São Paulo: Uqbar Educação e Informação Financeira Avançada, 2021.

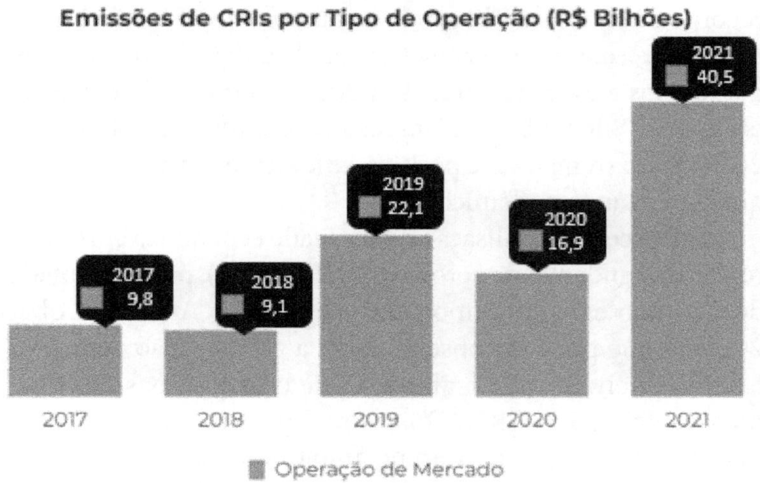

(Fonte: Anuário 2022 Uqbar)

3. Títulos verdes

Os títulos verdes, também conhecidos como *green bonds* no mercado internacional, são títulos de renda fixa utilizados para captar recursos com o objetivo de implantar ou refinanciar projetos ou ativos que tenham atributos positivos do ponto de vista ambiental ou climático[18].

Tem se entendido como tendência mundial o aumento de empréstimos ou financiamentos sustentáveis, ASG (Ambiental, Social ou Governança) ou *ESG* (*environmental, social and governance*). Os títulos verdes ou *green bonds* fazem parte desta categoria, se enquadrando em "financiamento sustentável ambiental". Os títulos sociais ou *social bonds* estão representados pelo "financiamento sustentável social" e os títulos sustentáveis

[18] FEBRABAN – Federação Brasileira de Bancos. Guia para emissão de títulos verdes no Brasil, 2016. Disponível para download em https://cebds.org/wp-content/uploads/2016/10/Guia_emiss%C3%A3o_t%C3%ADtulos_verdes_PORT.pdf. Acesso em 15 de fevereiro de 2023.

ou *sustainable bonds* fazem parte da categoria de "financiamento sustentável", que agrega benefícios sociais e ambientais.

Não aprofundaremos sobre o tema, tendo em vista que escolhemos estudar especificamente em títulos verdes. No entanto, acreditamos que seja oportuno ilustrar o crescimento dessa tendência mundial, conforme gráficos abaixo, retirados do informativo da SITAWI[19]:

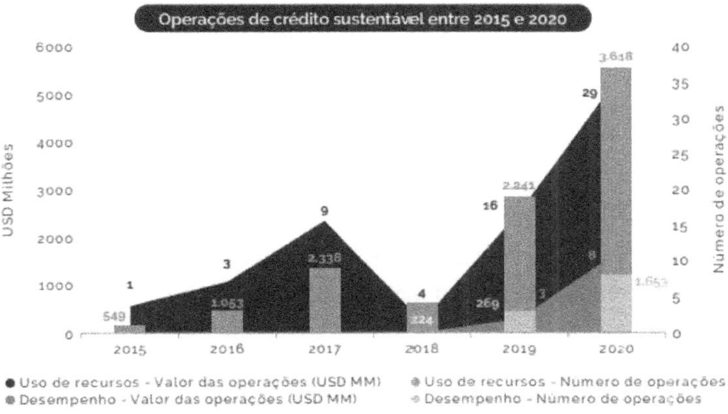

Fonte: Base de Dados SITAWI, disponível em https://bit.ly/basedados-titulosverdes

Fonte: Environmental Finance Bond Database

[19] SITAWI – Tendências de Finanças Sustentáveis no Brasil para 2021. Disponível para download em http://www.sitawi.net/wp-content/uploads/2021/03/SITAWI_TendenciasESG_2021.pdf Acesso em 15 de junho de 2021.

Alguns exemplos de instrumentos financeiros que comportam a característica de título verde são: cotas de fundos de investimento em direitos creditórios (FIDC), debêntures, debêntures incentivadas de infraestrutura, letras financeiras, notas promissórias, certificados de recebíveis do agronegócio e CRI.

Em consonância com o Acordo de Paris, estabelecido pela Organização das Nações Unidas (ONU), que foi o compromisso de 196 (cento e noventa e seis) países quanto às alterações climáticas e instituição de metas aos países signatários para que reduzissem a emissão de gases causadores do efeito estufa, o governo brasileiro viu a necessidade imediata de se adaptar e investir em medidas que proporcionassem um resultado positivo no combate ao aquecimento global. Portanto, foi a partir desse cenário que os títulos verdes ganharam fôlego para se desenvolverem no mercado de capitais brasileiro.

A título exemplificativo, são tidos como sustentáveis os investimentos em empresas que atuem nos seguintes setores: (i) transporte limpo; (ii) energia renovável (i.e solar, eólica, geotérmica, em ambiente marinho); (iii) eficiência energética; (iv) gestão sustentável de água, água residual e saneamento; (v) gerenciamento ambiental sustentável dos recursos naturais vivos e do uso da terra; e (vi) prevenção e controle de poluição.

Apenas para fins didáticos, apresentaremos um gráfico abaixo, retirado do informativo SITAWI[20], que ilustra por setor o volume de recursos captados com operações rotuladas como sustentáveis no Brasil, entre 2015-2020:

[20] SITAWI – Tendências de Finanças Sustentáveis no Brasil para 2021. Disponível para download em http://www.sitawi.net/wp-content/uploads/2021/03/SITAWI_TendenciasESG_2021.pdf. Acesso em 15 de junho de 2021.

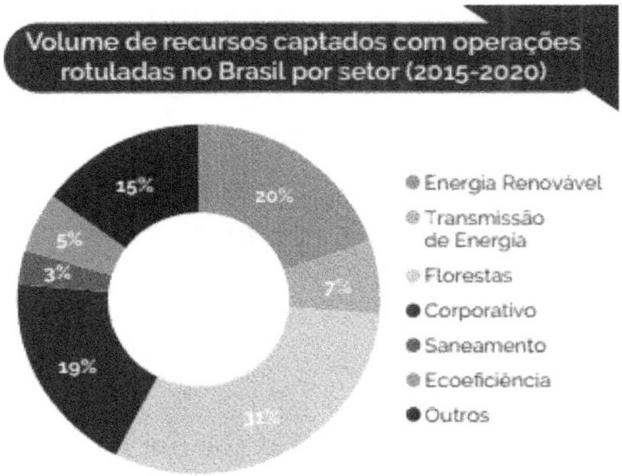

Fonte: Levantamento feito pela SITAWI

Considerando que a destinação específica é o principal diferencial dos títulos verdes, se comparado aos títulos de dívidas convencionais, é necessário que haja uma comprovação dos impactos positivos previstos. Portanto, deve haver um terceiro que audite e certifique a eficiência da destinação do recurso da operação que foi proposta como título verde. É imprescindível que, ao menos, qualquer uma das seguintes certificações:

(a) **Certificação:** deverá ser avaliada pela *Climate Bond Certified*, certificação emitida pela *Climate Bonds Initiative*, que se trata de uma organização internacional que promove investimentos em larga escala na economia de baixo carbono. Resumidamente, nesta oportunidade será feita a verificação da destinação dos recursos que serão emitidos, com base nos critérios de elegibilidade e princípios denominados de *Green Bond Principles* e do *Climate Bond Standards*, que serão tratados adiante; e

(b) ***Second Party Opinion:*** trata-se de um parecer emitido por instituições certificadoras independentes, que estejam aptas a emitir certificados no âmbito de dívida

> verde. Será realizada uma auditoria, de maneira detalhada e minuciosa, que comprove a característica sustentável do provável título verde, bem como a destinação dos recursos levantados com a dívida. O parecer independente será emitido com os detalhes da emissão, das características, riscos e performance do título e motivos do enquadramento como um título verde. Por meio deste laudo será vinculada a qualificação de "verde" ao título.

O *Green Bonds Principles*[21] *("GBP")* é um guia no qual estão elencadas as diretrizes de um título verde e tem como orientações os seguintes aspectos: (i) identificação dos critérios de elegibilidade dos projetos financiados; (ii) seleção de projetos; (iii) gestão de recursos e (iv) monitoramento e reporte.

O *Climate Bond Standards*[22] *("CBS")* detalha os requisitos de certificação, esquema desenvolvido por meio de consultas públicas, análises das principais partes interessadas e suporte especializado de participantes experientes do mercado de títulos verde.

É certo que para o emissor de títulos verdes há ganho reputacional, tendo em vista que trazem visibilidade para a companhia emissora do título, que valida os seus compromissos socioambientais. Desde 2018 a B3 – Brasil, Bolsa, Balcão, inseriu em sua plataforma de negociação a possibilidade de identificação de títulos verdes, onde é possível que o investidor confira a certificação verde do título.

[21] FEBRABAN – Federação Brasileira de Bancos. Guia para emissão de títulos verdes no Brasil, 2016. Disponível para *download* em https://info.sitawi.net/som_greenbonds_2018. Acesso em 11 de junho de 2021.

[22] Climate Bonds – Esquema de Certificação. Disponível para *download* em https://www.climatebonds.net/files/files/CBI_Esquema_Certifica%C3%A7%C3%A3o_FV.pdf. Acesso em 11 de junho de 2021.

Outra característica que merece ser mencionada é que a emissão de títulos verdes possibilitou a diversificação da base de investidores do emissor, portanto, concedeu acesso a investidores com mandato específico para compra de títulos verdes ou com objetivos de longo prazo (como fundos de pensão, seguradoras e signatários do PRI – *Principles for Responsible Investment*) que por suas características podem manter o papel em carteira mesmo em momento de crise[23].

Claramente há a reciprocidade para os investidores que puderam incluir em suas carteiras de investimento ativos que viabilizem benefícios socioambientais, acompanhados de uma benfeitoria para a sociedade. O investidor institucional viu a oportunidade de melhoria da sua reputação corporativa, refletindo os benefícios de investir em títulos que incentivam medidas socioambientais positivas.

Como se trata de um assunto relativamente novo e em ascensão no mercado de capitais, ainda há incertezas quanto as suas definições, normas e taxonomia verdes. A taxonomia verde tem como objetivo mensurar os recursos financeiros intermediados pelo setor bancário, que são caracterizados de acordo com questões socioambientais e climáticas.

Outro motivo que justifica a afirmativa que os títulos verdes estão em ascensão no mercado de capitais brasileiro é a edição do Decreto nº 10.387/2020, publicado em 05 de junho de 2020, que modificou o Decreto 8.874/2016. O legislador incluiu no rol de projetos considerados prioritários na área de infraestrutura aqueles que trazem benefícios ambientais e sociais relevantes.

[23] FEBRABAN – Federação Brasileira de Bancos. Guia para emissão de títulos verdes no Brasil, 2016. Disponível para *download* em https://info.sitawi.net/som_greenbonds_2018. Acesso em 11 de junho de 2021.

3.1. O CRI como título verde

Diante de todo panorama feito no presente trabalho, escolhemos utilizar o CRI como instrumento de dívida para estudo. Ainda são escassas as emissões de CRI com a característica de título verde no mercado de capitais brasileiro.

No presente capítulo abordaremos, em ordem decrescente, os três primeiros casos de emissão de CRI caracterizados como títulos verdes. Importante esclarecer que todos os dados dos casos foram obtidos em consulta aos respectivos termos de securitização e que até o final do ano de 2022 haviam sido divulgados o total de 14 emissões de CRI caracterizados como títulos verdes e que mais de 50% dos recursos obtidos foi destinado para o financiamento de projetos de energia renovável.

(a) Caso 01: foi a Órigo Energia (Ebes Sistema de Energia S.A.), empresa que atua no setor de geração distribuída de energia, atuando principalmente por meio de fazendas solares, que realizou primeira emissão, certificada internacionalmente, ocorrida em 05 de fevereiro de 2021.

Os recursos captados foram totalizados em sessenta e quatro milhões de reais e destinados a projetos de ampliação de parques de energia solar na América Latina.

A emissão foi lastreada em créditos imobiliários locatícios, portanto contratos de locação de imóveis de cinco parques solares e garantida da seguinte forma (i) alienação fiduciária de equipamentos; (ii) alienação fiduciária em cotas; (iii) alienação fiduciária de direitos de superfície; e (iv) mecanismos para minimizar o risco de crédito e de mercado.

Conforme já mencionado, esse foi um CRI caracterizado como título verde e emitido nos padrões de certificação internacional pela *Climate Bonds Initiative*. Adicionalmente, para a sua certificação como *green bond* contou com: (i) no parecer de agente de avaliação externa ("AAE") atestando cumulativamente (a) o desempenho ambiental satisfatório avaliado pelo AAE; (b) o financiamento da geração de Energia Solar em conformidade com boas práticas de gestão ambiental dos projetos e das operações das centrais de energia; e (c) atendimento dos procedimentos pré-emissão verificados pelo AAE para enquadramento e obtenção da certificação internacional como Green Bond, com base nos "Climate Bonds Standard V 3.0", elaborados pela CBI; e (ii) certificação internacional como Green Bond pela CBI, com base nos "Climate Bonds Standard V 3.0".

(b) Caso 02: outra operação de CRI qualificada como *green bond* foi a emissão da FS Agrisolutions Indústria de Biocombustíveis Ltda. ("FS"), companhia brasileira que atua na produção de etanol de milho e seus derivados, realizada em 25 de junho de 2020.

A operação foi lastreada por créditos imobiliários representados por CCI, por meio da cessão de créditos imobiliários e do endosso e transferência de uma CCB.

Importante esclarecer que a operação contou com as seguintes garantias (i) fiança bancária (ii) alienação fiduciária de estoque; (iii) demais mecanismos para minimizar risco de crédito (fundos de reserva, *covenants*, etc).

Foi caracterizado como título verde conforme *Green Bond Framework* da devedora e parecer independente elaborado por AAE.

A particularidade da emissão da FS acontece por existir um rol taxativo de situações que, verificada a ocorrência, dispararia a redução de sobretaxa do CRI, portanto, um mecanismo de incentivo para a devedora.

O rol taxativo elenca situações que comprovem maior eficiência no quesito de sustentabilidade pela devedora: (i) Certificação com critérios de *Climate Bonds Initiative* para uma de suas emissões financeiras até 31 de dezembro de 2020; (ii) incorporação do quesito *Materiality Disclosures Services* do *Global Reporting*

Initiative no relatório de sustentabilidade da devedora, referente à safra de 19/20; e (iii) a devedora estar posicionada ente as dez empresas produtoras de etanol anidro com melhor NEEA – nota de eficiência energética ambiental, certificada no programa RenovaBio, até 31 de dezembro de 2020.

(c) Caso 03: por fim, a último caso de CRI como título verde que abordaremos no presente trabalho é o do Burguer King. A rede de lanchonetes não teve o Certificados de Recebíveis do Agronegócio, emitido em 2016, como única inovação no mercado de capitais brasileiro.

Na referida operação (i) a H2Energy, empresa atuante no setor de energia elétrica, figurou como cedente dos direitos creditórios decorrentes do contrato de aluguel; e (ii) o Burguer King atuou como devedor, tendo em vista que devia aluguéis à H2Energy devido à locação de central de geração de energia para fins de geração distribuída.

Portanto, podemos afirmar que o pioneirismo na emissão de CRI caracterizado como título verde, emitido em 23 de setembro de 2019, foi uma parceria entre o Burguer King e a H2Energy.

A rede de lanchonetes se propôs a aplicar os recursos levantados na operação para desenvolver cinco usinas de geração de energia a partir de painéis fotovoltaicos para realizar o abastecimento de algumas de suas lojas com energia limpa.

A operação contou com as seguintes garantias (i) cessão fiduciária de recebíveis; (ii) fiança da H2Energy; (iii) coobrigação entre o Burguer King e a H2Energy; (iv) alienação fiduciária de cotas; e (v) demais mecanismos para minimizar risco de crédito (fundos de reserva, *covenants*, etc).

O CRI foi caracterizado como título verde com base (i) no desempenho socioambiental satisfatório avaliado por AAE; (ii) contribuição para o financiamento de geração elétrica de fonte solar em conformidade com boas práticas de gestão socioambiental; e (iii) atendimentos de procedimentos acordados com o AAE para futuro enquadramento para obtenção de certificação internacional de acordo com o GBP. Portanto, no momento da emissão o papel não era certificado internacionalmente.

Portanto, diante de todo o exposto no presente capítulo, podemos concluir que ainda são escassos os casos de CRI caracterizados como título verde. Em todos os casos pudemos verificar que existe um esforço pós emissão por parte das companhias tomadoras do crédito para permanecerem nos parâmetros de sustentabilidade adequados para a caracterização do papel como título verde.

O processo de estruturação, os aspectos jurídicos e os profissionais necessários para a emissão de CRI intituladas como títulos verdes são os mesmos de um CRI convencional. A diferença é que há a inclusão de agentes externos, que atuam com a verificação da continuidade do financiamento sustentável ambiental e, portanto, há um custo adicional para a obtenção da certificação necessária. A certificação dos títulos verdes é contínua e só poderá deixar de ser realizada ao final da utilização dos recursos, momento em que será comprovado a destinação total do investimento em projetos.

3.2. Breve histórico sobre *greenwashing* nos mercados de capitais

No presente capítulo abordaremos sucintamente sobre o que é o *greenwashing*, suas consequências no mercado de capitais e como tem sido tratado no mundo.

O assunto *greenwashing*, em português referido como lavagem verde ou maquiagem verde, vem sendo tratado cada vez com mais frequência, tendo em vista que o tema sustentabilidade tem sido recorrente e diversas empresas têm se adequado à prática de políticas ESG. Estamos vivendo uma época de sucesso e franco crescimento de empréstimos vinculados ao tema sustentabilidade.

O termo *greenwashing* está associado a qualquer declaração socioambiental inverídica, portanto, que não reflete as verdadeiras práticas e ações socioambientais declaradas pela companhia, e que tenha como objetivo conquistar uma imagem pública ambientalmente responsável, utilizada basicamente para promoção de marketing.

A Comissão de Valores Mobiliários dos Estados Unidos ("SEC"), atenta às práticas de *greenwashing*, anunciou a criação de um grupo de trabalho voltado especificamente em questões ambientais, sociais e de governança e mudanças climáticas. O grupo tem como objetivo identificar e prevenir o mercado de práticas de *greenwashing*.

O Instituto Brasileiro de Defesa do Consumidor ("IDEC") também está atento à prática de *greenwashing* pelas empresas brasileiras e criou um guia para o consumidor com os principais pontos de atenção.

A importância do tema é inquestionável. É visível que o assunto vem aparecendo em diversos debates, em diversas frentes do mercado e com grande frequência. A ANBIMA lançou um guia de recomendação e orientação para as instituições financeiras na oferta pública de títulos de renda fixa relacionados aos critérios ESG. O lançamento do referido material teve como objetivo apenas o auxílio no desenvolvimento do mercado, deixando claro que o cumprimento de tais orientações não é obrigatória e não serão passíveis de supervisão da ANBIMA.

Segundo o Guia para Ofertas de Títulos ESG[24] da ANBIMA, baseado no entendimento da ESMA (European Securities and Market Association):

[24] ANBIMA – Associação Brasileira das Entidades dos Mercados Financeiro e de Capitais. Guia para Ofertas de Títulos ESG. Disponível para *download* em https://www.anbima.com.br/data/files/52/25/36/43/9AA158103F642158882BA2A8/GUIA_PARA_OFERTAS_DE_TITULOS_ESG.pdf . Acesso em 15 de fevereiro de 2023.

> *Greenwashing* se refere à distorção do perfil de sustentabilidade divulgado publicamente por um emissor, ou das características ou dos objetivos de um produto ou instrumento financeiro, que não reflita adequadamente os riscos e impactos ESG subjacentes associados ao seu emissor, instrumento ou produto financeiro. Essa prática pode ser intencional, ou não, e ocorre por meio da ação ou omissão.

Importante ressaltar que o *greenwashing* não está presente somente no mundo de mercado de capitais. Ele pode ser praticado no âmbito de qualquer propaganda enganosa, seja de produtos de limpeza, higiene, vestuário, utilidades domésticas, produtos alimentícios etc.

O consumidor tem se atentado mais com o histórico de práticas sustentáveis das empresas presentes no mercado, utilizando-o como critério para o consumo de seus produtos.

É estritamente necessária uma análise detalhada sobre qualquer indício de prática de *greenwashing*, tendo em vista que os seus resultados podem ser catastróficos, tanto quanto para a confiança do mercado, quanto para o seu propósito socioambiental.

O Guia para Ofertas de Títulos ESG da ANBIMA faz a seguinte reflexão:

> O greenwashing normalmente gera potenciais prejuízos para os investidores que desejam alocar recursos para investimentos de finanças sustentáveis e pode ser identificado como um fenômeno de distorção de informações, rotulagem, venda e/ou até mesmo de precificação incorreta. No entanto, as causas do greenwashing podem estar relacionadas a múltiplos aspectos do funcionamento da cadeia de valor e impactam na apresentação de um produto financeiro ao investidor final.

A emissão de um título verde que seja, posteriormente, acusado de *greenwashing* afetaria toda a credibilidade construída por empresas sérias e que buscam financiar seus negócios via mercado de capitais.

O Banco Central do Brasil, preocupado com eventual *greenwashing*, especialmente nos títulos verdes emitidos pelo setor do agronegócio, abriu uma consulta em março de 2021, a fim de criar um selo verde e adotar parâmetros para auxiliar instituições financeiras na avaliação de riscos do título verde em questão.

A União Europeia, em março de 2021, também instituiu regras mais rígidas visando a prevenção de práticas de *greenwashing*. A proposta foi de que gestor de ativos que venha a comercializar seu fundo como produto sustentável, terá de enfrentar critérios mais rígidos para a divulgação do produto. No mais, a inclusão de critérios na modalidade sustentável, fará com que o administrador dos fundos tenha mais trabalho em maquiar resultados e práticas.

Um dos principais motivos da importância que o agente de avaliação externa desempenha nos títulos verdes é esse: coibir a prática do *greenwashing*. No mais, a certificação deverá ser realizada de maneira robusta e periódica, o que acaba por afastar práticas compatíveis com o *greenwashing*.

O que se constata é que a rotulação de produtos financeiros como verdes ou sustentáveis é um desafio, tendo em vista a ausência de legislação nacional e internacional que delibere sobre o tema de maneira concreta. O que temos são taxonomias que contribuem para identificar, mapear e homogeneizar a linguagem dos fluxos financeiros destinamos ao meio ambiente, contribuindo para se evitar o *greenwashing*[25].

[25] CVM – COMISSÃO DE VALORES MOBILIÁRIOS. Série Sustentável, Volume 2. Disponível para *download* em https://www.investidor.gov.br/portaldoinvestidor/export/sites/portaldoinvestidor/publicacao/Serie-CVM-Sustentavel/serie_sustentavel_vol2_vf.pdf. Acesso em 18 de junho de 2021.

Há também escassez de regulamentação para o tema ESG, mas são perceptíveis os avanços significativos que vêm ocorrendo. Exemplo disso é a indústria de *private equity*, que vem criando fundos de investimento focados apenas em questões temáticas de ESG. Também existe um movimento em investir e cobrar boas práticas socioambientais, tanto quanto para as suas investidas, quanto no processo de seleção de empresas em que existe uma intenção de investimento.

Conclusões

No primeiro capítulo a intenção foi tratar brevemente sobre a securitização, bem como esclarecer os seus processos e a sua relevância para o mercado de capitais brasileiro. A securitização é um instrumento imprescindível para a emissão de CRI e extremamente relevante para o mercado de capitais brasileiro, que conta com mecanismos que acabam por diminuir os riscos dos ativos securitizados e com isso contribui positivamente para o crescimento de investimentos neste tipo de estrutura de dívida.

Durante o segundo capítulo do trabalho houve a abordagem específica do CRI, fazendo um panorama geral de informações relevantes do produto, suas características, regulação e como é operacionalizada a sua securitização. Foi necessária uma breve discussão para que entendêssemos a qual universo o CRI é pertencente: o de valores mobiliários.

No mais, ficou clara a importância do regime fiduciário na operação de securitização do CRI, como por exemplo, a constituição de patrimônio separado, incomunicável com o patrimônio da securitizadora.

Foi trazida a polêmica acerca do conceito de créditos imobiliários, comentando a omissão do legislador brasileiro em não delimitar de maneira clara e segura o que são recebíveis aptos a lastrear o crédito imobiliário, bem como a insegurança jurídica que esta situação transmite ao investidor do mercado de capitais.

Com a análise dos julgados da CVM, pudemos concluir que o regulador não tem se limitado apenas a analisar quem é o originador do crédito imobiliário, mas tem se atentado também quanto a relação do crédito, que deverá ser inerente ao imóvel, avaliando caso a caso.

Com uma breve avaliação do crescimento do CRI no mercado de capitais brasileiro pudemos concluir que mesmo frente ao cenário pandêmico que vivemos foi apresentado um crescimento positivo em 2020.

No terceiro e último tópico do trabalho foi estudada a temática de títulos verdes. Fizemos uma breve abordagem sobre o seu objetivo de implantar ou refinanciar projetos ou ativos que tenham atributos positivos do ponto de vista ambiental ou climático.

A assinatura do Acordo de Paris e a consolidação mundial de práticas características de ASG, acabou por refletir diretamente na alta das emissões de dívidas dentro destas características, portanto, isso pode explicar a alta procura pelos títulos verdes. O investimento ou emissão em títulos verdes acaba por promover a imagem reputacional dos *players* do mercado de capitais envolvidos no referido processo.

Os legisladores e os reguladores vêm tomando medidas que têm como objetivo a expansão desse mercado de títulos verdes. Exemplo disso foi a inclusão de projetos que trazem benefícios ambientais e socioambientais relevantes no rol de projetos considerados prioritários na área de infraestrutura.

No mais, foi tratado das características necessárias para o enquadramento do CRI como título verde. Portanto, abordamos a imprescindibilidade das certificações dos *green bonds*, a fim de que seja afastada a prática do *greenwashing* e a comprovação da destinação dos recursos oriundos da dívida.

Após a realização de um breve estudo sobre os casos de emissão de CRI como título verde no mercado de capitais brasileiro, pudemos concluir que o grande diferencial do CRI como título verde é a destinação dos recursos levantados na emissão: implantação ou refinanciamento de projetos ou ativos que tenham atributos positivos do ponto de vista ambiental e climático.

Do ponto de vista regulatório e legislativo, pudemos entender que estão sendo adotadas medidas que têm como objetivo coibir a prática do *greenwashing*, tendo em vista a sua prejudicialidade à imagem deste mercado de títulos verdes perante os investidores e emissores.

Desta maneira, restou claro que o regulador deve se atentar com mais agilidade para as novidades inseridas no mercado de capitais, exemplo disso é a caracterização do CRI como título verde.

Existe muito espaço para que haja diversas emissões no sentido de enquadramento da dívida como título verde. No entanto, é necessário um olhar mais atencioso para que práticas de *greenwashing* não façam com que haja o descrédito desta característica nas dívidas.

No mercado brasileiro, o CRI titulado como *green bond* é recente e ainda há muito o que se desenvolver. Foi possível verificar a existência de poucas operações nesse setor e apenas uma delas foi emitida de acordo com as certificações internacionais.

Ainda há muito trabalho a se fazer tanto no âmbito regulatório, quanto de educação do investidor. No entanto, considerando que cada vez mais as práticas ASG devem se tornar frequentes, o CRI caracterizado como título verde tem um grande caminho de ascensão pela frente.

Referências

Abrão, Nelson. **Direito Bancário**, 12ª edição atualizada por Carlos Henrique Abrão. São Paulo: Saraiva, 2009.

ANBIMA, **Estudos Especiais Produtos de Captação – Certificados de Recebíveis Imobiliários**, Rio de Janeiro, 2015.

ANTUNES, José A. Engrácia. **Os instrumentos financeiros.** 3. Ed. Coimbra: Almedina, 2017.

ASCARELLI, Tullio. **Teoria Geral dos Títulos de Crédito**, cit., p. 4 a 12 e 221.

ASHTON, Peter Walter. **"Títulos de crédito e valores mobiliários – Uma análise diferenciadora"**. In: Direito & Justiça, Revista da Faculdade de Direito da PUCRS, v. 29, Ano XXVI, 2004.

AVELINO, Luiz Filipi de Cristófaro Avelino. **Aspectos jurídicos da securitização no Brasil.** Dissertação (Mestrado em Direito), Faculdade de Direito da Universidade de São Paulo, São Paulo, 2014

BEZERRA FILHO, Manoel Justino. **Da fidúcia à securitização: as garantias dos negócios empresariais e o afastamento da jurisdição.** In Revista da Escola Paulista de Magistratura, Ano 14, Número 2, 2014.

BORGES, Luiz Ferreira Xavier. **Securitização como parte da segregação do risco empresarial.** Revista de Direito Bancário e do Mercado de Capitais, v. 10, p.1-9, outubro 2000.

BURANELLO, Renato Macedo. **Sistema Privado de Financiamento do Agronegócio – Regime Jurídico** – 2. Ed. São Paulo: Quartier Latin 2011.

__________. **Securitização do crédito como tecnologia para o desenvolvimento do agronegócio: proteção jurídica do investimento privado.** 2015. 249 f. Tese (Doutorado em Direito) – Pontifícia Universidade Católica de São Paulo, São Paulo, 2015.

CAMINHA, Uinie. **Securitização.** 2ª ed. São Paulo: Saraiva, 2007.

__________. *A Securitização – Função econômica e regime jurídico*, Dissertação (Doutorado em Direito Comercial), Universidade de São Paulo, sob a orientação da Profa. Rachel Sztajn, em 2004.

CANÇADO, Thais Romano; GARCIA, Fabio Gallo. **Securitização no Brasil.** São Paulo: Atlas, 2007.

CHALHUB, Melhim Namem. **Alienação Fiduciária, Incorporação Imobiliária e Mercado de Capitais – Estudos e Pareceres** . Rio de Janeiro: Renovar, 2012.

COMISSÃO DE VALORES MOBILIÁRIOS. **Mercado de Valores Mobiliários Brasileiro.** 3 ed. Rio de Janeiro, 2014. Disponível em http://www.portaldoinvestidor.gov.br/portaldoinvestidor/export/sites/portaldoinvestidor/publicacao/Livro/LivroTOP-CVM.pdf Acesso em: 11/06/2021.

COMPARATO, Fábio Konder. **Seguro de crédito: estudo jurídico**. 1968. Universidade de São Paulo, São Paulo, 1968.

EIZIRIK, Nelson; GAAL, Ariadna B.; PARENTE, Flávia; HENRIQUES, Marcus de Freitas. **Mercado de Capitais – Regime Jurídico.** 3 ed. Revista e atualizada. Rio de Janeiro: Renovar, 2011.

FRANCO, Vera Helena de Mello *et al.* **Direito Empresarial II**: sociedade anônima, mercado de valores imobiliários. 3. ed. São Paulo: Revista dos Tribuinais Ltda., 2014.

FORTUNA, Eduardo. **Mercado financeiro – Produtos e serviços**. Rio de Janeiro: Qualitymark, 2015.

GAGGINI, Fernando Schwarz; BARROS, L. F.; BARBOSA, R. A. **Securitização de recebíveis**. São Paulo: Ed. Universitária de Direito, 2003.

MORAES, Daniel Carrasqueira de Moraes. **SFI – A Securitização como Instrumento de Fomento do Crédito Imobiliário**, São Paulo, 2008. Tese (Mestrado em Administração) do Programa de Pós-Graduação em Administração do Departamento de Administração da Faculdade de Economia, Administração e Contabilidade da Universidade de São Paulo.

NAJJARIAN, Ilene Patrícia de Noronha. **Securitização de recebíveis mercantis**. São Paulo: Quartier Latin, 2010.

LIRA, Ricardo Pereira. **Crédito imobiliário e sua conceptuação. A revogação da categoria dos bens imóveis por acessão intelectual pelo Código Civil brasileiro de 2002: consequências. As pertenças e seu regime jurídico. A securitização. Os recebíveis: Créditos Recebíveis Imobiliários (CRIs), as Cédulas de Crédito Imobiliário (CCIs). O Continuum Imobiliário como lastro da emissão desses títulos mobiliários.** In: Revista Forense, v. 373, Rio de Janeiro: Forense, 2004.

OIOLI, Erik F.; FALEIROS, Vanessa Zampolo. **Transferência e Retenção de Riscos na Securitização.** CANTIDIANO, Luiz Leonardo e MUNIZ, Igor(orgs.) Temas de direito bancário e do mercado de capitais. Rio de Janeiro: Renovar, 2014.

PINHEIRO, Juliano Lima. **Mercado de capitais: fundamentos e técnicas**. 5. ed. São Paulo: Atlas, 2016.

SALOMÃO NETO, Eduardo. **Direito bancário**. São Paulo: Atlas, 2008.

VIVANTE, Cesare. **Trattato di diritto commerciale**, 5 ed., v. 3. Milão: Francesco Vilardii, 1922.

YAZBEK, Otávio. **Regulação do mercado financeiro e de capitais**. Rio de Janeiro: Elsevier, 2011.

UQBAR, ANUÁRIO: **CRI 2020.** Uqbar Educação e Informação Financeira Avançada. São Paulo,2020.

UQBAR, ANUÁRIO: **CRI 2021.** Uqbar Educação e Informação Financeira Avançada. São Paulo,2021.

ANUÁRIO UQBAR: CRI 2022. São Paulo: Uqbar Educação e Informação Financeira Avançada, 2022.

Legislação e jurisprudência

BRASIL. **Instrução Normativa da Comissão de Valores Mobiliários nº 400, de 29 de dezembro de 2003.** Dispõe sobre as ofertas públicas de distribuição de valores mobiliários, nos mercados primário ou secundário, e revoga a Instrução CVM nº 13, de 30 de setembro de 1980, e a Instrução CVM nº 88, de 3 de novembro de 1988. 63 BRASIL. Instrução Normativa da Comissão de Valores Mobiliários nº 414, de 30 de dezembro de 2004. Dispõe sobre o registro de companhia aberta para companhias securitizadoras de créditos imobiliários e de oferta pública de distribuição de Certificados de Recebíveis Imobiliários – CRI.

BRASIL. **Instrução Normativa da Comissão de Valores Mobiliários nº 600, de 01 de agosto de 2018.** Dispõe sobre o regime dos Certificados de Recebíveis do Agronegócio objeto de oferta pública de distribuição.

BRASIL. **Resolução CVM nº60, de 23 de dezembro de 2021.** Dispõe sobre as companhias securitizadoras de direitos creditórios registradas na CVM e revoga as Instruções CVM nºs. 414, de 30 de dezembro de 2004, 443, de 8 de dezembro de 2006, 600, de 1º de agosto de 2018, e 603, de 31 de outubro de 2018.

BRASIL. **Lei nº 6.385, de 7 de dezembro de 1976.** Dispõe sobre o mercado de valores mobiliários e cria a Comissão de Valores Mobiliários.

BRASIL. **Lei nº 14.430, de 3 de agosto de 2022.** Dispõe sobre a emissão de Letra de Risco de Seguro (LRS) por Sociedade Seguradora de Propósito Específico (SSPE), sobre as regras gerais aplicáveis à securitização de direitos creditórios e à emissão de Certificados de Recebíveis e sobre a flexibilização do requisito de instituição financeira para a prestação do serviço de escrituração e de custódia de valores mobiliários; altera as Leis nºs 6.404, de 15 de dezembro de 1976, 6.385, de 7 de dezembro de 1976, 9.718, de 27 de novembro de 1998, 4.594, de 29 de dezembro de 1964, e o Decreto-Lei nº 73, de 21 de novembro de 1966; e revoga dispositivos das Leis nºs 9.514, de 20 de novembro de 1997, 10.931, de 2 de agosto de 2004, 11.076, de 30 de dezembro de 2004, 12.810, de 15 de maio de 2013, 13.331, de 1º de setembro de 2016, e 13.986, de 7 de abril de 2020.